テキスト 都市地理学

藤本典嗣 著

都市システム論の視点

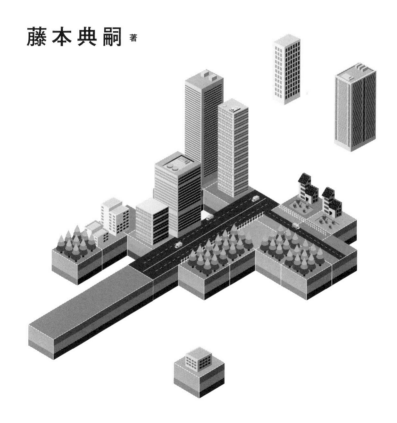

中央経済社

はじめに

　人口減少社会の中でさまざまな課題に直面する日本にとって，都市の役割や機能について理解を深めていく重要性が増している。
　筆者は，かつて「大企業の本社・支所立地と行政システム」というタイトルで，2004年に博士学位論文をまとめたが，その内容は，都市システム論をベースとして，行政・企業の関係が，都市階層にどのように影響を与えるかを，特定産業を対象として論じたものであった。素材型産業（石油化学，鉄鋼業）や建設業において，本社・支所などの経営組織部門の立地が，一国レベルでは，行政組織の階層性（本庁－出先機関－都道府県庁）に規定されることを明らかにしたのである。
　そして，博士論文をまとめた後は，行政区域とは別の空間スケール（都市圏，地方ブロック圏）における，産業別部門の立地を，主に上場企業のデータを用いて明らかにした。これらの内容は，一般的に都市地理学・経済地理学・地域経済論で取り扱われる都市システム分析に関連するものである。

　これまでの自身の研究対象は「都市」が中心であり，執筆してきた諸論文を，「都市」をテーマとする1冊の本にとりまとめるというアイデアは以前からあったが，延期に延期を重ねてきたのは，筆者の怠慢に加えて，以下の2つの理由による。第1の理由として，2007年4月から2016年3月まで准教授として所属していた福島大学共生システム理工学類において担当した科目が，学部の授業では「地域産業政策」「産業構造論」であり，演習科目では「産業政策国際比較」「産業支援工学演習」であり，都市研究そのものを中心に据えた科目ではなかった。そのため，あえて「都市地理学」をタイトルに入れた書籍を刊行するインセンティブが弱かったためである。
　第2の理由として，福島に居住して，そこで研究活動を行っていたことによ

り,「防災」「震災復興」「再生可能エネルギー」など,自己の専門である都市研究とは離れた研究活動に,実践・研究の両面から関わらざるを得なかったこと,結果として,2011年3月以降,都市地理に関する研究のための時間を縮小せざるを得なかったためである。2011年3月の東日本大震災・福島原発事故に,福島市で被災してしまい,それまで空間線量が年間1mSv以下であった地帯が,低線量被曝地帯(行政が用いる用語であり,年間空間線量が20mSv以上の地帯と比べて低いという意味)に,居住地・勤務地が所在する厳しい状況では,否が応でも防災や震災復興に関わる研究に取り組まざるを得なかった。とはいうものの,行政や特定の利権団体の一方的な利益誘導のための研究に関わることは,筆者の性格からしてできなかった。いかなる研究・調査であれ,そつなくこなすという器用さを,持ち合わせていなかった。そのため,震災復興に関わる研究も,取捨選択の末にようやく関わったほどであり,そのような状況下では,都市研究の書籍を刊行することもなかったのである。

都市化・グローバル化・工業化から,日本で最も遠隔に位置する東北地方は,地域の所得における付加価値形成において,条件不利地域に位置付けられ,地域経済の基底は,公共投資など所得再分配に依存せざるを得ない。この地域経済の条件は,復興にも強く反映される。地震・津波などの自然災害・原子力災害からの復旧・復興といっても,「民間」「市民団体」が主導することはなく,地域経済活動の最大主体である「地域=行政(県・市町村)」が主導している。福島の原子力災害からの復興にしても,原子力災害に対する復興政策の行政側の最大目的は,避難区域から離れて暮らしている避難者が,もといた場所に戻る「帰還」である。この目的を達成するため帰還を促すためのさまざまな政策が打ち出され,なかでも帰還促進政策に直結する「除染」に最大の予算配分がなされている。福島における原子力災害からの復興は,まるで除染しかないかのような「除染集約型復興政策」ともいうべき状況である。併せて,帰還の目的を達成するための諸政策の理論的支柱となる研究が,分野を問わず,福島の研究機関では主流となっている。筆者は,この主たる流れに与することはできなかった。

「帰還」を促す政策と対照的に，行政側から「避難区域の拡大」「新都市建設」「保養」「汚染地域の放棄」などの地域政策は全くと言っていいほど打ち出されていない。また，これらの政策理論的支柱となる研究も，自然・社会・人文を問わず，ほとんど行われていない。

　2011年3月以降は，復興バブルというべき，東北の地域経済規模に比例すれば巨額の復興予算が，主に復興庁・環境省経由でつぎ込まれ，その影響は，大学をはじめとする研究機関にも波及した。筆者も，「帰還」「帰村」「除染」「安心と安全」「コミュニティ」「農村再生」「環境放射能」などをキーワードにした研究を行えば，それが社会科学分野であったとしても，潤沢な研究資金を，何かしら，どこかから取得することができ，金銭的にではあるが，恵まれた環境で調査報告ができたであろうと考えている。しかし，信念として「帰還」を促進する政策の理論的支柱だけにはなりたくないとの思いがあったために，「防災」「震災復興」「再生可能エネルギー」に関する研究は，慎重に請負わざるを得なかった。

　このような経緯から，都市研究をまとめた書籍の刊行が遅れたが，2016年3月に福島大学准教授の職を辞し，2016年4月から東洋大学教授として着任してからは，震災復興に関わる研究の比重が下がり，また，「都市地理学」「都市地域分析」をはじめ，都市を中心に据えた科目を担当することになり，「都市」を冠に入れた書籍を刊行する時間的余裕が出てきた。そのため筆者がこれまで執筆してきた諸論文に加筆修正を行い，大学生の授業用テキスト向けに編集し，本書を刊行する運びとなった。

　本書を刊行するにあたり，多方面からアイデアを賜り，助言・指導をいただいたが，特に出身の大学院，前・現に所属している職場に対しては感謝を表したい。

　2014年度に創設から10周年を迎えた新しい学部である福島大学共生システム理工学類は，国立大学の法人化後に設立された学類（学部）であるがゆえに，新しい試みを，設立の許可の条件として求められ，結果として，理工学を基調

の領域としながらも文理融合という試みを行っている。この文理融合という教育・研究環境は，ややもすれば，知識・情報が薄く広くなりがちで，専門性が薄れる可能性も孕んでいた。しかし，人文・社会・自然の全領域の教員を揃え，自身は，経営・経済系（数理・産業系）のグループにカテゴライズされながらも，これだけ多様な研究分野の研究者が，一同に集まっている学類（学部）は，数少ない。その点で，多方面で，自分の専門と異なった分野からの助言・意見を得たことは非常に参考になった。2016年4月から，東洋大学国際地域学部に着任したが，「都市地理学」をはじめ，「都市地域分析」「外国地誌」など，自分の専門に適合した科目で教えることができるようになった。これらの毎回の授業アンケートで，フィードバックしてくれる学生の意見から，テキスト作成のためのヒントを得た。また，比較的，分野が近似する同僚からの助言・意見も非常に参考になった。そして，大学院時代からお世話になっている矢田俊文先生（九州大学名誉教授・北九州大学名誉教授）や同先生のゼミナールの諸先輩・後輩，博士論文作成でお世話になった久野国夫先生（九州大学教授），山﨑朗先生（中央大学教授），論文作成で助言を賜った松原宏先生（東京大学教授）にも感謝の意を申し上げたい。最後に，本書の出版をお引き受けいただいた中央経済社と，編集作業でご尽力いただいた市田由紀子編集次長にも，お礼を申し上げたい。

2017年3月

藤本典嗣

目　次

はじめに　i

第1章　都市階層と地域格差 …………………………………… 1

1　戦後の地域格差　1

2　都市地理学における都市システム研究　2

3　本書の構成　4

考えてみよう　7

第2章　行政システムにみる行政・企業関係と本社・支所立地 …………… 9

1　行政・企業関係と行政裁量　9

(1)　比較制度分析　9

(2)　行政裁量と行政・企業関係　10

(3)　行政裁量と都市システム　12

(4)　課　題　15

2　中央・地方の権限配分と行政システム　16

(1)　行政システムと権限配分　16

(2)　中央・地方の権限配分　17

(3)　権限配分と都市システム　18

3　行政裁量・空間的権限配分と都市システム　20

4　まとめ　22

考えてみよう　23

第3章 経済的中枢管理機能の立地 ……………………… 25

1 これまでの中枢管理機能研究　25
   (1) 経済的中枢管理機能　25
   (2) 行政的中枢管理機能　26
2 分析対象の設定　27
3 一極集中型都市システムと本社立地　28
4 本社立地の業種別特性　29
5 支所の全国的展開　37

考えてみよう　44

第4章 行政的中枢管理機能の立地 ……………………… 45

1 行政機関の出先配置　45
2 支所ネットワークの展開　50
3 支所立地の業種別特性　52
4 地方ブロック圏と中心都市　62
5 中枢管理機能立地と都市システム　65

考えてみよう　69

第5章 本社立地移動と中央省庁の役割(1)
―企業行動 ……………………………………………… 71

1 化学工業と本社立地移動に関する研究　71
2 本社立地移動・専門情報循環と組織構造　73
3 産業政策・行政裁量と専門情報循環　75
4 分析的枠組み　77
5 企業行動と本社立地移動　78

(1) 参入企業群と産業動向　78
　　　(2) 業界団体（石油化学工業協会）　82
　　　(3) 創業の地方分布と組織構造の変容　83
　　　(4) 移動パターンの類型　84
　　考えてみよう　89

第6章　本社立地移動と中央省庁の役割(2)
　　──集権的行政システム ………………………………… **91**

　1　集権的行政システムと専門情報循環　91
　2　明示的規制の企業による把握　92
　3　集権的行政システム　100
　4　都市システムと本社移動　103
　　考えてみよう　107

第7章　大企業の支店立地における行政機関の役割(1)
　　──総合建設業の事例を中心に ………………………… **109**

　1　支店立地と行政機関に関する研究　109
　2　建設業・公的規制と公共工事　111
　3　省庁内の中央・地方関係と権限配分　113
　4　企業行動と支店立地　115
　　考えてみよう　127

第8章　大企業の支店立地における行政機関の役割(2)
　　──旧地方建設局（現地方整備局）の事例を中心に ……… **129**

　1　出先機関配置の歴史的経緯　129
　2　規制主体としての行政　133

3　公共調達としての行政　136
　　4　地方建設局が支店立地に与える影響　138
　　5　地方ブロック圏における専門情報循環　142
　考えてみよう　145

第9章　県土構造とオフィス立地(1)
―全国的な動向　147

　　1　オフィス立地の重要性と時代変遷　147
　　2　近年におけるオフィス立地の再編　148
　　3　東北地方のオフィス立地の全国的位置づけ　150
　　4　2000年代の全国主要都市のオフィス立地　154
　　　(1)　本社・支所立地　154
　　　(2)　支所立地　156
　　5　立地特化係数と地域類型　159
　　6　支所（支店）依存型の地域経済　161
　考えてみよう　162

第10章　県土構造とオフィス立地(2)
―福島県の動向と県土構造　163

　　1　福島県の主要都市におけるオフィス立地　163
　　　(1)　郡山市　163
　　　(2)　福島市　165
　　　(3)　いわき市　165
　　　(4)　会津若松市　165
　　2　福島県の都市システム将来像　166
　　　(1)　分散型県土構造の比較　166

(2) 戦略の転換—選択と集中　168

　考えてみよう　173

第11章　都市間の諸フローの分析
—北東日本に着目して　175

　　1　地方ブロックと県土構造　175
　　2　市町村，県土を越えた流動　176
　　3　北東地域における中枢管理機能の立地　179
　　4　生活圏としての空間形成　182
　　5　管轄圏としての空間形成　188
　　6　北東日本の交流拡大に向けて　194

　考えてみよう　195

おわりに　197

参考文献　205

索　引　213

第1章 都市階層と地域格差

1　戦後の地域格差

　戦後日本の国土構造は都市間・地域間の顕著な格差をもって捉えることができる。国土における首都圏の著しい成長，地方ブロック圏における地方中枢都市の成長，都道府県における中核都市の成長という3層の空間スケールにおける社会・経済的格差は，戦後の経済成長の過程で，さまざまな要因が絡み合いながら生み出されてきた。

　空間スケールごとの都市間の成長格差を説明する理論としては，都市に立地する多様な主体とそこから派生し循環する財・サービス・マネー・情報などの諸フローの都市別の相違から，都市間の階層性を説明する都市システム論が代表的である。大企業や行政機関の本社・本省庁や支所などの管理部門，生産者サービス，金融機関など主に都市を構成する経済主体の立地状況の都市別差異は，都市間の階層性を決定する重要な要因となっている。都市を形づくるさまざまな主体でも，企業システムである大企業の本社・支所と，行政システムである省庁とその出先は，全国的な立地展開を特徴とし，それらの立地・配置は，空間スケールに応じた階層性をもって行われる。国土，地方ブロック圏，都道府県圏という一国の3層の空間スケールの階層を生み出す主体としての大企業の管理部門と行政機関の立地要因を明らかにするためには，都市間の階層性を説明する都市システム論に着目するのが最も有効であると考えられる。

　都市システムは，さまざまな空間スケールで捉えることが可能である。グローバル・一国・地方ブロック圏などさまざまな空間スケールで都市間の連結関係がみられる。グローバルな都市システムは，主に国際金融センターとしての機能を強く有するロンドン・ニューヨーク・東京などにおける諸機能の集中的立

地と世界都市間の結合を特色とする。これらの世界都市を核とした財・サービス・情報の都市間移動が国境を越えている一方で，これら諸フローの移動から生じる各国の国土の不均衡発展という経済・社会諸問題は，行政システムなど各国ごとの諸制度の特徴を，より鮮明にしつつある。高速交通網・通信網により結合した世界都市間を移動する情報・マネーとは対照的に，一国の政治・行政制度は時代変化の影響を受けながらも，安定的な制度として存在している（Paul L. Knox and Peter J. Taylor, 1997）。行政システムなどの一国の諸制度は，その国の都市システムの成長・発展に大きな影響を与えている。日本，フランスなどの国においては高次の行政機関の集積地である首都圏の成長が著しい「一極集中型」の形態を持つ都市システムが形成されているが，米国，カナダ，ドイツ，オーストラリアなどの国においては，非首都圏における複数の大都市圏が成長する「多極分散型」都市システムが形成されている。この都市システムの形態を規定する要因としての制度の役割を解明することは，グローバル化時代の今日においても意義を失っていない。

2 都市地理学における都市システム研究

都市システム研究は，都市地理学の1分野であるが，本邦では実証に焦点を当てた研究が豊富に存在する。森川（1985，1990，1998）は都市間人口移動により形態を区分することを試みた。阿部（1991，1995，1996）は，経済的中枢管理機能の都市別分布数とその時系列的動向を定量的に実証している。これらの研究では現実の都市システムの形態区分がなされ，クリスタラー型（一極集中型），プレッド型（多極分散型）という区分を用いることで，形態の国別相違を明らかにしている。この豊富な研究は，実証的な側面に重きが置かれ，企業や組織諸部門の立地要因についての検討は不十分である。

組織諸部門の立地要因を，テリトリー制との関係で明らかにしたのが，日野（1996a，1996b）であり，上場企業の支店配置においては，市場圏の設定が先行するという点で，中心地理論とは逆の因果関係が指摘されている。しかしながら，この枠組みと実証に重きが置かれ，中心地理論で述べられている「補完

区域」の概念的検討，さらにそれがテリトリー制とどう整合するかは示されていない。

　以上のように，都市システムに関する実証研究は数多く存在するが，概念的検討についての研究は不十分である。また，都市システムの形態に影響を与える諸営力としての制度の役割，とりわけ行政の役割については，十分に検討されてこなかった。

　都市システムの形成における制度の役割について述べた研究として，野原・森滝（1975）は，国家独占資本主義論の視点から，国家と企業の関係を論じている。中枢管理機能の大都市集中は，国家機構と独占資本が一体となり，全国の管理を強化する過程である。青野（1986）は，政府と都市システムの関連を，政治制度の権限配分から論じている。形態の国際的相違は，集権・分権という権限配分に要因があり，日本・フランスなどの国家では，集権型の権限配分に規定され，経済的中枢管理機能も政治機能に牽引され，そのことが一極集中的都市システムをもたらす。矢田（1999）は，集中型国土構造の形成要因を，政治プロセス全般における情報循環に求めている。これらの研究においては「中央集権」という首都への権限の集中，すなわち，国内の制度的要因が東京一極集中の根底を成していることが指摘されている。しかしながら，日本における一極集中型都市システムについて，制度論的なアプローチから捉えた研究は，大きな進展をみせているとは言い難い。よって，一国の制度が都市システムに，どのような影響を与えるのかについて検討することは，都市システム論の重要な課題である。

　都市システムを構成する主体の中で重要であると思われる管理部門の立地要因を，「専門情報」をキーワードとして論じたのがプレッド（Allen Pred, 1973, 1977）である[1]。管理部門は，「複数立地組織（multi-locational organization）」として一括され，①本社と支社・支所の階層，②支社・支所間の階層という数段階のヒエラルヒーを有する組織を特徴とし，寡占企業や政府機関などに代表的される。

　複数立地組織の含意に着目すると，プレッドは，「この複数立地組織とは，大企業や政府機関に代表され，複数の階層と地域的に分割した部門を特徴とす

る（Pred, 1977, p.12）とあるように，企業のみならず政府も含めて考察している。日本，スウェーデンや米国インディアナ州などにおいては，その首都・行政中心地に企業本社が立地する傾向があることから，「政府・企業」の間に因果関係があり，政府の所在地により企業の立地が規定されることを推測している。しかし，これらの2大構成要素を一括して論じ，政府と企業の間にどのような具体的な関係があることを踏まえた上で都市システムが論じられてはいない。

　各国の実態に即した都市システムの構造を説明するためには，複数立地組織の高次管理部門をどう把握するか，すなわち当該部門の多様性について各国別に吟味する必要がある[2]。国有企業が基幹産業（運輸・金融・通信など）において重要な位置を占めるフランスや，各種の事業法・政府系金融の融資などを通じた規制や許認可が企業行動を規定する日本のようなケースと，米国やドイツのように政府と企業の間にそのような関係がみられないケースとでは，立地主体間の相互関係も当然ながら異なってくるはずである。前者の例においては，立地主体を明確に区分し，その主体間にどのような経済的な関係があるのかを明らかにする必要がある。なぜなら，仮に行政と企業の立地に因果関係がみられる際には，都市システムの形態も，その関係に規定されると考えられるからである。

3　本書の構成

　前節での問題意識を踏まえ，第2章では，都市システムの形成に重要な働きをする企業と行政を取り上げて，都市システムが形成される要因を考察する。第1に，都市システム論の代表的論者であるプレッドが提示した基礎概念について，わが国の中枢管理機能研究，都市システム研究との関連で検討を行い，プレッドモデルの含意を明らかにする。第2に，プレッドの基礎概念だけでは説明できない問題点を補うために比較制度分析と行政学の分析的枠組みを援用し，行政機関が企業組織の部門配置に対してどのように作用するかについて検討する。さらに第3に，行政学のアプローチを援用し，行政組織間の階層

関係を明らかにすることで，都市階層を規定する要因について検討する。最後に，行政と企業の関係が，どのように都市システムの形態に影響を与えるかについて検討する。そうすることで，一極集中型，多極分散型などと表現される一国の都市システムの形態が，行政・企業関係や行政システムという諸制度により規定されることが明らかになる。都市システムの規定要因を制度に求めることで，一国内の制度が対象化され，さらに，そのことが都市システム論を精緻で豊富なものにするための1つの手がかりとなる。

　第3章では，わが国の都市システム形態を定量的に把握する。具体的には，大企業の管理部門ネットワークの全国的な立地展開と中央省庁の出先機関の全国的配置状況を概観する。大企業の管理部門の中でも本社と支所に着目し，その都市別分布を業種別（産業別）に捉える。ここでいう「支所」とは，組織階層上，本社の下位に位置するすべての管理部門を統括して呼称したものであり，主なものとして，「支社・支店・営業所」が考えられるが，サンプル数として最も大きいのは「支店」であるため，主に支店の都市別分布状況に着目する。必要に応じて支社・営業所などのデータもサンプルとして入れていく。

　第4章では，中央省庁の地方出先機関について，2001年の省庁再編の前後とで対比させながら，その配置状況を捉えていく。日本の都市システムの骨格を形成する上で重要な役割を担っている2大主体である両者の立地・配置の状況を定量的に把握するが，支所や出先機関は，当然ながらその管轄業務を有し，また管轄業務を，どの空間的範囲内で行うかという「テリトリー（管轄圏）」の問題も重要である。しかしながら，本章では，ある地点（主に都市）における行政と企業の関係に主眼を置いているために，管轄圏の概念的検討，管轄圏同士の関連などについては詳細は取り扱わない。

　第5章では，国土レベルに空間スケールを設定し，日本における一極集中型都市システムを考察していく。その際に，第3章，第4章でみた，管理部門の全国的立地展開についての分析結果を踏まえた上で，東京における本社集中度

が高く，なおかつ中央省庁の許認可権限が強い産業の代表である石油化学産業の本社立地に焦点を当てる。そして，関西圏や地方圏など非首都圏創業の企業群が，対中央省庁との折衝を主な理由に首都圏に本社を移動させたことを明らかにしていく。時期的には高度成長期を対象とし，この時期の石油化学産業の本社立地移動のプロセスに焦点を当てることで，行政が果たした役割，行政と企業の間で情報交換があったこと，さらにそのことが大企業本社の東京集中をもたらした要因であったことを明らかにしたい。

　第6章では，第5章に続き，石油化学産業を対象にして，「専門情報循環」「法的な参入規制」「技術導入における欧米依存」「集権的行政システム」「本社の立地移動」をキーワードにして，本社移動の実態を解明していく。

　第7章，第8章では，地方ブロックレベルに空間スケールを設定し，地方ブロック圏における都市システムを考察していく。規制色の強い産業の代表である建設業，さらに同産業を規制する建設省とその地方出先機関である旧地方建設局（現地方整備局）を対象にして，両者の関係を明らかにしていく。建設業は，全業種の中で支店数が最も多く，各都市の支店立地数においても上位を占める。さらに，建設業の支店が集中的に立地する都市は，出先機関の所在都市と一致する傾向がある。そのため，建設業を行政・企業間関係のケーススタディとして取り上げることは，大都市・地方中枢都市など出先機関所在都市における支店集中立地を説明する上で有効であると思われる。このように分析対象を設定することで，国土空間を副次的に構成する地方ブロック圏における「地方中枢都市群」の成長のメカニズムを解きほぐし，さらに国土レベルでみた都市システム発展との関連も明らかにしたい。

　第9章から第11章までは，中枢管理機能の立地や，それがもたらす都市間の諸フローの分析，政策的含意について，特定地域を対象に論じていく。第9章，第10章では，中枢管理機能立地の個別事例として，分散型県土が形成されている福島県を取り上げる。第11章では，北海道・東北などの北東地域の視点か

ら，都市間諸フローの現状について，旅客流動調査などのデータを用いて分析し，特色・課題点などを論じる。

> **考えてみよう**
>
> 1　都市システムは，国によってなぜ，一極集中型，多極分散型と，違いが出るのか，考えてみてください。
> 2　一極集中型の都市システムが形成されてる国をあげ，なぜ，一極集中なのかを考えてみてください。

▶注—————

1） 本邦においても，永井誠一・宮地治などを初期の論者とする「中枢管理機能論」において管理部門の検討がなされている。ここで論じられている「中枢管理機能」とは，「当該都市およびその周辺地域の経済的・社会的活動を調査，研究，情報提供を通じて，決定し，管理し，統制し，これらの活動を円滑ならしめる機能」（永井，1967）である。
2） 「複数立地組織」の形態は多様である。そのためアメリカの都市システムを考察したプレッドは，「オフィス雇用」のデータを使用したが，それを，そのまま諸外国に適用することは，複数立地組織の含意を狭くすることになる。

第2章 行政システムにみる行政・企業関係と本社・支所立地

1 行政・企業関係と行政裁量

(1) 比較制度分析

　第1章で都市システムについての既存研究を概観したが，「行政システム」との関連で都市システムを論じた都市地理学の研究は少ない。行政システムと都市システムの関係をより精緻に考察するにあたっては，行政システムがどのように経済主体に影響を与えるのかを明らかにする制度論的アプローチを援用することが必要である。このアプローチは，企業と行政の関係について取り扱った数少ない研究であり，また行政学との関連も視野に入れたアプローチでもある。プレッドが提示した複数立地組織や専門情報循環など基礎概念の含意の拡張と再解釈を可能にする。したがって制度論的アプローチを援用して都市システム論を検討することで，青木（1992，1995，1996）が論じた行政システムのもとでの行政・企業関係が，都市システムの形態をどのように規定するかを説明する。この際に有効な方法は，行政・企業関係の国際比較である。ここでは，行政の諸営力が企業に向けて強く作用する行政スタイルを，逆に行政の諸営力が相対的に弱い行政スタイルと対比することによって，前者の国家における行政と企業の関係の特徴を明らかにすることを試みる。

　比較制度分析で考えられている制度とは「その経済社会で広く認められている一定のルール」（青木，1996，p.24）である。ここでの社会的枠組みとは，具体的には，「企業組織のあり方，企業内・企業間の慣習・慣行，法律や通達で定められたルール等」を指している（青木，1995）。そして，これらの社会的枠組みの，「役割と有効性」「インセンティブ構造」「制度間の相互依存関係」を捉えることで，「一つの総体的経済システム」が把握できる。

▶図表2-1　比較制度分析の枠組み

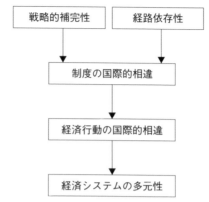

出所：青木（1992）を参考に筆者作成。

　図表2-1に示されるとおり，「経路依存性」と「戦略的補完性」[1]により一国内の経済システムに比較的同質な制度が存在することで，国別のシステムの制度的な差異が生じる。さらに，制度の国際的な相違は，各国における経済行動を別個に規定する。こうして，経済システムは多元なものとして把握され，制度の国際比較分析までアプローチが拡張される。これらの諸制度は，「安定的」な主体の関係をもたらす場合もあれば，システム外からの諸営力による外部環境変化により，「変動的」な関係をもたらす場合もある。後者による経済システム自体の動態過程は，「制度変化のダイナミズム」とされている（青木，1992，1995）。ここでは，前者の企業と諸制度の間にもたらされる安定的な関係について「行政裁量」の観点で論じた奥野（1994，1996）の行政システム論をみていく。ここで比較考察の対象となっている先進国の行政スタイルは，日本と米国の2国である（図表2-1）。

(2) 行政裁量と行政・企業関係

　奥野は，行政と企業とのかかわりにおける日米の相違を，立法過程において法制化された「経済諸ルールの適用」と，その結果生じる政府（主に行政）による「行政裁量」に求めている。ここで行政の政策立案・実施と企業の投資行

動との関係を5段階に区分している。「(a)政府が政策を決定し，その執行の(事前的な)ルールを決定する。(b)民間企業が商品開発や設備拡充などの(事前)投資活動を行なう。(c)経済状況の変化など，事前に予測が困難な事象(不確実性)が確定する。(d)政府が民間企業と利害関係を持ち，(事後的な)政策を執行する。(e)事後的な政策の下で民間企業が実際の(事後的)経済活動を行なう」(奥野，1994, p.170)の5段階である。ここで，経済諸ルールの法制化は，「政府の政策決定」とあるように，立法過程において形成されるという点においては，日米は相違ない。しかし，この諸ルールの企業への適用，ルールにより適用される企業行動において，米国と日本の相違が生じる。

米国の行政スタイルは，政府が政策決定で与える事前ルールにできるだけコミットし，不確実性の確定による事後的な調整を最小限に抑え，事前ルールにできるだけ適合する行政を実行していこうとする(奥野，1994)。このように，経済諸ルールの事後的な調整がなく，司法判断の法的制裁の有効性が高いという点において非弾力的に適用される。

他方の日本の行政スタイルは，経済諸ルールが制定され，それが実施された後の，「事後的な調整をよりいっそう重視する点にある。事前ルールはあらかじめ事後的な裁量の余地が残される傾向が強いし，かりに事前ルールが明確に示されるとしても，それと矛盾した事後的な利害調整や政策変更が許容され，民間企業は投資の決定を行なう際にもそのような事後的な調整を見越して行動することになる」(奥野，1994, p.171)ことに特徴づけられる。すなわち，経済諸ルールの事後的な調整と，その弾力的な適用が日本的な行政の特徴であり，そのことが企業との事後的な調整が行われる要因である。この事後的な調整過程において「官僚組織に内在する既得権益の増大というインセンティブ」に基づいて「行政裁量」が発生し，行政・企業の関係の必然性が生み出されるのである。

すなわち，行政裁量とは，政府と企業の関係において，行政があらかじめ裁量の余地を残した法律を弾力的に適用することにより，明文化されない諸ルールを企業に対して行使・指導することであると言えよう。ここでは法律が明文化されないがゆえに，行政の判断に応じて対企業との関係を形成するのである。

ここでの各主体のインセンティブは，行政側については，「既得権益」の拡張である。また，企業側にとっても，独占利潤をもたらすために政府との関係を維持しようとするインセンティブが働く。このようにして双方の関係維持のインセンティブがあることも作用し行政と企業の間で安定的な関係が維持されるのである。このような裁量型の行政の企業へ対する「裁量」の一方で，アメリカのような非裁量型の行政・企業関係はどのように捉えるべきであろうか。これは，「ロビイスト活動」など，立法過程への企業の代理的な働きかけなどに求められている。そして「行政」と「企業」の間には直接的な関連はないのである。行政裁量を政治プロセス全般との関わりで捉えるとなると，あらかじめ裁量を留保させるための必要条件となる行政の立法への介入について言及する必要が出てくるが，本章では，行政・企業関係に着目しているために，立法過程に行政がどのように関わるのかについては省略する。

(3) 行政裁量と都市システム

では，都市システム論との関連で「行政裁量」を論じてみると，どのようになるのであろうか。①専門情報循環そのものの構図と，②その利用可能性という2つの側面から都市システムとの関連をみる。まず専門情報循環との関連においては，行政と企業間を循環する専門情報は，行政側によって規定される側面が強いといえよう。専門情報の発生源は行政側にある。これは，行政側が法律の解釈とその適用において専門的な技術を有することが本源的な要因と考えられるが，これを企業側のインセンティブとして捉えると，適用される法律を探索するための費用の最小化である。行政府と対面接触することで，法律に関する情報を入手することが，通信機器などを利用して情報を入手するケースよりも，情報探索の費用が低くなる。

経済行動を規制する法律がいかなるものであるか，その解釈がいかなるものであるか，などの専門情報は常に行政側が保有している（新藤，1992）。適用される法律の項目と対象を，企業側が正確に把握するためには，常に行政側の所管部署と対面接触で情報交換をする必要性が生じる。規制する法律の量的な多さと解釈技術の行政側の専有とも相俟って，対面接触以外での情報収集は困

難となる。情報・通信ネットワークの整備により,テレビ電話やインターネットなど高度情報通信機器を媒体とした取引関係が拡大しているものの,法律解釈技術の行政側の専有から生じる専門情報循環の入手と,それに付随する行政と企業の関係に関しては,「裁量」があるために,通信機器による代替には至っていない。

　行政側から発せられる専門情報は,経済団体・業界団体・財界や大企業・地方大企業の本社や同格の在京支社群などとの間で循環する(矢田,1999)。産業・系列や企業など多様なレベルで行政との間の専門情報が循環し,この専門情報を求めて,さらに,地方大企業などの管理部門が東京に移転するというプロセスを経て,情報の循環のループも拡大する。管理部門と専門情報が東京に循環的に累積することで,東京一極集中という現象が引き起こされる。すなわち,国家的都市システムの最上位階層に位置する都市における経済的中枢管理機能の集中は,最高次の行政的中枢管理機能の牽引力を反映したものとなる。これは図表2-2で示され,東京都への大企業の本社集中度は,60.4％(302社)であり,その内訳は建設54社,化学29社,鉄鋼・非鉄金属25社,機械23社,運輸

▶図表2-2　大企業本社の都道府県別分布(1998年)

	都道府県	企業本社数	主要な都市・区別内訳	都道府県庁所在地
1	東京	302 (60.4%)	千代田 (72),港 (67),中央 (52)	特別区
2	大阪	85 (17.0%)	中央区 (26),北区 (20)	大阪市
3	愛知	27 (5.4%)	名古屋 (13),刈谷 (6),豊田 (1)	名古屋市
4	神奈川	11 (2.0%)	横浜 (7),川崎 (1),横須賀 (1)	横浜市
5	京都	10 (2.0%)	京都 (9),長岡京 (1)	京都市
5	兵庫	10 (2.0%)	神戸 (7),西宮 (3)	神戸市
7	広島	7 (1.4%)	広島 (4),福山 (2),府中町 (1)	広島市
7	福岡	7 (1.4%)	福岡 (5),北九州 (2)	福岡市
9	千葉	6 (1.2%)	千葉 (4),浦安 (1),野田 (1)	千葉市
10	埼玉	5 (1.0%)	大宮 (1),所沢 (1),新座 (1)	浦和市
10	静岡	5 (1.0%)	浜松 (2),沼津 (1),富士 (1)	静岡市

注1:本社の所在地は,会社名鑑に記載のものを用いた。
注2:本社は,商法上の本社も存在するが,ここでの考察は省略する。
出所:日本経済新聞社刊『会社名鑑(1998年度版)』をもとに筆者作成。

▶図表2-3　大企業本社の都市別分布（1998年）

	都市名（州）	①本社数	州都名	②本社数	②／①
1	New York（NY）	524（5.5%）	Albany	7（0.1%）	0.01
2	Houston（TX）	264（2.8%）	Austin	48（0.5%）	0.18
3	Chicago（IL）	214（2.3%）	Springfield	4（0.0%）	0.02
4	Dallas（TX）	210（2.2%）	Austin	48（0.5%）	0.23
5	Atlanta（GA）	123（1.3%）	Atlanta	123（1.3%）	1.00
6	San Diego（CA）	101（1.1%）	Sacramento	16（0.2%）	0.16
7	Minneapolis（MN）	100（1.1%）	St.Paul	26（0.3%）	0.26
8	Los Angels（CA）	97（1.0%）	Sacramento	16（0.2%）	0.16
9	Denver（CO）	95（1.0%）	Denver	95（1.0%）	1.00
10	San Jose（CA）	90（1.0%）	Sacramento	16（0.2%）	0.18

注1：順位は全米における本社数による。
注2：対象となる企業は売上高上位9,427社を抽出した。右欄には，その都市が所在する州の州都と，州都における本社数を示している。
出所：Hoover's Inc. "Hoover's Masterlist of Major U. S. Companies 1997-1998", "Fortune誌" 1998年8月号をもとに筆者作成。

15社である（図表2-2と同じく，『会社年鑑1998年度版』日本経済新聞社より）。

　対照的に米国では，一国レベルでみた場合にも図表2-3が示すように首都であるワシントンD.C.への本社集中はみられない。また州レベルでも，州都と経済的中枢管理機能が同一都市に集中するケースは，この表でもジョージア州とコロラド州のケースのみであり，経済的中枢管理機能の集中と，行政的中枢管理機能の集中とは関連がみられない（図表2-2，図表2-3）。

　次に，この専門情報の利用可能性についてであるが，行政側の裁量が働くために行政側によって専門情報の流れが規定される側面が強い。専門情報は，一般的に非公開であるがゆえに，すべての企業にとって利用が可能であるわけではなく，特定の企業に限定して接触し伝達することが，行政側の裁量如何で可能となる。省庁主導型の新規事業の立ち上げ時に，参入企業の選別のプロセスで，行政側が参入可能と判断した企業のみに事業の実施や計画などの情報を伝達する。これは高度成長期における石油化学産業や半導体産業の立ち上げ期などにみられた例であるが，この情報の伝達から除外された企業は，行政側からの情報の提供が皆無であるために，事業への参加自体が不可能となる。すなわち，循環への入り口の時点で[2]参加企業の選別が行政の判断に委ねられる

のである。あらかじめ入り口の時点で，循環への参入可能企業が限定されているのも，行政裁量の結果である（金子，1997）。

　政府と企業の間の，非公開の形態をとる勉強会や研究会などの人的交流が，行政府の本省庁の所在する都市で行われ，そこに常に参入のインセンティブがある企業が，常に経営者などの人員を送り込むのも，当該事業の参入企業から除外されることによる損失を考慮した上での経済行動である。これらの会合における情報交換については，事後的な記録が残っていないために証明するのは困難である。しかし，社長室，総務部など省庁と対面接触により情報を収集する部門が，省庁が所在する都市に置かれることから，情報交換が行われていることは推測が可能である。

(4) 課　題

　次に奥野の論理の課題点を述べる。企業レベルでの行政との関係の把握を重視することで，産業レベルでの構造把握が欠落している点を指摘することができる。奥野は，行政裁量それ自体が起こる要因を「官僚組織の既得権益の増大」などの行政官のインセンティブに求めている。行政官が各省庁の予算獲得を念頭に置いて行動し，そのため前提として弾力的なルールを作成する。このように「行政」に内在するインセンティブが行政裁量の本質として把握されている。しかし，戦後の日本の「産業政策」「産業調整政策」「公的規制」などにみられる行政の企業に対する諸営力は，よりマクロレベルでの把握が必要とされる。すなわち，産業レベルでの把握のほうが，より現実の行政−企業関係を反映するものと思われる。

　次に空間的な含意との関連である。日本と米国の行政・企業関係の最大の相違点を「行政裁量」に求めているが，ここで奥野は，「行政裁量」を行使する行政を単一の次元で捉えている。しかし，より現実の行政・企業関係を考えると，行政組織の階層的権限配分は空間的に都市の階層に対応し，その階層は企業の部門配置にも影響を与える。「管理部門間の専門情報の循環」は都市の階層に応じて多様なのである。

　奥野の枠組みでは，中央における企業と行政の関係における専門情報循環が

起こる必然性を示しただけであり，行政と企業の関係に階層があることは捉えることができない。より現実の行政・企業関係に焦点を当てると，行政に裁量があり，かつ行政組織内の段階（階層）に応じて対面接触が発生するならば，行政（行政組織）の権限配分の段階に応じて企業内の各種部門の立地行動も異なるはずである。都市システム論の中心的課題の1つである「行政・企業関係の階層」を明らかにするためには，「中央政府による企業への裁量」のみでは不十分であろう。行政組織内の権限配分を明らかにすることで，行政・企業関係の空間的側面にまで拡張して，都市の階層を論じることができるのである。次節で，この点を検討する。

2　中央・地方の権限配分と行政システム

(1)　行政システムと権限配分

　次に，行政組織内の権限の配分について，「中央から地方への授権方式」により区分した行政学により検討する。政治制度における中央と地方の権限配分を表す集権・分権は，相対概念であり，絶対的な集権や分権は存在しない。日本の政治制度との対比において，米国のそれは分権的であり，逆に，日本のそれは米国との対比において，集権的である。ここでは，集権と分権を所与として，中央から地方への権限の「授権方式」に焦点を当てた西尾（1990, 1993）の行政システム論に依拠して，行政組織内の階層的な権限配分を論じる。

　西尾（1993）によれば，分権[3]とは，中央から地方に向けてという上からの統治機構の設定が行われなかったことからくる，地方行政での既存自治権の温存を示したものである。そのため，国レベルでみると，権限は各地方行政に分散的に配分されている。他方で，集権とは，中央が地方を管理する統治機構の設置と，それに伴う，中央側による行政区域の人為的設定と地方での事務執行の新規設定を示したものである。分権型国家における自治権の確立と中央政府の地方政府への限定的な介入，集権型国家における中央政府から地方政府への大幅な介入，すなわち，君主や議会など政治過程を含む中央－地方間の権限の配分で，中央への集中度についての相対的な相違を示したのが集権・分権で

ある。

　他方で，行政組織間（中央－地方）の権限配分についての着目も必要である。上述のような政府体系内の権限配分とその中央への量的な集中度を初期条件として，地方行政の事務遂行における中央省庁の介入について述べたのが「分離・融合」である。国家形成期から現代にかけて，趨勢としては地方への権限委譲が進展してきた。中央から移譲（授権）された行政事務を地方政府が実施・行使するにあたり，中央政府の介入を受けずに，執行上，分離して自治体の権限により行うか，または中央からの介入と融合しながら行うかにより分離・融合に区分される。後者の中央－地方が融合して事務執行を行う典型例としては，機関委任事務[4]）が代表的である。この事務の例にもれず，「融合」は，地方政府が本来は行使すべき権限が，中央政府の介入により有名無実化している状態を指しているのである。

　分権型国家においては，地方政府は中央政府の関与を受けずに授権された各種の事務権限を遂行することとなり，分離型の行政事務執行となる。集権型国家においては，中央から移譲された事務執行にあたり，中央省庁の関与のもとでの事務執行となる。かくして，行政スタイルは，分権的行政システムの形態をとる「分権・分離型」と，集権型行政システムの形態をとる「集権・融合型」に峻別される。

(2) 中央・地方の権限配分

　分権型行政システムにおいて，政府体系を構成する国，地方政府（州・県・省，市町村，カウンティなど）の行政組織が各々の事務執行にあたり，相互に関係することなく，別個に遂行する。中央政府，州政府，市町村など各々の行政が執行する事務が明確に区分され，事務遂行上で相互に干渉することはないのである。そのような権限配分上の機能的分離が，空間的にも投影され，各政府の行政官庁の本省庁や出先機関など許認可権限を持つ機関の配置が，国土や州レベルでは分散的となる。集権型行政システムにおいては，中央省庁が地方政府（州・県や出先）の事務に，機関委任事務などの形で介入することにより（融合），事務執行は中央省庁の許認可やイニシアチブの余地が多くなる。そして，自治

法上では地方自治体が担うとされる各種権限が，自治体により行使されずに中央省庁により行使される。権限配分が機能的に中央省庁に集中していることが，許認可を持つ機関の中央へ高次意思決定部門やそれに伴う人員の集中的配置に投影される。

(3) 権限配分と都市システム

　これらのことを日本と米国の都市システムとの関連で述べる。日本においては，中央・都道府県・市町村という3階層の政府体系を基本的な骨格としながらも融合型の授権方式であるために，「機関委任事務」などにより中央の地方自治への「介入」が存在する。こうして行政組織は，首都（東京）－都道府県庁所在都市という2層間の関係において，中央官庁の介入という融合形態をとる。このため，地方の事務遂行の許認可における中央省庁の介入が，首都という「極」に権限を集中させる。そして，都道府県庁所在都市には，より低次かつ限定的な権限が集中している。この権限配分関係が，首都に官僚組織の上層部が集中し，それ以外の都道府県庁所在地には低次の行政機能が置かれるという一極集中型の都市システム形態に反映される。ここで，首都圏と都道府県庁所在都市の間にある，地方中枢都市をどのように捉えるとかという問題点が浮かび上がる。国は都道府県庁との間だけでなく，地方出先機関などの配置を通じて「地方中枢都市」との間にも，より一層の高次の融合関係が確認される。また，これらの出先機関が，エネルギー産業（電力業・ガス業など）を監督・規制する役目を果たし，地方ブロック圏内で事業展開を行う企業の本社を牽引していることも考えられる。しかし，地方出先機関は，権限の授権とはまた別に，国が配置した地方行政の監督機関であり官僚制組織の一部である。これについては，官僚制組織の分化という組織内の観点から捉えられるべきであり，集権・融合論という組織間関係とはまた別の考察を必要とする。

　他方，米国においては，連邦政府－州政府－郡－市町村という4階層の政府体系が骨格であるものの，分離型の授権方式であるために連邦政府による地方自治への介入はみられない。各行政レベルで異なった行政事務を分担しているために政府間関係は必然的に複数に分離し，その結果，首都－州都との関係

とは別に，首都－国家出先機関の所在都市や州都－市町村の関係が確認される。米国では政府間関係が階層間の融合を示さず，それぞれの政府が別の行政システムとして分離し機能するために，行政の管理部門の配置は非対称的である。**図表2-4**で示されるとおり，連邦政府の出先機関は，州都とは異なる都市に配置される傾向があり，なおかつ，出先機関の配置率が最高のサンフランシスコでも37機関（73％）でしかない。連邦政府の出先機関のネットワークは，州都とは異なるところに配置されているという空間的な分離関係がここに確認できる。日本において，中央政府の出先機関配置が異なる省庁の機関でありながら，特定の都市へ集中し，地方中枢都市と呼ばれる階層をもたらしているのと対照的なのである。

形態面に着目し両国の都市システムを比べると，日本では首都の東京を頂点として対称的かつ階層関係にあるツリー型の構造が，対照的にアメリカでは首都のワシントンを頂点として非対称かつ非階層関係にある「ブレッド型」の構造が，それぞれの国の行政組織の権限配分を反映して形成されるのである（**図表2-4**）。

▶図表2-4　連邦政府出先機関の都市別配置率（1998年）

	都市名	機関数（配置率）	州都
1	San Francisco (CA)	37 (73%)	Sacramento
2	Atlanta (GA)	34 (67%)	Atlanta
3	Chicago (IL)	31 (61%)	Springfield
4	Philadelphia (PA)	29 (57%)	Harrisburg
5	New York (NY)	28 (55%)	Albany
6	Dallas-FortWorth (TX)	27 (53%)	Austin
7	Kansas City (MO)	25 (49%)	Gefferson City
8	Boston (MA)	24 (47%)	Boston
8	Denver (CO)	24 (47%)	Denver
8	Seattle (WA)	24 (47%)	Olympia

注1：出先機関は主要な51機関を抽出した。配置率は，配置数／51で求めている。
注2：管轄区域については各出先機関により異なるが，配置されている機関に着目し都市別に集計している。
出所：Office of the Federal Register National Archives and Records Administration "The United States Government Manual 1997/1998" をもとに筆者作成。

3　行政裁量・空間的権限配分と都市システム

それでは、「政府・企業関係」「空間的権限配分」「専門情報循環」が都市システムの形態にどのように影響するのであろうか。これについては筆者なりに図表2-5で整理すると、以下のようになる。

一極集中型のタイプは、「企業」に対する「行政裁量」により、行政側が専門情報を専有しているために、行政府の本省庁が所在する首都圏において、専門情報入手のための対面接触が、行政・企業間で要される。日本を例にとると、「公的規制」「産業調整政策」「公共調達」などにおける行政の経済行動への介入において、「行政指導」の形で、官僚は、企業の経営者、業界団体などとの対面接触を生み出す。なおかつ、行政組織の権限の空間的配分と、その階層性により、首都における「専門情報の空間的偏在」は、他都市とは区分される。すなわち、「行政裁量」「中央集権」などの諸営力が作用する方向にある先進国においては、首位都市における行政と経済の中枢管理機能の集中と、より下位の同階層の都市における狭域的空間を活動対象とする行政府と企業の管理機能の集中という対称的な階層構造を特徴とする一極集中型の都市システムの形態をとる。

また、多極分散型のタイプにおいては、行政組織の諸営力は相対的に低く、「規制緩和」など、企業の「市場ルール」の厳守という点で、司法機関などの政府の諸営力は作用すると思われる。しかしながら、アメリカにみられるように、司法機関の諸営力は「ロビイスト活動」など弁護士を介在した関係となるために、「対面接触の必然性」を行政・企業間で必要としないという点で「行政裁量」型国家とは異なっている。米国の例では、ワシントンD.C.に置かれる企業の支所は、弁護士やロビイストなど政治的アクターとの接触を行っている（上田，1997）。しかしながら、日本のように本社移転まで至っていないのは、首都自体が企業ネットワークを統括するのに適さないという企業組織上の要因のほかに、政府との接触において法律が明文化され行政側の裁量が効力を持たないという情報の公開性を考えることができる。さらに、ここでの国家的都市シ

ステムは，行政組織の権限の空間的配分とその階層性が，直接は反映されない企業組織にイニシアチブをもって占められるために，首都などにおける「専門情報の空間的偏在」は，他都市とは明確に区分されないのである。すなわち，「地方分権」を初期条件とした国においては，一極集中型の国家的都市システムが形成される必然性は，行政組織の階層との関連ではみえてこない。非裁量であるために，政府の諸能力は企業に対して作用しないのである。

　アメリカなどの国においては，行政組織のみに着目して都市システムを捉えるならば，多極分散型の都市システムの形態になると考えられる。行政組織の権限配分が分権・分離で，その結果，権限を持つ行政機関の配置も分散しているために，仮に行政裁量がみられたとしても，組織内の権限配分が分権型であれば，それに付随する企業の管理部門も多極分散的に配置されるからである。しかし，アメリカなどでは，行政裁量がみられないために，企業と行政の双方に着目して都市システムを捉えるならば，その形態がいかなるものになるかは確定できない。非裁量型では行政と企業の間に立地関係が発生しないがゆえに，企業が織り成す一国の都市システムの形態については，企業組織の内部構造に

▶図表2-5　行政・企業関係と都市システム

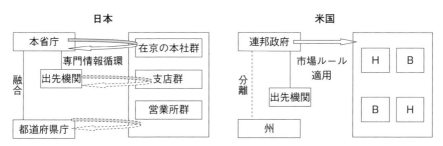

注1：日本・米国ともに，左側は行政システムを，右側は経済的中枢管理機能を表す。
注2：日本の例では，本社群－支店群－営業所群の配置に，政府体系の階層と関連がみられることを左図で示している。
注3：米国の例では，Hは本社群，Bは支店群を示す。本社・支社の配置は，行政システムの階層とは関連がみられないことを右図の右枠で示している。
注4：専門情報循環は，政府・企業間に着目したものであり，企業間・企業内の循環については考察の対象外である。
注5：▭▭▭▭は高次の専門情報循環を，〜〜〜〜は低次の専門情報循環を示している。
出所：プレッド（1977）を参考に筆者作成。

着目するなど，また別の考察を要しよう。ただし，現実のアメリカの都市システムとの関連で捉えるならば，多極分散型として形成される可能性が高い（図表2-5）。

4 まとめ

　本章では，行政と企業の関係が，都市システムの形態にいかなる影響を与えるかに焦点を当てることで，既存の都市システム研究の再検討を行った。行政裁量により行政・企業関係が安定的・長期的に形成され，なおかつ，中央－地方の関係が集権的行政システム（集権・融合型）であるために，その結果，シンメトリカルな都市システムの形態となる日本に関しては，制度が都市システムに与える影響について論じた。

　他方，米国に関しては，本社分布に関しても多極分散型都市システムが形成されているが，そこには行政諸機関が企業組織の管理部門の立地に及ぼす影響は相対的に弱いものである。そのため，本社など管理部門の立地のメカニズムについては，行政機関の配置ネットワークとは別個に検証する必要が課題点としてあげられる。また，製造業に限って言えば，管理部門が生産部門に付随する傾向をみせていることからも，企業の管理部門の立地に関しては，工業立地論との関連で捉えることも課題として浮かび上がってこよう。

　日本では「産業調整政策」「公的規制」などの「行政指導」のプロセスにおいて，行政裁量があるために，管理部門が生産部門から分離して首都圏に移動し，その結果，本社の集中が顕著となっている。本章では，大企業や行政機関の管理部門の立地について，都市別集中数や集中率などのデータを用いて，大まかではあるが，日本における一極集中型都市システムの形態を示した。しかし，一国の行政システムという制度が都市システムの形成に与える影響をよりクリアに分析するためには，どのレベルの産業において，どのような省庁がいかなる手法で企業諸行動に影響を与えているのかについて，より詳細に検討を加えていく必要がある。

第2章　行政システムにみる行政・企業関係と本社・支所立地　23

> **考えてみよう**
> 1　専門情報とは，通常の情報と，どう違うのかを説明してください。
> 2　行政裁量の意味と，その具体的な事例について，考えてみてください。

▶注────────

1）　戦略的補完性（strategic complementarity）は「システムの中で一つの仕組みの割合が増えるほど，その仕組みを選ぶことが有利になること」であり，経路依存性（path dependence）は「異なる制度の社会的適合度は，経済システムが直面する歴史的・技術的・社会的・経済的環境に依存する」ことである（青木，1996，p.8）。
2）　このことは「生産要素市場への入り口」と表現されている。資本・労働などの本源的要素市場で取引される財・サービスは，市場への参加者が，政府の私的所有権の設定などにより限定される（金子，1997）。
3）　分権とは，「イギリスでは，……中略……，対立抗争が大陸諸国の場合ほどには厳しくなかったので，国王は中央集権的な支配機構を地方の末端にまで張りめぐらす必要がなかった」（西尾，1993，p.57）とある。集権・分権については，近代国家形成期の中央政府による地方自治への介入を念頭に置いているものと思われる。
4）　機関委任事務とは，「都道府県知事や市町村長を国の下部機関と構成して，国の包括的指揮監督権のもとに『国の事務』を処理させる仕組み」（幸田，2002，p.203）とある。

第3章 経済的中枢管理機能の立地

1 これまでの中枢管理機能研究

(1) 経済的中枢管理機能

　企業組織の管理部門に代表される経済的中枢管理機能についての研究は，本社に関するものと，支所に関するものに分けられる。大企業の最高次の意思決定に関わる「本社」立地の研究としては，阿部（1996）とその研究を展開した肥田（1998）が代表的である。また，田中（1996）は，これらの研究を踏まえた上で，本社を機能別に分類して，地方に拠点を置いた特定企業の本社諸機能の地方から首都圏への移転を詳細に分析している。これらの研究は主に「本社」自体に着眼点を当てており，企業組織の中でも，支所との関係から本社の立地を明らかにしようとしたものではない。

　本社と支所の関係について，機能分担の観点から論じたのがトールグレーン（Thorngren, R. B., 1970）である。コンタクト・システムにおける業務を①オリエンテーション，②プランニング，③プログラムの3つに区分し，支所による下位業務の担当と対面接触業務比率の低下を指摘している。しかしながら，実際の交渉の形態を考えると，どの部門においても対面接触（コンタクト）・電話・文書が混在しており，組織の意思決定の次元の高低とコンタクトの大小の関連は捉えられない。また，本章の問題意識との関連でみると，本社より下位部署が扱う業務における対面接触の重要性についての考察が欠落している。

　支店の立地に関して焦点を当てた近年の研究としては，日野（1996）の研究が代表的である。日野は，管轄圏（テリトリー）との関係から支店立地を解き明かしている。また，製造業に限定しているものの，須田（1995）も支店立地に関して，工場立地との関係から分類を行っている。これ以外には，個別都市

に焦点を当て，支店立地分類を行った研究も，千葉（1992）などにみられるように豊富に存在する。このように支店立地に関する研究は多く存在するものの，行政機関の配置との関係，なかでも地方出先機関が，どの程度，支店の立地を牽引するかの観点から述べた文献は，筆者の知る限りほとんどないように思われる。

(2) 行政的中枢管理機能

省庁の出先機関に代表される行政的中枢管理機能については，配置に関する歴史的な記述を中心としたもの，配置の原理に関するものに大別される。昭和期における出先機関の新設や配置は戦時中と昭和30年代に多くみられたが，前時期については，山崎（1997）による配置の歴史的記述についての文献がある。また，後時期については久世（1963）の記述が代表的である。山崎は，戦時中の四国地方に限定しながらも既存の出先機関配置地点から新規の地点への移動プロセスについて詳細を述べている。戦時中にブロック単位の行政区域を形成する必要があったために「行政協議会」が設置され，これが現在の地方出先機関の元となっているとしている。なかでも「協議会」が新たな場所に設置された地方については，既存の出先機関集積地の崩壊と，新集積地の形成があったとされている。出先機関配置の実態に関する経済地理学的研究として，福井（1994）の研究がある。福井は，北海道に限定して，出先機関とより下位の支部までを含めた行政組織の階層構造を明らかにしている。

このように，実態を記述した文献の一方で，概念的検討を加えた文献の代表的なものが，久世（1963）である。久世は，昭和30年代の出先機関新設を，業務区分と絡めて考察している。久世によれば，出先機関は，①管轄区域（一般的と特別），②本省の所管事務（複数省庁と単一省庁），③機能（直轄事業実施，その他国営事業実施，現業的な業務を実施）により区分される。ここでは，所管事務と機能の区分が不明確という問題点が指摘できる。

出先機関の機能分類については，金井（1998）の空間管理論で言及されている。金井は，空間分割行政組織を3形態（①自治体行政組織，②地方出先機関，③領域別省庁）に分け，その分化・統合様式により組織間関係が変化していく

過程を空間管理としている。自治体行政組織は，意思決定機関（議会）の存在により，他と区別される。また，地方出先機関と領域別省庁は，その配置にあたり，機能別の部門配置か，空間別の部門配置かにより分けられるが，意思決定機関の不在という点では共通する。

出先機関自体の概念的検討や配置状況の実態解明に焦点を当てた研究も，豊富に存在しているが，筆者の知る限り，その出先機関が影響を与える対象としての企業の「支所」との関連で述べた文献は数少ないように思われる。

2 分析対象の設定

本章，次章では「大企業における本社・支所ネットワーク」と「省庁による地方出先機関の配置」を概観することで，日本の都市システムの形態を明らかにすることである。このように，「企業の管理部門」「地方出先機関」を都市システムの構成要素として考える。

ここでの「企業」とは，2000年3月時点での全上場企業のことであり，2,524社を対象として取り上げる。なお，上場企業とは，東京1・2，東京マザーズ，大阪1・2，大阪新市場，ナスダック（スタンダード，グロース），名古屋1・2，京都，福岡，札幌の各証券取引所に株式上場を行っている企業のことである。また「本社」とは，基本的に2,524社が置く2,524単位の本社である。ケースによっては，この2,524社が置く2,914単位の本社も取り上げる。また，支店とは2,524社の本社の下に組織階層上位置している支所（支社・支店・営業所など）のうち，支店と明記されている25,562単位の支店のことである。これらの企業は業種別に分類されるが，この分類は東証業種分類による33分類に依拠する。この33業種の全業種を基本的には対象としていくが，銀行業・小売業に関しては，図表により除くケースもある。なぜなら，銀行業・小売業はその分布において地域的偏向がみられない業種であるからである。

また，「出先機関」とは，「国の行政機関には，その所掌事務を分掌させる必要がある場合においては，法律の定めるところにより，地方支分部局を置くことができる（国家行政組織法第9条）。」とある中の「地方支分部局」のことで

あり，金井の定義を援用することで，代表的なものとして，省庁再編前の26機関（1999年）と再編後の25機関（2001年）を取り上げる。

　企業の本社・支所ネットワークの空間的展開を業種別に捉え，地方出先機関のブロック別配置状況を省庁別に確認することで，企業の支所と行政の出先機関にどのような関係があるのかを探るための，都市システム形態を明らかにしていきたい。

3　一極集中型都市システムと本社立地

　一国の都市システムを，大企業が織り成す本社－支所（支社・支店・営業所）関係の空間的投影として捉えるならば，図表3-1に示されるとおり大企業による事業所の都市別立地数を概観することで，その全容が明らかになる。

　まず，本社立地に着目すると，わが国の都市システム形態は「一極集中型」という特徴を指摘できる。本表での本社とは，各企業が主要業務を担わせている本社のことであり，その数を都市ごとに計上したものであるから，企業数と本社数はここでは一致する。このように企業の数だけ本社の数をカウントすると，東京23区に1,066本社，集中度では36.3％となる。第2位の大阪（361本社，12.4％）の約3倍，第3位の名古屋（97本社，3.3％）の約10倍であり，さらに，横浜（60本社，2.1％），神戸（56本社，1.9％），京都（55本社，1.9％）の約20倍前後である。このように，東京という頂点の極に本社機能が集中した都市システム形態とみることができる（図表3-1）。

　図表3-2にみられるとおり，東京の中でも，特に都心に集中し，中央区（237社），千代田区（212社），港区（177社）の3区においての本社集積が著しい。本社同士が都心地区に近接して立地し，対面接触での連絡が可能な範囲内に集中的に立地していることの現れである。同様のことは，大阪に関しても当てはまり，都心地区である中央区（140社），北区（74社），西区（46社）における本社集積が目立っている（図表3-2）。

　このことは，逆に，地方圏における本社数の絶対的な少なさを意味する。地方圏の中でも，特に本社数が少ない県が多い地方ブロックは，東北地方（青森・

秋田・岩手・福島・山形）と九州地方（大分・宮崎・長崎・沖縄）である。これらの地域に加えて山梨県・島根県・徳島県では，県都に存在する本社が小売・銀行業のみであり，同県内の非県都の中核都市においても非小売・非銀行業の本社が存在していない。

　これは，アメリカ・ドイツ・オーストラリア・カナダなどの連邦政府型の先進諸国のように，本社所在数が第1位の都市と，それ以下の都市との間の顕著な差がみられない，いわゆる多極分散型都市システムの形態とは著しいコントラストを成す。

4　本社立地の業種別特性

　企業数と本社数の関係は，本社数が企業数を上回ることに特徴がある。有価証券報告書には，各社の「本店」が明記されていて，これのみを本社と捉えると，企業数と本社数は一致する。しかしながら，複数本社制をとる企業も多く存在しており，特に関西圏で創業を開始した企業が全国的な事業展開を行う際に，東京に本社を別個に置くケースがみられる。複数本社制という最高意思決定管理部門の複数立地を反映し，本社数は企業数を超えるのである。

　まず企業数の業種別構成比を**図表3-3**より概観する。製造的業種で企業数が多い上位5業種を数えると，①電気機器（221社，8.8％），②機械（204社，8.1％），③に建設（197社，7.8％），④化学（170社，6.7％），⑤食料品（125社，5.0％）となっている。また非製造的業種（サービス的業種や第1次産業）では，①卸売（212社，8.4％），②小売業（195社，7.7％），③サービス（175社，6.9％），④銀行（109社，4.3％），⑤陸運（57社，2.3％）となっている（**図表3-3**）。

　次に本社数を同表で概観するが，製造業的業種に関しては企業数と同じ順番となっている。①電気機器（262本社，9.0％）[1]，②機械（256本社，8.8％），③建設（222本社，7.6％），④化学（207本社，7.1％），⑤食料品（154本社，5.3％）となっている。他方，非製造業的業種では，①卸売（260本社，8.9％），②小売（193本社，6.6％），③サービス（214本社，7.3％）までは同順番であるものの，④陸運（69本社，2.4％），⑤その他金融（52社，1.8％）となっている[2]。非製造

▶図表3-1　主要都市における大企業の事業所数（2000年）

都市名	本社		支社		支店		営業所		事業所数	
札幌	27	(20)	132	(131)	730	(524)	393	(392)	1,714	(1,324)
函館	1	(1)	16	(16)	66	(32)	77	(77)	213	(168)
旭川			16	(16)	77	(55)	85	(85)	241	(198)
釧路			16	(16)	42	(28)	70	(70)	170	(149)
苫小牧			9	(9)	41	(32)	50	(50)	158	(138)
帯広			10	(10)	39	(28)	62	(62)	158	(137)
仙台	10	(9)	121	(120)	640	(535)	449	(449)	1,557	(1,346)
盛岡	3	(0)	10	(10)	147	(71)	198	(197)	459	(344)
郡山	3	(0)	12	(12)	125	(62)	173	(173)	453	(311)
青森	2	(0)	5	(5)	121	(61)	175	(175)	371	(287)
秋田	2	(0)	10	(10)	102	(61)	150	(150)	348	(269)
山形	2	(0)	6	(6)	96	(51)	133	(133)	304	(228)
福島	2	(0)	9	(9)	82	(32)	77	(77)	243	(141)
八戸			12	(12)	66	(20)	44	(44)	178	(116)
いわき			14	(14)	58	(17)	39	(39)	229	(148)
東京	1,066	(1,007)	367	(361)	2,319	(1,201)	677	(676)	8,692	(6,140)
横浜	60	(52)	58	(57)	641	(414)	395	(391)	2,092	(1464)
川崎	23	(22)	19	(19)	136	(69)	108	(107)	661	(456)
千葉	10	(4)	33	(33)	305	(215)	250	(246)	897	(632)
宇都宮	7	(3)	11	(11)	159	(104)	224	(223)	592	(438)
立川	5	(3)	11	(11)	86	(73)	99	(99)	289	(228)
前橋	5	(3)	6	(6)	84	(52)	78	(78)	261	(188)
藤沢	5	(5)	4	(4)	70	(35)	33	(33)	224	(135)
厚木	5	(5)	12	(12)	55	(42)	117	(116)	345	(289)
大宮	4	(1)	46	(46)	243	(194)	189	(188)	674	(540)
船橋	3	(3)	9	(9)	96	(42)	29	(29)	310	(174)
高崎	3	(3)	18	(18)	87	(63)	115	(115)	313	(248)
相模原	3	(3)	6	(6)	44	(16)	52	(48)	238	(147)
浦和	2	(2)	8	(8)	97	(62)	63	(62)	288	(178)
甲府	2	(0)	5	(5)	72	(44)	87	(87)	236	(173)
川越	2	(1)	10	(10)	48	(28)	35	(34)	190	(119)
土浦	2	(1)	4	(4)	47	(33)	51	(50)	175	(122)
つくば	2	(2)	4	(4)	28	(14)	40	(40)	192	(192)
水戸	1	(0)	9	(9)	126	(97)	184	(184)	414	(331)
八王子	1	(1)	12	(12)	75	(42)	58	(55)	267	(170)
柏	1	(1)	20	(20)	59	(31)	44	(44)	220	(127)
熊谷	1	(1)	10	(10)	42	(26)	52	(51)	166	(127)
小山	1	(1)	12	(12)	34	(21)	34	(34)	153	(103)
太田			9	(9)	35	(18)	50	(50)	146	(103)
平塚			6	(6)	29	(18)	34	(33)	153	(116)
名古屋	97	(80)	225	(224)	1,135	(798)	530	(506)	2,878	(2,161)
浜松	10	(9)	16	(16)	129	(80)	186	(186)	508	(408)
岐阜	9	(4)	10	(10)	157	(70)	123	(122)	415	(244)
静岡	6	(4)	21	(21)	217	(168)	291	(291)	663	(579)
沼津	6	(5)	15	(15)	57	(33)	56	(56)	202	(156)
四日市	5	(4)	40	(40)	98	(49)	72	(72)	321	(235)
豊田	4	(4)	9	(9)	44	(25)	49	(45)	211	(141)
津	3	(2)	8	(8)	76	(48)	111	(110)	273	(210)
豊橋	3	(3)	8	(8)	54	(31)	60	(57)	220	(148)
富士	1	(1)	6	(6)	41	(17)	35	(35)	158	(113)

第3章 経済的中枢管理機能の立地 **31**

都市名	本社		支社		支店		営業所		事業所数	
金沢	12	(10)	30	(30)	251	(173)	272	(272)	711	(577)
新潟	9	(6)	31	(31)	254	(185)	261	(260)	711	(576)
福井	8	(6)	8	(8)	103	(57)	107	(107)	330	(244)
富山	7	(6)	15	(15)	150	(101)	159	(159)	463	(370)
長野	7	(5)	13	(13)	138	(100)	150	(149)	411	(323)
長岡	4	(3)	10	(10)	45	(20)	52	(52)	184	(129)
松本	2	(1)	10	(10)	84	(56)	141	(141)	322	(261)
大阪	361	(332)	303	(300)	1,289	(850)	462	(461)	3,890	(2,975)
神戸	56	(52)	35	(35)	404	(259)	261	(260)	1,271	(922)
京都	55	(48)	28	(28)	344	(214)	254	(253)	1,093	(762)
堺	13	(11)	10	(10)	137	(73)	72	(71)	456	(289)
尼崎	13	(13)	8	(8)	62	(27)	30	(30)	252	(175)
西宮	12	(12)	2	(2)	64	(31)	31	(29)	224	(149)
姫路	10	(8)	11	(11)	104	(78)	105	(104)	410	(297)
和歌山	6	(4)	13	(13)	95	(60)	140	(139)	351	(277)
吹田	6	(5)	17	(16)	84	(59)	69	(68)	285	(215)
東大阪	5	(5)	11	(11)	89	(45)	50	(49)	285	(187)
茨木	4	(4)	7	(7)	40	(23)	33	(32)	167	(119)
大津	3	(1)	4	(4)	66	(35)	73	(72)	249	(162)
明石	3	(3)	9	(9)	40	(16)	38	(38)	178	(124)
奈良	1	(1)	4	(4)	87	(54)	80	(79)	268	(171)
広島	22	(17)	116	(115)	663	(469)	425	(425)	1,604	(1,255)
岡山	10	(6)	22	(21)	232	(136)	285	(282)	762	(561)
福山	4	(3)	11	(11)	100	(45)	94	(93)	341	(227)
下関	3	(2)	6	(6)	44	(19)	38	(37)	180	(111)
鳥取	2	(1)	11	(11)	48	(23)	62	(62)	173	(123)
倉敷	1	(1)	14	(14)	84	(35)	67	(67)	301	(206)
松江	1	(0)	11	(11)	57	(41)	95	(93)	210	(172)
徳山	1	(1)	9	(9)	46	(31)	54	(54)	150	(119)
山口	1	(0)	7	(7)	36	(23)	58	(58)	141	(109)
米子			10	(10)	31	(11)	53	(53)	155	(107)
高松	12	(8)	50	(50)	317	(249)	240	(238)	780	(627)
松山	7	(3)	12	(12)	165	(84)	182	(181)	499	(353)
徳島	3	(0)	8	(8)	111	(40)	95	(93)	285	(177)
高知	2	(1)	7	(7)	82	(39)	101	(100)	253	(181)
福岡	41	(30)	166	(165)	893	(637)	454	(451)	2,034	(1,607)
北九州	16	(13)	27	(27)	251	(128)	227	(226)	858	(608)
熊本	6	(2)	12	(11)	199	(107)	233	(231)	642	(432)
鹿児島	5	(2)	8	(8)	179	(98)	234	(233)	587	(417)
大分	4	(0)	9	(9)	147	(77)	158	(157)	466	(327)
宮崎	2	(0)	5	(5)	115	(55)	132	(131)	335	(232)
那覇	2	(0)	16	(15)	100	(51)	137	(137)	308	(240)
佐賀	2	(1)	5	(5)	63	(41)	66	(65)	185	(138)
長崎	1	(0)	7	(7)	150	(69)	150	(150)	396	(282)
久留米	1	(0)	10	(10)	66	(25)	42	(41)	177	(108)

注1：対象とした都市は，2000年3月時で人口10万人以上で事業所総数が100を超える都市を抽出した．さらに，そこから小売業・銀行業を除いた支店数・営業所数の合計が50を下回る都市（大都市圏の衛星都市群や高岡・宇部・佐世保などが該当）を除いた．
注2：本社，支社，支店，営業所，事業所の（　）内の数字は，小売業・銀行業に属するものを除いたものである．
注3：各部門の単位については，「本社・支社・支店・営業所」と明記されているものを抽出した．企業が有価証券報告書などに記述している呼称が，そのまま「組織図・事業所便覧」に転載されている．そのため異企業の同一呼称の部門が，必ずしも同一の機能を有するわけにはない．
注4：ここで用いられている「事業所」には，本社・支所に加えて，工場・研究所なども含まれる．
注5：各ブロックごとに，本社数の多い都市から順に上から並べている．本社数が同数である場合は，支店数の多い順に上から並べている．
出所：ダイヤモンド社『組織図・事業所便覧　全上場企業版　2001年』をもとに筆者作成．

▶図表3-2　東京23区と大阪24区における大企業の事業所数（2000年）

東京23区における大企業の事業所数

区名	本社	支社	支店	営業所	事業所数
中央区	237 (227)	79 (78)	331 (186)	79 (78)	1,237 (965)
千代田区	212 (209)	51 (50)	225 (133)	72 (72)	1,003 (765)
港区	177 (169)	62 (61)	242 (147)	74 (74)	1,034 (851)
新宿区	84 (80)	17 (16)	202 (112)	45 (45)	971 (790)
渋谷区	78 (73)	19 (19)	142 (86)	29 (29)	525 (381)
品川区	65 (55)	13 (12)	116 (71)	46 (46)	438 (342)
大田区	34 (33)	25 (25)	101 (50)	48 (48)	431 (320)
江東区	30 (28)	6 (6)	84 (55)	52 (52)	370 (295)
台東区	25 (23)	15 (15)	122 (68)	23 (23)	302 (214)
文京区	22 (22)	10 (10)	48 (20)	23 (23)	179 (139)
目黒区	18 (17)	5 (5)	50 (18)	13 (13)	155 (95)
豊島区	18 (14)	14 (14)	123 (73)	24 (24)	300 (188)
墨田区	16 (16)	7 (7)	54 (25)	15 (15)	180 (125)
板橋区	15 (13)	2 (2)	48 (18)	28 (28)	225 (124)
北区	9 (8)	7 (7)	38 (12)	9 (9)	137 (79)
中野区	7 (5)	3 (2)	28 (6)	10 (10)	97 (43)
葛飾区	5 (3)	5 (5)	56 (20)	9 (9)	115 (43)
練馬区	5 (5)	3 (3)	39 (11)	7 (7)	172 (54)
杉並区	4 (3)	3 (3)	64 (18)	12 (12)	160 (59)
荒川区	2 (2)	5 (5)	83 (26)	18 (18)	50 (21)
世田谷区	2 (2)	1 (1)	20 (6)	3 (3)	238 (105)
江戸川区	1 (0)	5 (5)	50 (14)	15 (15)	181 (67)
足立区		9 (9)	50 (24)	23 (23)	192 (75)

大阪24区における大企業の事業所数

区名	本社	支社	支店	営業所	事業所数
中央区	140 (125)	96 (95)	420 (292)	129 (128)	1,165 (918)
北区	74 (68)	101 (100)	277 (215)	85 (84)	814 (690)
西区	46 (46)	31 (31)	120 (96)	65 (65)	374 (340)
淀川区	17 (16)	32 (31)	96 (76)	65 (65)	297 (255)
浪速区	11 (10)	6 (6)	22 (14)	7 (7)	99 (55)
福島区	10 (10)	4 (4)	27 (16)	13 (13)	100 (81)
西淀川区	10 (10)	2 (2)	19 (11)	6 (6)	84 (69)
天王寺区	7 (7)	1 (1)	26 (17)	10 (10)	71 (52)
城東区	6 (5)	2 (2)	23 (12)	5 (4)	80 (49)
住之江区	6 (5)	4 (4)	28 (20)	15 (15)	116 (90)
東淀川区	5 (4)	2 (2)	22 (11)	12 (12)	71 (42)
阿倍野区	5 (4)	5 (5)	29 (9)	4 (4)	80 (43)
港区	4 (4)		11 (4)	10 (10)	56 (40)
東成区	4 (4)	1 (1)	25 (6)	3 (3)	48 (23)
大正区	3 (3)		11 (6)	1 (1)	45 (35)
生野区	3 (3)		11 (2)	1 (1)	28 (10)
鶴見区	3 (3)		15 (7)	5 (5)	54 (36)
平野区	3 (3)		19 (6)	6 (6)	66 (30)
此花区	2 (2)	1 (1)	4 (2)	6 (6)	52 (45)
都島区	1 (1)	2 (2)	27 (14)	6 (6)	72 (37)
西成区	1 (1)		13 (3)	2 (2)	30 (12)
旭区			10 (3)	2 (2)	18 (7)
住吉区			14 (1)	2 (2)	32 (5)
東住吉区		2 (2)	20 (7)	2 (1)	38 (11)

注1：図表3-1の注2〜4と同じく。
注2：本社数の多い区から順に上から並べている。本社数が同数である場合は，支店数の多い順に上から並べている。
出所：図表3-1に同じ。

▶図表3-3　企業・本社の業種別構成比（2000年）

業種	企業数（%）	本社数（%）
電気機器	221（8.8%）	262（9.0%）
機械	204（8.1%）	256（8.8%）
建設	197（7.8%）	222（7.6%）
化学	170（6.7%）	207（7.1%）
食料品	125（5.0%）	154（5.3%）
輸送用機器	99（3.9%）	116（4.0%）
繊維	90（3.6%）	112（3.8%）
金属	79（3.1%）	103（3.5%）
その他製品	79（3.1%）	100（3.4%）
鉄鋼	56（2.2%）	75（2.6%）
ガラス・土石	55（2.2%）	62（2.1%）
医薬品	44（1.7%）	59（2.0%）
非鉄金属	39（1.5%）	44（1.5%）
精密機器	32（1.3%）	40（1.4%）
パルプ・紙	29（1.1%）	38（1.3%）
ゴム	19（0.8%）	23（0.8%）
石油・石炭	12（0.5%）	12（0.4%）
鉱業	10（0.4%）	11（0.4%）
卸売	212（8.4%）	260（8.9%）
小売	195（7.7%）	193（6.6%）
サービス	175（6.9%）	214（7.3%）
銀行	109（4.3%）	45（1.5%）
陸運	57（2.3%）	69（2.4%）
不動産	46（1.8%）	49（1.7%）
倉庫・運輸	38（1.5%）	40（1.4%）
その他金融	36（1.4%）	52（1.8%）
証券	23（0.9%）	24（0.8%）
電気・ガス	20（0.8%）	10（0.3%）
海運	18（0.7%）	19（0.7%）
保険	14（0.6%）	20（0.7%）
水産・農林	9（0.4%）	10（0.3%）
空運	6（0.2%）	7（0.2%）
通信	6（0.2%）	6（0.2%）

注1：本社は，「本社」との名称がつく部門・部署をすべて計上している。そのため本社数は企業数よりも上回る業種もある。
注2：銀行業・電気業の中で，本社的機能を有する部門を「本店」と呼称する企業がみられるが，ここでは本店とされる部門については含んでいない。
出所：図表3-1に同じ。

業的業種では，銀行業・小売業の占める割合が高いが，これらの業種は本社の立地において地域的偏向がみられない業種であるために，本章の以下の分析では，ケースに応じて外していく（図表3-3）。

　本社分布の業種別分類をみるには，図表3-1で明らかになった一極集中型都市システムという形態からも明らかなように，図表3-4で示すように東京と大阪に本社を置く企業を取り上げることが，その数量的比重から重要と思われる。

　東京と大阪に集中しサンプル数が多い業種を図表3-4でみる。まず東京への全本社集中率36.6%を上回り，かつ本社数が50以上の製造業的業種を集中比率が高い順番にみると，①建設（102本社，51.8%），②化学（86本社，50.6%），③電気機器（109本社，49.3%），④食料品（58本社，46.4%）となっている。次に，大阪への全本社集中率12.4%を上回り，本社数が20以上のものを同じく順番にみると，①繊維（24本社，26.7%），②化学（36本社，21.2%），③建設（30本社，15.2%），④機械（28本社，13.7%）となっている。次に，非製造業的業種を同じように集中度の順番からみると，東京に関しては①サービス（119本社，68.0%），②卸売業（118本社，55.7%），大阪に関しては，①卸売業（79本社，37.3%），②サービス業（33本社，18.9%），③小売業（28本社，14.4%）となっている（図表3-4）。

　企業数と本社数のズレに加えて，東京と大阪の本社の役割がどのようなものであるかに関しては図表3-5で示唆される。東京と大阪に，別本社・別本部などの呼称で，登記上の本社とは別に同格の本社的機能を置く企業群も業種により顕著である。製造業的業種に関しては，電気機器（東京16社），化学（東京25社，大阪9社），機械（東京19社，大阪1社），鉄鋼（東京10社，大阪1社），繊維（東京10社，大阪6社）である。また，非製造業的業種に関しては，卸売業（東京35社，大阪17社），サービス業（東京26社，大阪12社），小売業（東京12社，大阪4社）である（図表3-5）。

　このような複数本社制がみられる企業の中で，電気機器・繊維・卸売・小売は，関西が創業の地である企業が多く含まれる。電気機器についてはいわゆる家電メーカーと呼ばれる関西創業の企業群の多くが東京に別本社・本部を置い

▶図表3-4　東京・大阪における本社の集中度（2000年）

業種＼本社所在地	①東京		②大阪	
石油・石炭	10	(83.3%)	0	(0.0%)
鉱業	8	(80.0%)	0	(0.0%)
精密機器	22	(68.8%)	1	(3.1%)
非鉄金属	24	(61.5%)	7	(17.9%)
医薬品	24	(54.5%)	12	(27.3%)
建設	102	(51.8%)	30	(15.2%)
化学	86	(50.6%)	36	(21.2%)
電気機器	109	(49.3%)	14	(6.3%)
パルプ・紙	14	(48.3%)	6	(20.7%)
食料品	58	(46.4%)	7	(2.6%)
その他	35	(44.3%)	13	(16.5%)
ガラス・土石	22	(40.0%)	7	(12.7%)
金属	31	(39.2%)	13	(16.5%)
機械	72	(35.3%)	28	(13.7%)
鉄鋼	19	(33.9%)	9	(16.1%)
繊維	29	(32.2%)	24	(26.7%)
輸送用機器	26	(26.3%)	6	(6.1%)
ゴム	5	(26.3%)	3	(15.8%)
保険	14	(100.0%)	4	(28.6%)
空運	6	(100.0%)	0	(0.0%)
通信	6	(100.0%)	0	(0.0%)
海運	15	(83.3%)	2	(11.1%)
証券	19	(82.6%)	3	(13.0%)
不動産	35	(76.1%)	11	(23.9%)
サービス	119	(68.0%)	33	(18.9%)
水産・農林	6	(66.7%)	0	(0.0%)
その他金融	23	(63.9%)	11	(30.6%)
卸売	118	(55.7%)	79	(37.3%)
倉庫・運輸	18	(47.4%)	6	(15.8%)
陸運	23	(40.4%)	9	(15.8%)
小売	45	(23.1%)	28	(14.4%)
電気・ガス	1	(5.0%)	1	(5.0%)
銀行	4	(3.7%)	0	(0.0%)

注1：東京と大阪に本社が所在する企業を①と②でそれぞれ示している。
注2：（　）内の数字は，「東京または大阪に所在する本社数（業種ごと）／当該業種の全企業数」であり，東京と大阪への本社集中度を業種別に示している。
注3：③と④では，東京と大阪以外の都市にそれぞれ本社を所在しながらも，東京・大阪に本社・本部などの呼称で東京と大阪に別の本社的な部門が立地している企業数を計上している。
注4：東京への本社集中度が高い業種を上から順に並べている。
出所：図表3-1に同じ。

▶図表3-5　東京・大阪における本社の集中（2000年）

業種＼別本社名	①東京		②大阪	
	東京本部	東京本社	大阪本部	大阪本社
石油・石炭	0	0	0	0
鉱業	0	1	0	0
精密機器	0	1	0	0
非鉄金属	0	1	0	1
医薬品	0	6	0	3
建設	1	0	0	0
化学	4	21	0	9
電気機器	6	10	0	0
パルプ・紙	1	4	0	1
食料品	2	9	1	2
その他	0	5	0	2
ガラス・土石	4	3	1	0
金属	1	8	0	2
機械	4	15	0	1
鉄鋼	0	10	0	1
繊維	2	8	0	6
輸送用機器	3	4	0	0
ゴム	0	3	0	0
保険	2	4	0	6
空運	1	0	1	0
通信	0	0	0	0
海運	1	0	0	0
証券	1	0	1	1
不動産	0	0	0	0
サービス	8	18	3	9
水産・農林	0	0	0	0
その他金融	1	7	0	4
卸売	4	31	0	17
倉庫・運輸	0	1	0	0
陸運	3	3	0	0
小売	5	7	1	3
電気・ガス	0	0	0	0
銀行	8	0	1	0

出所：図表3-1に同じ。

ている。繊維については，関西創業の企業群に加え，非関西圏の西日本で創業した企業群が一旦，大阪に本社を置き，その後，東京にも別本社を設けたケースもみられる[3]。卸売については，主に商社が代表的なものであり，「東京本社」という名称で別本社を置いている企業が確認される。対照的に，東京で創業が確認される商社は，大阪に支所を置く際には，格段の地位は与えずに，「支社」などの呼称の部門を置くケースがみられる。小売業に関しては，いわゆる「スーパー」や「百貨店」の企業群の中で全国的に営業展開をしている企業において，東京に別本社を置く傾向がみられる。

関西圏以外の非首都圏で創業が開始された企業について製造的業種をみると[4]，電気機器では愛知県と長野県での発祥の企業が3社ある。化学に関しても，愛知県と山口県発祥の企業が3社ある。機械などにおいても確認される。機械に関しては，富山県発祥の企業が1社確認される。鉄鋼は愛知県発祥の企業が1社[5]確認される。繊維には富山県発祥の企業が1社確認される。

次節では，本節で概観した本社群によって形成される支所群の空間的展開についてみていく。支所に関して，**図表3-5**では支社・支店・営業所をみた。この3支所の中で最もサンプル数が多いのが「支店」であるために，その立地状況を詳細にみていくことが，支所立地状況の全容の把握に最も近似すると考えられる。そのため，**図表3-6**以降においては「支店」を中心にみていく。

5　支所の全国的展開

図表3-6①・**図表3-6**②では，本社群の支所展開状況を，上位の都市別・都道府県別にみたものである。**図表3-6**①にみられるとおり都市別の本社・支所ネットワークでは，3大都市圏の都市（東京・大阪・名古屋・横浜・神戸・京都・川崎）と「地方中枢都市（福岡・広島・札幌）」と言われる都市で10番目までを占める。それ以降の順位では，同じく大都市圏の近郊の都市（堺・西宮・千葉），「準中枢都市・中核都市」と言われる高松・金沢・岡山・北九州や地方中枢都市の仙台がくる。**図表3-6**②のように都道府県別にみた場合では7番目までは，都市別でランクされた都市を抱える都道府県の順番がそのまま

▶図表3-6① 本社所在都市と本社・支所群（2000年）

所有部門＼本社所在地	①東京	②大阪	③名古屋	④横浜	⑤神戸	⑥京都	⑦福岡	⑧札幌	⑨川崎	⑩広島
本社数	1,066	361	97	60	56	55	41	27	23	22
支社保有数	2,436	483	57	24	33	34	32	16	27	9
支店保有数	9,897	2,636	1,107	289	339	363	645	617	83	379
営業所保有数	8,549	2,773	517	425	267	284	460	240	116	227

所有部門＼本社所在地	⑪北九州・下関	⑫高松	⑫尼崎	⑫堺	⑬金沢	⑬西宮	⑭千葉	⑭岡山	⑭仙台	⑭姫路	⑭浜松
本社数	19	13	13	13	12	12	10	10	10	10	10
支社保有数	32	6	3	83	9	2	5	22	14	5	6
支店保有数	204	202	11	8	155	63	357	283	215	120	15
営業所保有数	246	107	55	27	65	130	30	72	208	12	11

▶図表3-6② 本社所在都道府県と本社・支所群（2000年）

所有部門＼本社所在地	①東京都	②大阪府	③愛知県	④神奈川県	⑤兵庫県	⑥京都府	⑦福岡県	⑧広島県	⑨静岡県	⑩埼玉県
本社数	1,108	435	164	119	108	67	61	37	36	30
支社保有数	2,445	595	93	58	44	41	64	14	10	4
支店保有数	9,948	2,964	1,211	387	551	378	734	554	510	139
営業所保有数	8,774	3,206	888	706	554	344	692	362	93	50

所有部門＼支所立地先		⑪北海道		⑮香川県	⑮石川県		⑳宮城県
本社数	………	29	………	18	18	………	11
支社保有数	…略…	21	…略…	14	17	…略…	14
支店保有数	………	683	………	219	162	………	215
営業所保有数		290		138	127		208

注1：図表3-6①・図表3-6②とも各都市に所在する本社数と，本社が当該都市に所在する企業が有する支所（支社・支店・営業所）を示している。
注2：図表3-6①・図表3-6②では本社数が上位14位以内の都市を，図表3-6①は本社数が上位10位以内の都道府県を抽出した。ただし，図表3-6②に関しては参考として，北海道・香川県・石川県・宮城県の数字も加えている。
出所：図表3-6①・図表3-6②とも図表3-1に同じ。

当てはまるが，8番目からは広島県，9番目に静岡県，10番目に埼玉県となっている。地方中枢都市を抱える宮城県は20番目の数字となり，準中枢都市を抱える香川県や石川県よりも低い数字となっている。東京・大阪の本社集積の絶対的規模から比較すると，地方中枢都市の本社群の集積は少なく，同じグループとして類型されグループ内の階層性は確認されないが，より詳細に地方圏に

位置する都市・県に所在する本社群をみると，仙台については，また独自の地位が考えられる。都市レベルでも，金沢・高松など準地方中枢都市よりも本社の集中数が低いのが仙台である。

　これらの都市に本社を置く企業の支店保有数が1,000を超えるのは，東京（9,897）・大阪（2,636）・名古屋（1,107）のみである。さらに，3大都市近郊の大都市で，横浜（289）・神戸（339）・京都（363）となっている。本社数では，近郊型大都市よりも下回る地方中枢都市群に本社を置く企業群が保有する支店数は，福岡（645）・札幌（617）・広島（379）と，横浜・神戸・京都などの近郊型大都市の支店数を上回っている。支店保有数が200を超える都市は，千葉（357）・岡山（283）・仙台（215）・北九州／下関（204）・高松（202）である。また，大都市近郊の大都市では，他に姫路（120）・川崎（83）・西宮（63）・尼崎（11）・堺（8）であり，本社数に比べて支所の立地が少ないことを示している（図表3-6①，図表3-6②）。

　図表3-7・図表3-8においては，東京を23区，大阪を24区にそれぞれ細分化し，図表3-1の東京23区・大阪の部分を，さらに詳しくしたものである。中央区・千代田区・港区の都心3区に本社を置く企業が，支社・支店・営業所の保有数で大きくなっている。また支店数について，1社当たりの平均をみると，都心3区である中央区が8.7，千代田区が18.3，港区が8.7となっている。これ以外には，渋谷区が8.7，目黒区が14.4，墨田区が8.8などの数字が目立つものの，概して都心地区に本社を立地させる企業のほうが，支所数は多くなる傾向にある。大阪に関しても同様であり，都心である中央区本社企業の平均支店保有数は，13.0と高い数字を示している（図表3-7，図表3-8）。

　これらの本社と支所ネットワークの空間的投影を詳しく表すことにする。そのため，地方ブロック圏を9ブロックに分け，各経済圏の中で最も本社数の多い都市と，それぞれの都市にある本社が全国のどの都道府県に支店を立地させているかを図表3-9で示した。また，この数字をブロックごとの比率に換算したのが，図表3-10である。ここで，東京に本社を置く企業が，全国の各ブロックに支店を置く比率を概観すると，各ブロックの経済規模にほぼ比例した形で置かれていることが特徴である。大阪本社の企業に関しても，関西圏に置

▶図表3-7　東京本社の企業が展開する本社・支所群（2000年）

所有部門 本社所在地	本社数	支社 保有数	支社／ 本社	支店 保有数	支店／ 本社	営業所 保有数	営業所／ 本社
中央区	237	497	2.1	2,072	8.7	1,610	6.8
千代田区	212	973	4.6	3,888	18.3	1,959	9.2
港区	177	307	1.7	1,544	8.7	1,629	9.2
新宿区	84	70	0.8	521	6.2	563	6.7
渋谷区	78	285	3.7	677	8.7	804	10.3
品川区	65	54	0.8	261	4.0	360	5.5
大田区	34	33	1.0	161	4.7	218	6.4
江東区	30	14	0.5	74	2.5	351	11.7
台東区	25	15	0.6	66	2.6	210	8.4
文京区	22	14	0.6	84	3.8	203	9.2
目黒区	18	10	0.6	259	14.4	194	10.8
豊島区	18	16	0.9	42	2.3	83	4.6
墨田区	16	27	1.7	141	8.8	50	3.1
板橋区	15	9	0.6	51	3.4	82	5.5
北区	9	23	2.6	11	1.2	57	6.3
中野区	7	82	11.7	7	1.0	59	8.4
葛飾区	5			7	1.4	13	2.6
練馬区	5			2	0.4	4	0.8
杉並区	4	4	1.0	4	1.0	15	3.8
荒川区	2	3	1.5	15	7.5	76	38.0
世田谷区	2			10	5.0	9	4.5
江戸川区	1						
足立区							

注：図表3-6①，②の注に同じ。
出所：図表3-1に同じ。

く比率が若干高くなっているものの（36.0%），それ以外のブロックへの配置率は，ほぼ各経済圏の規模に比例したものとなっている。

　これが名古屋本社の企業になると，自ブロック内への配置率が57.8%と高くなり，さらに福岡・札幌・広島に本社を置く企業となると，この配置率が9割前後（福岡；90.2%，札幌；90.4%，広島；89.7%）とさらに高くなる。同様に，仙台，高松，金沢についても7～9割前後の配置率となっている。このことは，全国的な支所立地展開を行っている企業は，東京と大阪に本社を置く企業が主であり，それ以外の都市に本社を置く企業は，自ブロック内で事業展開

▶図表3-8　大阪本社の企業が展開する本社・支所群（2000年）

所有部門 本社所在地	本社数	支社 保有数	支社／ 本社	支店 保有数	支店／ 本社	営業所 保有数	営業所／ 本社
中央区	140	307	2.2	1,819	13.0	857	6.1
北区	74	75	1.0	359	4.9	625	8.4
西区	46	34	0.7	199	4.3	554	12.0
淀川区	17	15	0.9	44	2.6	160	9.4
浪速区	11	6	0.5	31	2.8	99	9.0
西淀川区	10	6	0.6	45	4.5	47	4.7
福島区	10	6	0.6	8	0.8	39	3.9
天王寺区	7	3	0.4	29	4.1	72	10.3
城東区	6	3	0.5	21	3.5	88	14.7
住之江区	6	10	1.7	5	0.8	24	4.0
阿倍野区	5	3	0.6	18	3.6		
東淀川区	5			8	1.6	26	5.2
港区	4			5	1.3	26	6.5
東成区	4	8	2.0	4	1.0	26	6.5
鶴見区	3	3	1.0	20	6.7	62	20.7
生野区	3	3	1.0	14	4.7	22	7.3
平野区	3			4	1.3	14	4.7
大正区	3			1	0.3	4	1.3
此花区	2					25	12.5
都島区	1	1	1.0	2	2.0	3	3.0
西成区	1						
旭区							
住吉区							
東住吉区							

注：図表3-6①，②の注に同じ。
出所：図表3-1に同じ。

を完結させているケースが多いことを反映していると思われる。大企業の本社・支所の全国的な展開を論じると，東京・大阪に本社を置く企業に着目することで，相当の説明が可能となるのである。他方で，ブロック圏域内に本社を置く企業群による本社・支所展開を概観すると，福岡・札幌・広島や仙台などに本社を置く企業の支店立地展開について概観する必要が出てくる。特に電力やそれに付随する建設業，通信業の支社・支店に付随するものについては，地方中枢都市において共通して配置されるものである[6]。出先機関配置と「本社立地」

▶図表3-9　本社・支所群の全国立地展開（都道府県別，2000年）

支店立地先＼本社所在地	東京	大阪	名古屋	福岡	札幌	広島	仙台	高松	金沢
東京都	1,817	411	106	13	16	4	4	5	4
神奈川県	663	132	38	1	3	0	2	0	1
千葉県	383	71	21	1	2	0	0	0	1
埼玉県	535	67	24	1	2	0	1	1	1
群馬県	116	14	5	0	2	0	1	0	0
栃木県	126	18	1	0	3	0	2	0	0
茨城県	166	17	7	0	2	0	1	0	0
山梨県	50	3	3	0	1	0	0	0	0
大阪府	895	626	66	13	3	4	3	7	2
京都府	184	78	8	0	0	0	1	0	2
兵庫県	367	160	10	1	0	3	0	4	2
滋賀県	41	17	3	0	0	0	0	0	0
奈良県	54	45	8	0	0	0	0	0	0
和歌山県	47	24	5	0	0	0	0	0	0
愛知県	633	160	497	4	1	3	3	4	2
三重県	72	22	59	0	0	0	0	0	0
岐阜県	59	16	41	0	0	0	0	0	0
静岡県	223	49	44	0	0	0	2	0	1
北海道	489	76	34	0	558	0	2	1	0
宮城県	388	81	17	1	11	1	131	1	0
青森県	65	5	2	0	3	0	8	0	0
秋田県	56	4	1	0	0	0	8	0	0
岩手県	63	10	1	0	1	0	15	0	1
山形県	47	4	2	0	1	0	9	0	0
福島県	95	7	2	0	1	0	17	0	1
長野県	129	16	14	0	4	0	1	0	1
新潟県	161	28	9	0	0	0	1	0	1
石川県	110	35	8	0	1	0	1	0	112
富山県	81	11	7	0	1	0	0	1	12
福井県	39	9	3	0	0	0	0	0	6
広島県	353	89	11	9	0	285	0	5	0
岡山県	114	32	2	5	0	21	0	19	1
山口県	81	12	1	10	0	24	0	0	0
鳥取県	19	3	1	0	0	4	0	0	0
島根県	32	5	1	0	0	6	0	0	0
香川県	183	54	4	2	0	0	0	115	0
愛媛県	68	15	2	2	0	13	0	21	1
徳島県	29	6	1	0	0	0	0	10	0
高知県	33	3	1	0	0	1	0	8	0
福岡県	531	133	26	461	1	8	2	0	1
佐賀県	33	4	1	19	0	0	0	0	0
長崎県	58	9	1	22	0	0	0	0	0
熊本県	71	20	3	17	0	1	0	0	1
鹿児島県	72	15	5	17	0	0	0	0	0
大分県	53	8	1	25	0	1	0	0	0
宮崎県	42	4	1	20	0	0	0	0	0
沖縄県	41	8	1	1	0	0	0	0	0

注：都市名に関しては，保有支店数の多い都市を左から順に並べている。
出所：図表3-1に同じ。

▶図表3-10　本社・支所群の全国立地展開（ブロック別，2000年）

支店立地先＼本社所在地	東京	大阪	名古屋	札幌	仙台	金沢	広島	高松	福岡
首都圏	38.7%	27.8%	18.5%	5.0%	5.1%	4.5%	1.1%	3.0%	2.5%
関西圏	15.9%	36.0%	9.0%	0.5%	1.9%	3.9%	1.8%	5.4%	2.2%
中京圏	9.9%	9.4%	57.8%	0.2%	2.3%	1.9%	0.8%	2.0%	0.6%
北海道圏	4.9%	2.9%	3.1%	90.4%	0.9%	0.0%	0.0%	0.5%	0.0%
東北圏	7.2%	4.2%	2.3%	2.8%	87.4%	1.3%	0.3%	0.5%	0.2%
北陸信越圏	5.2%	3.8%	3.7%	1.0%	1.4%	85.2%	0.0%	0.5%	0.0%
中国圏	6.1%	5.3%	1.4%	0.0%	0.0%	0.6%	89.7%	11.9%	3.7%
四国圏	3.1%	3.0%	0.7%	0.0%	0.0%	0.6%	3.7%	76.2%	0.6%
九州圏	9.0%	7.6%	3.5%	0.2%	0.9%	1.9%	2.6%	0.0%	90.2%

注1：図表3-9で表された数字を，%に換算したものである。
注2：地域区分に関しては図表3-9に対応し，以下のとおりである。
　　首都圏…東京都，神奈川県，千葉県，埼玉県，群馬県，栃木県，茨城県，山梨県。
　　関西圏…大阪府，京都府，兵庫県，滋賀県，奈良県，和歌山県。
　　中京圏…愛知県，三重県，岐阜県，静岡県。
　　北海道圏…北海道。
　　東北圏…宮城県，青森県，秋田県，岩手県，山形県，福島県。
　　北陸信越圏…長野県，新潟県，石川県，富山県，福井県。
　　中国圏…広島県，岡山県，山口県，鳥取県，島根県。
　　四国圏…香川県，愛媛県，徳島県，高知県。
　　九州圏…福岡県，佐賀県，長崎県，熊本県，鹿児島県，大分県，宮崎県，沖縄県。
出所：図表3-1に同じ。

▶図表3-11　ブロック別経済規模の対全国比

ブロック名	①卸売販売額比率	②県民所得比率
首都圏	46.7%	36.7%
関西圏	17.2%	16.4%
中京圏	11.8%	12.3%
北海道圏	3.1%	4.0%
東北圏	4.5%	6.8%
北陸信越圏	3.8%	6.0%
中国圏	4.0%	5.7%
四国圏	1.8%	2.7%
九州圏	7.2%	9.4%

注1：地域区分は図表3-9に対応する。
注2：①は「当該地方の総卸売販売額／総卸売販売額」，②は「当該地方の総県民所得／国民所得」で，それぞれ求められる。数字は1999年度のものである。
出所：経済産業省「商業統計表第3巻産業編（市区町村表）」2000年度版，経済企画庁経済研究所「県民経済計算年報」平成11年度をもとに筆者作成。

を考える際には,これらの企業群とそれを規制する省庁の出先機関の関係を考慮する必要が出てくる(図表3-9,図表3-10,図表3-11)。

> **考えてみよう**
> 1　自分にとって身近な企業を取り上げ,どこで発祥・創業をして,現在はどこに本社を置いているのか,調べてください。
> 2　東京,大阪でも,具体的にどの区に本社が集中しているのか,説明してください。

▶注
1)　「当該業種の全本社数／全企業の全本社数(％)」により求められる数字である。
2)　銀行に関しては,本社的な機能を有する部門を,「本店」と明記しているケースがみられるためである。
3)　倉敷紡績,クラレなどは岡山での創業開始が確認される。複数本社制に関しては,クラレは大阪市に「本社大阪事業所」を,東京都中央区に「本社東京事業所」をそれぞれ置いている。帝人は,大阪市の「大阪本社」とは別に,東京都千代田区に「東京本社」を置いている。ユニチカも同様であるが,「東京本社」は東京都中央区に置いている。また,化学に分類されるものの,繊維製品にも携わっている鐘紡は,「本社」は東京都港区であるが,事業本部という形で,東京と大阪に本社的機能を分散的に立地させている(各社の有価証券報告書より)。
4)　卸売,サービス,小売などの非製造業に関しては,製造的業種以上に発祥の地域的分布の偏向がみられるために省略する。
5)　鉄鋼では,大同特殊鋼(愛知県本社)が「東京本社」という呼称で東京に別個の本社を置いている(各社の有価証券報告書より)。
6)　地域独占型産業の典型である電力業に関しては,地方圏では4地方中枢都市と高松,那覇に本社が置かれ,その規制を担う経済産業局(旧地方通産局)も同じ都市に置かれるという点では政府・企業関係が特定都市へ集中しているという機能の空間的投影が観察できる。しかし,北陸信越の場合,北陸電力の本社は富山に存在する。今回の考察では主眼としていないが,テリトリーの問題を考慮すると,新潟県は仙台に本社を置く東北電力の管轄エリアとなっている。長野県は,名古屋に本社を置く中部電力の管轄エリアとなっている(行政機構図より)。

第4章 行政的中枢管理機能の立地

1 行政機関の出先配置

　ここで取り上げる出先機関とは国家行政組織法（昭和23・7・10・法律120号）の第9条，さらに第3条にある「地方支分部局」のことである。そのため，省庁による出先機関に絞り，都道府県による出先機関についての考察は省略する。省庁による出先機関でも，本省庁の次階層に位置する機関を対象とし，より下位の階層に位置する出先機関については取り上げない。また，2001年1月に省庁再編があったために，省庁再編前の1999年の行政機構図と省庁再編後の2001年7月時の行政機構図における出先機関を対比させる。

　省庁再編前の機関配置は**図表4-1**で示され，8ブロックの中心的都市に高い比率で配置される。すなわち，東京～高松までの8都市へ6～9割程度の出先機関が配置されるのである。省庁再編後の機関配置は**図表4-2**で示されるが，省庁再編前の機関配置形態がほぼ温存されていることが特徴的である。若干の変更点もあり，主に関東地方を管轄する出先機関の配置先がさいたま市に移転していること，拠点都市への出先機関の統合のケースもみられることの2点が主なものである（**図表4-1，図表4-2**）。

　このように省庁の出先機関の全国的配置状況を概観すると，以下のように都市類型を行うことが可能である。まず第1のグループとしては，主要な出先機関（法務局，通産局，運輸局，建設局など）が必ず配置されている都市であり，出先機関の配置率が50％を上回る都市群をあげてみると，東京（さいたま）・大阪・名古屋・福岡・札幌・広島・仙台・高松の8都市が該当する。なかでも，関西における大阪，東北における仙台は，他地方（ブロック）では上述の8都市以外にも配置される機関が，大阪・仙台に必ず配置されているケースも多く，

▶ 図表 4-1　省庁の主要出先機関の都市別配置状況（再編前）

	地方局	管轄数	東京	大阪	名古屋	福岡	札幌	広島	仙台	高松	金沢	北九州・下関	新潟	岡山	熊本	松山	長野	横浜	京都	神戸	大宮	長崎	那覇	函館
内閣	人事院地方事務局	9 (8)	○	○	○	○	○	○	○	○											○			
総理府	管区警察局	8 (7)	○	○	○	○	△	○	○	○											○			
	管区行政監察局	8 (7)																						
法務省	法務局	8	○	○	○	○	○	○	○	○														
	高等検察庁	8	○	○	○	○	○	○	○	○														
	矯正管区	8	○	○	○	○	○	○	○	○														
	地方入国管理局	8	○	○	○	○	○	○	○	○														
	公安調査局	8	○	○	○	○	○	○	○	○														
大蔵省	財務局	10 (9)	○	○	○	△	○	○	○	○	○											○		
	税関	9 (8)	○	○			○					○										△	△	○
	国税局	12 (11)	○	○	○	○	○	○	○	○	○				○								△	
厚生省	医務局	8 (7)																						
	麻薬取締官事務所	8	○	○	○	○	○	○	○	○														
農水省	農政局	8 (7)	○	○	△	○	○	○	○	○														
	食糧庁企画調整課	13	○	○	○	○	○	○	○	○	○	○	○	○										
通産省	通産局	8	○	○	○	○	○	○	○	○														
運輸省	運輸局	9	○	○	○	○	○	○	○	○		○												
	港湾建設局	5		○					○				○					○						
	航空局	2	○																					
	管区気象台	6	○	○		○	○		○														○	
郵政省	郵政監察局	10	○	○	○	○	○		○		○				○	○	○							
	郵政局	12 (11)	○	○	○	○	○		○		○				○	○	○						△	
労働省	地方電気通信監理局	10	○	○	○	○	○	○	○				○								○			
	労働委員会事務局	7	○	○	○	○	○	○	○															
建設省	建設局	10 (8)	○	○	○	△	△	○	○	○													△	
裁判所	高等裁判所	8	○	○	○	○	○	○	○	○														
	出先機関の合計数	26	18	24	24	19	23	21	23	16	7	2	4	1	7	3	3	2	2	2	7	1	8	1
	配置比率		69.2%	92.3%	92.3%	73.1%	88.5%	80.8%	88.5%	61.5%	26.9%	7.7%	15.4%	3.8%	26.9%	11.5%	11.5%	7.7%	7.7%	7.7%	26.9%	3.8%	30.8%	3.8%

注1：（）内の数字は、分室・支局・事務所などをのぞいたものである。支所は、主に北海道・四国・沖縄などの行政区域において配置されている。
注2：『行政機構図』の作成は、平成11年7月時点である。
注3：○については省庁の次官制に位置する支所（主に地方局）を、△については支所の分室・支局・分室などを、それぞれ示している。
注4：各都市の単位は、特別区や自治体の行政単位（市）である。ただし、関門地区に関しては、歴史的経緯から、下関市と北九州市を一体の単位としている。
出所：総務庁行政管理局『行政機構図（2000年版）』をもとに筆者作成。

第4章　行政的中枢管理機能の立地　47

▶図表4-2　省庁の主要出先機関の都市別配置状況（再編後）

		管轄圏数	東京	大阪	名古屋	福岡	札幌	広島	仙台	高松	金沢	北九州・下関	新潟	岡山	熊本	松山	長野	横浜	京都	神戸	さいたま	長崎	那覇	岐阜	函館
内閣	人事院地方事務局	9 (8)		○	○	○	○	○	○	○												△		
内閣府	管区警察局	7				○	○	○	○	○															
総務省	管区行政評価局	9 (7)		○	○	○	○	○	○	△												△		
	総合通信局	11 (10)	○	○	○	○	○	○	○	△	○									○		△		
	公正取引委員会事務所	9 (6)	○	○	○	○	○	○	○	△												△		
	郵政監察局	11 (10)	○	○	○	○	○	○	○	○	○									○		△		
	簡易保険監察事務センター	7								○									○						
法務省	法務局	8		○	○	○	○	○	○	○														
	高等検察庁	8		○	○	○	○	○	○	△															
	矯正管区	8	○	○	○	○	○	○	○	○															
	入国管理局	8	○	○	○	○	○	○	○	○															
財務省	公安調査局	8	○	○	○	○	○	○	○	○															
	財務局	10 (9)	○	○	○	○	○	○	○	○	○														
	税関	9 (8)	○	○	○	○	○													○					
厚生労働省	国税局	12 (11)	○	○	○	○	○	○	○	○	○			○	○						○				
	厚生局	9 (7)		○	○	○	○	○	○	△					○						○				
農水省	農政局	7				○	○	○	○	○			○												
経済産業省	経済産業局	9 (8)	○	○	○	○	○	○	○	○	○		○												
国土交通省	整備局	9 (8)		○	○	○	△	○	○	○	○		○								○				
	運輸局	9		○	○	○	○	○	○	○								○							
	陸運支局	9	○															○							
	航空局	2	○	○																					
	管区気象台	6		○		○	○		○	○															
裁判所	高等裁判所	8		○	○	○	○	○	○	○															
	出先機関の合計数	25	14	23	22	19	21	20	23	18	6	1	3	1	6	3	3	3	2	1	11	1	10	1	1
	配置比率		56.0%	92.0%	88.0%	76.0%	84.0%	80.0%	92.0%	72.0%	24.0%	4.0%	12.0%	4.0%	24.0%	12.0%	12.0%	12.0%	8.0%	4.0%	44.0%	4.0%	40.0%	4.0%	4.0%

注1：表記は、図表4-1の注1・注3・注4に同じ。
注2：［行政機構図］の作成は、平成13年7月時点である。
出所：財団法人行政管理センター［2002年版行政機構図］をもとに筆者作成。

配置率も両都市とも92.0％（23機関）と高くなっている。大阪は，総務省関係1機関（簡易保険事務センター）と農林水産省関係1機関（農政局）を除くすべての機関が，仙台は財務省1機関（税関）と国土交通省関係1機関（航空局）を除くすべての機関が，それぞれ配置されている。航空局は2管轄圏で東京と大阪のみの配置であり，税関は東京・名古屋・大阪以外には港湾機能依存型都市（横浜・神戸・北九州／下関・函館・長崎）にあり，現業部門に付随して配置される傾向があることを考慮するなら，仙台には実質，すべての出先機関が配置されていると考えることも可能である。そのため，東京（さいたま）に次ぐ出先機関集中度が高い都市は，大阪と仙台であると考えられる。

次に第2のグループとしては，上述の8都市に次いで，配置率が高く，同配置率の都市よりも配置機関の多様性がみられ，なおかつ広域ブロックよりもより狭小の空間を管理するケースであり，金沢・那覇が該当する。また空間管理の広狭を考慮の対象外とすると熊本も含めることができる。ここで，那覇に関しては，分室や沖縄事務所という組織形態で本省庁から分化して配置されているケースが多い。出先機関は，組織上は，沖縄事務所のより下位部門に位置付けられているのである。そして，金沢の場合は，中部地方（ブロック）全体を管轄する出先機関ではなく，北陸や信越地方を管轄する機関が配置されている。中部地方全体の管轄を担う出先機関は，ほとんどが名古屋に置かれ，金沢は，そこよりもより狭小の空間を管理するための出先機関の配置という点では那覇と類似するのである。ただし，組織形態上は，本省庁の直属の出先機関が配置され，金沢でまた別の事務所が設けられてその下位に出先機関が位置付けられるということはない。いずれにせよ，地方ブロック圏よりもより狭小な空間を管理するという機関が置かれるという点で，金沢や沖縄を第2グループとしてあげることができる。ここで配置率の高さ，機関の多様性を考慮するならば，熊本がこのグループに属さないという問題が残ってくる。熊本に配置されている，総務省関係機関（旧郵政省関係機関）などは，福岡が管轄するよりもより狭小の空間を管理しているのではなく，九州ブロック全体を管理している。また，財務省関係機関（財務局など）は，福岡と九州の南北を分割する形で，熊本の財務局は中・南九州を管轄している。そのため，配置率と機関の多様性

という点では金沢・沖縄の出先機関と類似するものの，歴史的にみて，福岡の財務局が熊本から分化して配置された経緯がある。熊本の機関がより上位の都市にある機関から分化して配置されたわけではない。北九州／下関地区の出先機関も加えた上で，ここに九州における出先機関の配置状況の位置付けの特殊性が考えられる。

　次に第3のグループとしては，配置率が低く，特定の省庁の出先機関のみが配置されるか，または民間経済活動の現業部門に付随する形で出先機関が配置されるケースであり，農政局が置かれる岡山，総務省（旧郵政省）関係機関が置かれる松山・長野・岐阜がある。また京都には，総務省関係機関と農政局の両方が置かれている。さらに，国土交通省関係機関が置かれる新潟，財務省関連ではあるものの港湾機能に付随的機関である税関が置かれる北九州／下関[1]・神戸・長崎・函館，国土交通省関係機関と税関の両機関が置かれる横浜などがある。

　以上のように，①広域ブロック中心型都市，②狭域ブロック中心型都市，③特定機関配置型都市と，配置率，配置機関の多様性，管理圏域の観点から類型化してきた。

　これを支店立地との関係でみていくとなると，広域ブロックの管轄の拠点都市である①の都市群に加え，②，③の都市群をどの程度まで分析対象に加えるかが問題となってくる。本章では，国土レベルでの出先機関配置と支店立地にどの程度関連があるかを探索することを主眼とする。また，地方中枢都市と言われる都市システムの階層では中間にあたる都市群の位置付けを，行政・企業関係から解き明かすことも目的である。このような問題意識に照らし合わせると，③のグループの中でも，大都市圏内の横浜・神戸・京都・岐阜などは，大都市圏内に位置するがゆえに，東京・大阪・名古屋などの都市圏に含まれ，考察の対象外とする。3大都市近郊の大都市群における支店立地状況を出先機関配置との関係から捉えることは重要であり無視し難い。しかし，国土レベルで都市システムを概観することに主眼を置くと，東京・大阪・名古屋の支店立地状況をみることで，大都市近郊型大都市における支店立地状況の把握の代替となると考えられる。また，管轄圏が狭小であり単一の県のみを管理対象地域と

する出先機関が配置される那覇，単一の出先機関のみが配置されている函館についても省略する。

このような本章の問題意識と照らし合わせると，東京・大阪・名古屋・福岡・札幌・広島・仙台・高松の8都市に加え，金沢・関門地区（北九州／下関）・新潟・岡山・熊本・松山・長野の7都市を加えた15都市を出先機関所在都市として分析対象とするのが有効であると思われる。次節以降では，この15都市における支店立地状況を詳細にみていく。

2　支所ネットワークの展開

行政機関の配置から出先機関所在都市を15都市ほど抽出したが，これらの都市における支店立地数は，**図表4-3**で示される。ここで，前章で概観したように，本社・支所の展開から都市類型を行うとなると，本社群と支所群の集中からなる①3大都市（東京・名古屋・大阪），支店群の集中を特徴とする②4地方中枢都市（福岡・札幌・広島・仙台），②の都市ほどの支店群や行政機関の集中はないものの，それに準じて集中する③準中枢都市（高松・金沢），それ以外に支店群が集中する④中核都市の4タイプに分けることができる。支店立地の階層性という点からも，上の4つのタイプの都市に分けることが可能である。

この4タイプから，支店集中をみると，①東京（1,201, 9.4％），大阪（850, 6.6％），名古屋（798, 6.2％）となっている。②に福岡（637, 5.0％），札幌（524, 4.1％），広島（469, 3.7％），仙台（535, 4.2％）となっている。③に高松（249, 1.9％），金沢（173, 1.3％）となっている。これ以外に，④新潟（185, 1.4％）は③の金沢を上回っている（**図表4-3**）。

これら15都市への支店集中率は，**図表4-4**で示される。製造的な業種における15都市への支店集中率の高さと，逆に非製造的業種における集中度の低さが特徴的である。このことは，15都市以外の非製造的業種の分散的立地の裏返しでもある。15都市における全支店数の集中率は48.3％（小売・銀行を除く）であるが，製造的業種の全業種（17業種）の15都市への支店集中率がすべて，

▶図表4-3　主要出先機関所在都市における支店群（2000年）

都市名 業種	東京	大阪	名古屋	福岡	札幌	広島	仙台	高松	金沢	北九州・下関	新潟	岡山	熊本	松山	長野
建設	140	114	132	119	108	102	126	61	29	20	49	16	17	15	20
食料品	109	67	53	40	31	27	35	18	14	7	11	12	7	5	7
電気機器	71	58	46	37	29	29	32	15	14	5	12	9	4	8	9
機械	59	44	56	36	33	29	33	14	12	5	8	6	5	3	2
化学	41	63	62	42	21	21	31	9	4	2	6	3	1	1	2
医薬品	54	34	33	33	31	30	29	18	5	0	4	3	4	0	0
金属	41	29	37	20	17	23	21	8	7	1	6	1	2	0	4
その他製品	14	19	16	15	10	9	10	6	3	1	3	1	0	0	4
ガラス・土石	15	19	18	11	8	7	9	2	2	2	0	0	0	0	0
繊維	18	22	17	12	11	4	7	0	1	0	1	0	0	0	0
非鉄金属	6	14	14	14	10	8	8	5	0	1	1	0	0	0	0
鉄鋼	9	17	13	9	7	7	7	3	2	0	5	3	0	0	1
輸送用機器	13	13	12	9	5	7	7	2	0	0	0	0	0	1	0
精密機器	7	6	8	8	7	6	8	4	2	1	2	1	2	0	0
石油・石炭	15	7	6	5	4	4	6	3	2	0	0	0	0	0	0
パルプ・紙	4	6	1	2	0	0	1	0	0	0	0	0	1	0	0
鉱業	0	4	1	3	3	1	2	0	0	0	0	0	0	0	0
ゴム	3	5	5	1	1	1	1	0	0	0	0	0	0	0	0
卸売	90	79	88	79	63	47	62	29	21	26	21	19	14	10	12
その他金融	99	36	38	29	31	29	24	12	17	17	15	15	13	12	12
証券	150	57	23	14	11	13	10	7	8	12	10	13	8	8	3
陸運	99	42	34	18	20	18	10	2	5	18	3	10	8	4	4
保険	43	15	22	18	18	13	12	12	12	10	12	11	10	8	11
サービス	36	31	30	27	20	16	22	8	4	5	5	8	4	3	3
倉庫・運輸	36	22	11	7	4	2	3	1	3	5	1	1	1	1	1
空運	6	3	5	9	5	5	5	5	3	4	3	3	3	3	3
不動産	6	16	11	11	10	7	10	2	1	1	2	0	1	0	0
電気・ガス	9	2	1	4	2	1	1	1	1	3	1	1	2	1	1
海運	2	6	5	3	2	0	1	0	0	1	0	0	0	0	0
通信	6	0	0	1	1	1	1	1	0	1	0	0	0	0	0
水産・農林	0	0	0	1	1	2	1	1	0	1	2	0	0	0	0
合計	2,316	1,289	1,135	893	730	663	640	317	251	295	254	232	199	165	138
合計'	1,201	850	798	637	524	469	535	249	173	147	185	136	107	84	100

注1：各都市の支店数を業種別に示したものである。
注2：製造業的業種と，非製造業的業種とで，それぞれ支店数の多い業種を上から並べている。
注3：「合計」については小売業と銀行業を含む数字を，「合計'」については全業種の支店数から小売業と銀行業を除いた数字を示している。
注4：各都市の単位は，特別区や市などの行政単位における支店数で計上している。ただし，関門地区に関しては，下関市と北九州市との数値を合計したものである。これ以下の図表では，特に断わりのない限り，上述の15都市についての数字を示す。
出所：図表3-1に同じ。

48.3％を上回っている。15都市への集中率が最も低い電気機器でさえ52.9％にも上っている。製造的業種で支店数が多い業種群として，支店数が200を超えるものを取り上げると，化学（309，80.3％），医薬品（278，77.9％），機械（345，65.6％），金属（217，65.6％）。建設業（1,068，54.7％），電気機器（378，52.9％）がある。逆に，非製造的業種13業種のうち，全支店集中率48.3％（小売・銀行を除く）を超えるのは，水産・農林（62.5％），通信業（56.0％），海運業（54.1％）の3業種のみである。これ以外の10業種は，すべて15都市への集中率において低いのである（図表4-4）。

3　支所立地の業種別特性

　大企業による業種別支店数（小売・銀行業を除く）は，図表4-5で示される。支店数の多い業種は，製造的業種に関しては，①建設業（1,953，15.2％），②食料品（930，7.3％），③電気機器（714，5.6％），④機械（526，4.1％），⑤化学（385，3.0％），⑥医薬品（357，2.8％），⑦金属製品（331，2.6％）が主なものである。非製造的業種に関しては，①卸売業（1,663，13.0％），②その他金融業（1,228，9.6％），③証券業（955，7.4％），④陸運業（894，7.0％），⑤保険業（795，6.2％），⑥サービス業（467，3.6％）が主なものである（図表4-5）。

　各都市における支店立地数が上位の業種を，図表4-6でみると，建設業が15都市中13都市において1位に，卸売業が11都市において2位になっている。製造的業種に関して支店数の多い業種で，大阪・名古屋・福岡・札幌・広島・仙台の6都市へ，それぞれ20支店以上を立地させている業種は，建設業・電気機器・医薬品・機械の5業種である。同様に非製造的業種で7都市へそれぞれ20支店以上を立地させている業種は，卸売業・食料品・その他の金融業の3業種である（図表4-6）。

　また，支店の集積数に加えて，業種別の立地特化係数を図表4-7で都市別にみる。製造的な業種に関しては大阪・名古屋，4地方中枢都市に準中枢都市の高松を加えた7都市で高い係数がみられる。また，金沢と新潟においても7

▶図表 4-4　主要出先機関所在15都市への支店集中度（2000年）

業種＼都市区分	15都市		それ以外の都市	
ゴム	17	100.0%	0	0.0%
繊維	93	88.6%	12	11.4%
ガラス・土石	93	87.7%	13	12.3%
鉱業	14	82.4%	3	17.6%
鉄鋼	83	81.4%	19	18.6%
石油・石炭	52	81.3%	12	18.8%
化学	309	80.3%	76	19.7%
非鉄金属	81	79.4%	21	20.6%
パルプ・紙	15	78.9%	4	21.1%
医薬品	278	77.9%	79	22.1%
輸送用機器	69	73.4%	25	26.6%
その他製品	111	68.1%	52	31.9%
精密機器	62	66.7%	31	33.3%
機械	345	65.6%	181	34.4%
金属	217	65.6%	114	34.4%
建設	1,068	54.7%	885	45.3%
電気機器	378	52.9%	336	47.1%
不動産	78	69.0%	35	31.0%
水産・農林	10	62.5%	6	37.5%
通信	14	56.0%	11	44.0%
海運	20	54.1%	17	45.9%
食料品	443	47.6%	487	52.4%
サービス	222	47.5%	245	52.5%
卸売	660	39.7%	1,003	60.3%
証券	347	36.3%	608	63.7%
倉庫・運輸	99	36.3%	174	63.7%
空運	65	35.7%	117	64.3%
陸運	295	33.0%	599	67.0%
その他金融	399	32.5%	829	67.5%
電気・ガス	31	29.0%	76	71.0%
保険	227	28.6%	568	71.4%
合計	9,517	37.2%	16,045	62.8%
合計'	6,195	48.3%	6,638	51.7%

注1：主要な出先機関所在の15都市とそれ以外の都市における支店立地比率を示している。
注2：数字は「当該業種の当該都市群における支店数／当該業種の全支店数」である。
注3：製造業的業種と，非製造業的業種とで，それぞれ支店立地率の高い業種を上から順に並べている。
出所：図表3-1に同じ。

▶図表4-5　業種別の支店数とその構成（2000年）

業種	全支店数	構成比	構成比'
建設	1,953	7.64%	15.22%
食料品	930	3.64%	7.25%
電気機器	714	2.79%	5.56%
機械	526	2.06%	4.10%
化学	385	1.51%	3.00%
医薬品	357	1.40%	2.78%
金属	331	1.29%	2.58%
その他製品	163	0.64%	1.27%
ガラス・土石	106	0.41%	0.83%
繊維	105	0.41%	0.82%
非鉄金属	102	0.40%	0.79%
鉄鋼	102	0.40%	0.79%
輸送用機器	94	0.37%	0.73%
精密機器	93	0.36%	0.72%
石油・石炭	64	0.25%	0.50%
パルプ・紙	19	0.07%	0.15%
鉱業	17	0.07%	0.13%
ゴム	17	0.07%	0.13%
卸売	1,663	6.51%	12.96%
その他金融	1,228	4.80%	9.57%
証券	955	3.74%	7.44%
陸運	894	3.50%	6.97%
保険	795	3.11%	6.19%
サービス	467	1.83%	3.64%
倉庫・運輸	273	1.07%	2.13%
空運	182	0.71%	1.42%
不動産	113	0.44%	0.88%
電気・ガス	107	0.42%	0.83%
海運	37	0.14%	0.29%
通信	25	0.10%	0.19%
水産・農林	16	0.06%	0.12%
（銀行）	12,638	49.44%	－
（小売）	91	0.36%	－

注1：「構成比」では全支店数に占める当該業種の比率を示している。
注2：「構成比'」では小売・銀行業を除いた全支店数に占める当該業種の比率を示している。
出所：図表3-1に同じ。

▶図表4-6　各都市における支店数が上位の業種（2000年）

	東京		大阪		名古屋		福岡		札幌	
1	証券	150	建設	114	建設	132	建設	119	建設	108
2	建設	140	卸売	79	卸売	88	卸売	79	卸売	63
3	食料品	109	食料品	67	化学	62	化学	42	機械	33
4	陸運	99	化学	63	機械	56	食料品	40	医薬品	31
5	その他金融	99	電気機器	58	食料品	53	電気機器	37	食料品	31
6	卸売	90	証券	57	電気機器	46	機械	36	その他金融	31
7	電気機器	71	機械	44	その他金融	38	医薬品	33	電気機器	29
8	機械	59	陸運	42	金属	37	その他金融	29	化学	21
9	医薬品	54	その他金融	36	陸運	34	サービス	27	陸運	20
10	保険	43	医薬品	34	医薬品	33	金属	20	サービス	20
	広島		仙台		高松		金沢		北九州・下関	
1	建設	102	建設	126	建設	61	建設	29	卸売	26
2	卸売	47	卸売	62	卸売	29	卸売	21	建設	20
3	医薬品	30	食料品	35	医薬品	18	その他金融	17	陸運	18
4	電気機器	29	機械	33	食料品	18	電気機器	14	その他金融	17
5	機械	29	電気機器	32	電気機器	15	食料品	14	証券	12
6	その他金融	29	化学	31	機械	14	機械	12	保険	10
7	食料品	27	医薬品	29	保険	12	保険	12	食料品	7
8	金属	23	その他金融	24	その他金融	12	証券	8	電気機器	5
9	化学	21	サービス	22	化学	9	金属	7	機械	5
10	陸運	18	金属	21	金属	8	医薬品	5	倉庫・運輸	5
	新潟		岡山		熊本		松山		長野	
1	建設	49	卸売	19	建設	17	建設	15	建設	20
2	卸売	21	建設	16	卸売	14	その他金融	12	卸売	12
3	その他金融	15	その他金融	15	その他金融	13	卸売	10	その他金融	12
4	電気機器	12	証券	13	保険	10	電気機器	8	保険	11
5	保険	12	食料品	12	陸運	8	証券	8	電気機器	9
6	食料品	11	保険	11	証券	8	保険	8	食料品	7
7	証券	10	陸運	10	食料品	7	食料品	5	その他製品	4
8	機械	8	電気機器	9	機械	5	陸運	4	金属	4
9	化学	6	サービス	8	医薬品	4	機械	3	陸運	4
10	金属	6	機械	6	電気機器	4	空運	3	空運	3

注：各都市に立地する支店のうち，上位の業種を10位まで計上した。
出所：図表3-1に同じ。

都市に準じて係数が高くなっている。このことは，逆に，新潟を除く中核都市群における非製造的業種の係数の高さとなっている。7都市のうち，製造的業種において係数が1を下回る都市が3以上みられるのは，パルプ・紙（名古屋・札幌・広島・高松において1以下），食料品（名古屋・福岡・札幌・広島・仙台・高松において1以下）の2業種のみである。これ以外の製造業的業種に関してはすべての業種で，7都市における係数の高さが指摘できる。特化係数が上位の業種を各都市別に示したのが，図表4-8である。7都市において，特化係数が高い業種が多く，それ以外の都市においては特化係数が高い業種が低くなる（図表4-7，図表4-8）。

　都市別の支店立地比率は図表4-9で示される。その中でも，上述の集中度が高く，支店数が多く，かつ特化係数の高い6製造的業種（化学，医薬品，機械，金属，建設，電気機器）に注目する。6業種の都市別支店立地率と，その内訳を詳しくみるために，各業種ごとに売上高が上位の企業群や大手とされる企業群の支店立地動向を概観する。その際に，各業種ごとに売上高が上位の企業や大手とされる企業群を，当該業種の代表的なものとして取り上げ，その支店の全国展開を図表4-10でさらに詳しくみていく（図表4-9，図表4-10）。

　まず化学であるが，大阪（16.4％），名古屋（16.1％），東京（10.6％），福岡（10.9％）が10％を超えている。5％以上は，仙台（8.1％），札幌（5.5％），広島（5.5％），2％以上は高松（2.3％）となっている。この中で，総合化学メーカー大手とされる6社に信越化学と昭和電工を加えた8社の支所群の全国的展開状況をみると，必ずしも出先機関所在都市すべてに支店が配置されているわけではないことが特徴である。本社所在地の東京・大阪以外には，東京・大阪・名古屋・福岡の4都市には，ほぼ全企業で支所が置かれているが，4都市にのみ支所を置くのは，住友化学（名古屋，福岡）と昭和電工（大阪，名古屋，福岡）である。さらに札幌・広島・仙台のいずれか1～2都市を加えて支所を置くのは，三井化学（名古屋，大阪，福岡，広島），三菱化学（東京，大阪，名古屋，福岡，札幌），東ソー2)（大阪，名古屋，福岡，仙台）である。また，東京～仙台までの7都市すべてに支所を置くのは宇部興産（名古屋，大阪，福岡，札幌，広島，仙台）のみである。また，旭化成（名古屋，福岡，札幌，広島，仙台，金

第4章　行政的中枢管理機能の立地

▶図表4-7　各都市の特化係数上位業種（2000年）

	東京		大阪		名古屋		福岡		札幌	
1	石油・石炭	2.5	パルプ・紙	4.8	ゴム	4.7	鉱業	3.6	鉱業	4.3
2	通信	2.6	ゴム	4.4	ガラス・土石	2.7	非鉄金属	2.8	繊維	2.6
3	パルプ・紙	2.2	鉱業	3.6	化学	2.6	繊維	2.3	非鉄金属	2.4
4	ゴム	1.9	繊維	3.2	繊維	2.6	化学	2.2	不動産	2.2
5	繊維	1.8	ガラス・土石	2.7	非鉄金属	2.2	パルプ・紙	2.1	医薬品	2.1
6	証券	1.7	化学	2.5	海運	2.2	ガラス・土石	2.1	精密機器	1.8
7	医薬品	1.6	鉄鋼	2.5	輸送用機器	2.1	不動産	2.0	ガラス・土石	1.8
8	ガラス・土石	1.5	海運	2.4	鉄鋼	2.0	医薬品	1.9	鉄鋼	1.7
9	輸送用機器	1.5	非鉄金属	2.1	金属	1.8	その他製品	1.9	石油・石炭	1.5
10	倉庫・運輸関連	1.4	輸送用機器	2.1	機械	1.7	輸送用機器	1.9	その他製品	1.5
	広島		仙台		高松		金沢		北九州・下関	
1	水産・農林	3.4	鉱業	2.8	水産・農林	3.2	通信	3.0	水産・農林	5.5
2	医薬品	2.3	石油・石炭	2.2	医薬品	2.6	石油・石炭	2.3	電気・ガス	2.4
3	非鉄金属	2.1	精密機器	2.1	非鉄金属	2.5	機械	1.7	海運	2.4
4	輸送用機器	2.0	不動産	2.1	石油・石炭	2.4	精密機器	1.6	陸運	1.8
5	金属	1.9	ガラス・土石	2.0	精密機器	2.2	金属	1.6	ガラス・土石	1.6
6	鉄鋼	1.9	非鉄金属	1.9	通信	2.1	電気機器	1.5	倉庫・運輸関連	1.6
7	精密機器	1.8	医薬品	1.9	その他製品	1.9	鉄鋼	1.5	空運	1.4
8	ガラス・土石	1.8	化学	1.9	建設	1.6	その他製品	1.4	卸売	1.4
9	石油・石炭	1.7	輸送用機器	1.8	鉄鋼	1.5	ガラス・土石	1.4	その他金融	1.2
10	不動産	1.7	鉄鋼	1.6	機械	1.4	空運	1.2	証券	1.1
	新潟		岡山		熊本		松山		長野	
1	水産・農林	8.7	鉄鋼	2.8	パルプ・紙	6.3	水産・農林	9.5	通信	5.1
2	鉄鋼	3.4	空運	1.6	精密機器	2.6	空運	2.5	その他製品	3.1
3	通信	2.8	サービス	1.6	電気・ガス	2.2	電気機器	1.7	空運	2.1
4	建設	1.7	証券	1.3	空運	2.0	輸送用機器	1.6	保険	1.8
5	精密機器	1.5	保険	1.3	保険	1.5	保険	1.5	電気機器	1.6
6	空運	1.5	電気機器	1.2	医薬品	1.3	その他の金融	1.5	金属	1.6
7	その他製品	1.3	食料品	1.2	その他の金融	1.3	電気・ガス	1.4	建設	1.3
8	金属	1.3	その他の金融	1.2	機械	1.1	証券	1.3	鉄鋼	1.3
9	電気機器	1.2	機械	1.1	陸運	1.1	建設	1.2	その他の金融	1.3
10	不動産	1.2	陸運	1.1	不動産	1.1	サービス	1.0	電気・ガス	1.2

注：図表4-4で計上された数字で，各都市で上位10位までの業種を示している。
出所：図表3-1に同じ。

▶図表4-8　支店立地における各都市の業種別特化係数（2000年）

業種＼都市名	東京	大阪	名古屋	福岡	札幌	広島	仙台	高松	金沢	北九州・下関	新潟	岡山	熊本	松山	長野
石油・石炭	2.5	1.7	1.5	1.6	1.5	1.7	2.2	2.4	2.3	0.0	0.0	0.0	0.0	0.0	0.0
鉱業	0.0	3.6	0.9	3.6	4.3	1.6	2.8	0.0	0.0	0.0	0.0	0.0	0.0	0.0	0.0
精密機器	0.8	1.0	1.4	1.7	1.8	1.8	2.1	2.2	1.6	0.9	1.5	1.0	2.6	0.0	0.0
非鉄金属	0.6	2.1	2.2	2.8	2.4	2.1	1.9	2.5	0.0	0.9	0.7	0.0	0.0	0.0	0.0
医薬品	1.6	1.4	1.5	1.9	2.1	2.3	1.9	2.6	1.0	0.0	0.8	0.8	1.3	0.0	0.0
建設	0.8	0.9	1.1	1.2	1.4	1.4	1.5	1.6	1.1	0.9	1.7	0.8	1.0	1.2	1.3
化学	1.1	2.5	2.6	2.2	1.3	1.5	1.9	1.2	0.8	0.5	1.1	0.7	0.3	0.4	0.7
電気機器	1.1	1.2	1.0	1.0	1.0	1.1	1.1	1.1	1.5	0.6	1.2	1.2	0.7	1.7	1.6
パルプ・紙	2.2	4.8	0.8	2.1	0.0	0.0	1.3	0.0	0.0	0.0	0.0	0.0	6.3	0.0	0.0
食料品	1.3	1.1	0.9	0.9	0.8	0.8	0.9	1.0	1.1	0.7	0.8	1.2	0.9	0.8	1.0
その他製品	0.9	1.8	1.6	1.9	1.5	1.5	1.5	1.9	1.4	0.5	1.3	0.6	0.0	0.0	3.1
ガラス・土石	1.5	2.7	2.7	2.1	1.8	1.8	2.0	1.0	1.4	1.6	0.0	0.0	0.0	0.0	0.0
金属	1.3	1.3	1.8	1.2	1.3	1.9	1.5	1.2	1.6	0.3	1.3	0.3	0.7	0.0	1.6
機械	1.2	1.3	1.7	1.4	1.5	1.5	1.5	1.4	1.7	0.8	1.1	1.1	1.1	0.9	0.5
鉄鋼	0.9	2.5	2.0	1.8	1.7	1.9	1.6	1.5	1.5	0.0	3.4	2.8	0.0	0.0	1.3
繊維	1.8	3.2	2.6	2.3	2.6	1.0	1.6	0.0	0.7	0.0	0.7	0.0	0.0	0.0	0.0
ゴム	1.9	4.4	4.7	1.2	1.4	1.6	1.4	0.0	0.0	0.0	0.0	0.0	0.0	0.0	0.0
輸送用機器	1.5	2.1	2.1	1.9	1.3	2.0	1.8	1.1	0.0	0.0	0.0	0.0	0.0	1.6	0.0
水産・農林	0.0	0.0	0.0	1.3	1.5	3.4	1.5	3.2	0.0	5.5	8.7	0.0	0.0	9.5	0.0
電気・ガス	0.9	0.3	0.2	0.8	0.5	0.3	0.2	0.5	0.7	2.4	0.6	0.9	2.2	1.4	1.2
陸運	1.2	0.7	0.6	0.4	0.5	0.6	0.3	0.1	0.4	1.8	0.2	1.1	1.1	0.7	0.6
海運	0.6	2.4	2.2	1.6	1.3	0.0	0.6	0.0	0.0	2.4	0.0	0.0	0.0	0.0	0.0
空運	0.4	0.2	0.4	1.0	0.7	0.8	0.7	1.4	1.2	1.4	1.5	1.6	2.0	2.5	2.1
倉庫・運輸	1.4	1.2	0.6	0.5	0.4	0.2	0.3	0.2	0.8	1.6	0.3	0.3	0.4	0.6	0.5
通信	2.6	0.0	0.0	0.8	1.0	1.1	1.0	2.1	3.0	0.0	2.8	0.0	0.0	0.0	5.1
卸売	0.6	0.7	0.9	1.0	0.9	0.8	0.9	0.9	0.9	1.4	0.9	1.1	0.9	0.9	0.9
証券	1.7	0.9	0.4	0.3	0.3	0.4	0.3	0.4	0.6	1.1	0.7	1.3	1.0	1.3	0.4
保険	0.6	0.3	0.4	0.5	0.6	0.4	0.4	0.8	1.1	1.1	1.0	1.3	1.5	1.5	1.8
その他金融	0.9	0.4	0.5	0.5	0.6	0.6	0.5	0.5	1.0	1.2	0.8	1.2	1.3	1.5	1.3
不動産	0.6	2.1	1.6	2.0	2.2	1.7	2.1	0.9	0.7	0.8	1.2	0.0	1.1	0.0	0.0
サービス	0.8	1.0	1.0	1.2	1.0	0.9	1.1	0.9	0.6	0.9	0.7	1.6	1.0	1.0	0.8

注1：特化係数は，「各都市の全支店数における当該業種支店数の占める割合／全支店数における当該業種の支店数が占める割合」によって求められる。
注2：係数が1以上はアミ掛けで，2以上は濃いアミ掛けで示している。
出所：図表3-1に同じ。

▶図表4-9　業種別にみた都市ごとの支店立地比率（2000年）

業種\都市名	石油石炭	鉱業	精密機器	非鉄	医薬品	建設	化学	電気機器	パルプ紙	食料品
東京	23.4%	0.0%	7.5%	5.9%	15.1%	7.2%	10.6%	9.9%	21.1%	11.7%
大阪	10.9%	23.5%	6.5%	13.7%	9.5%	5.8%	16.4%	8.1%	31.6%	7.2%
名古屋	9.4%	5.9%	8.6%	13.7%	9.2%	6.8%	16.1%	6.4%	5.3%	5.7%
福岡	7.8%	17.6%	8.6%	13.7%	9.2%	6.1%	10.9%	5.2%	10.5%	4.3%
札幌	6.3%	17.6%	7.5%	9.8%	8.7%	5.5%	5.5%	4.1%	0.0%	3.3%
広島	6.3%	5.9%	6.5%	7.8%	8.4%	5.2%	5.5%	4.1%	0.0%	2.9%
仙台	9.4%	11.8%	8.6%	7.8%	8.1%	6.5%	8.1%	4.5%	5.3%	3.8%
高松	4.7%		4.3%	4.9%	5.0%	3.1%	2.3%	2.1%		1.9%
金沢	3.1%		2.2%		1.4%	1.5%	1.0%	2.0%		1.5%
北九州・下関			1.1%	1.0%		1.0%	0.5%	0.7%		0.8%
新潟			2.2%	1.0%	1.1%	2.5%	1.6%	1.7%		1.2%
岡山			1.1%		0.8%	0.8%	0.8%	1.3%		1.3%
熊本			2.2%		1.1%	0.9%	0.3%	0.6%	5.3%	0.8%
松山						0.8%	0.3%	1.1%		0.5%
長野						1.0%	0.5%	1.3%		0.8%

業種\都市名	その他	ガラス	金属	機械	鉄鋼	繊維	ゴム製品	輸送機器	水産農林	電気ガス
東京	8.6%	14.2%	12.4%	11.2%	8.8%	17.1%	17.6%	13.8%	0.0%	8.4%
大阪	11.7%	17.9%	8.8%	8.4%	16.7%	21.0%	29.4%	13.8%	0.0%	1.9%
名古屋	9.8%	17.0%	11.2%	10.6%	12.7%	16.2%	29.4%	12.8%	0.0%	0.9%
福岡	9.2%	10.4%	6.0%	6.8%	8.8%	11.4%	5.9%	9.6%	6.3%	3.7%
札幌	6.1%	7.5%	5.1%	6.3%	6.9%	10.5%	5.9%	5.3%	6.3%	1.9%
広島	5.5%	6.6%	6.9%	5.5%	6.9%	3.8%	5.9%	7.4%	12.5%	0.9%
仙台	6.1%	8.5%	6.3%	6.3%	6.9%	6.7%	5.9%	7.4%	6.3%	0.9%
高松	3.7%	1.9%	2.4%	2.7%	2.9%			2.1%	6.3%	0.9%
金沢	1.8%	1.9%	2.1%	2.3%	2.0%	1.0%				0.9%
北九州・下関	0.6%	1.9%	0.3%	1.0%					6.3%	2.8%
新潟	1.8%		1.8%	1.5%	4.9%	1.0%		12.5%		0.9%
岡山	0.6%		0.3%	1.1%	2.9%					0.9%
熊本			0.6%	1.0%						1.9%
松山			0.0%	0.6%				1.1%	6.3%	0.9%
長野	2.5%		1.2%	0.4%	1.0%					0.9%

業種\都市名	陸運	海運	空運	倉庫運輸	通信	卸売	証券	保険	他金融	不動産	サービス
東京	11.1%	5.4%	3.3%	13.2%	24.0%	5.4%	15.7%	5.4%	8.1%	5.5%	7.7%
大阪	4.7%	16.2%	1.6%	8.1%	0.0%	4.8%	6.0%	1.9%	2.9%	14.2%	6.6%
名古屋	6.8%	13.5%	2.7%	4.0%	0.0%	5.3%	2.4%	2.8%	3.1%	9.7%	6.4%
福岡	2.0%	8.1%	4.9%	2.6%	4.0%	4.8%	1.5%	2.3%	2.4%	9.7%	5.8%
札幌	2.2%	5.4%	2.7%	1.5%	4.0%	3.8%	1.2%	2.3%	2.5%	8.8%	4.3%
広島	2.0%	0.0%	2.7%	0.7%	4.0%	2.8%	1.4%	1.6%	2.4%	6.2%	3.4%
仙台	1.1%	2.7%	2.7%	1.1%	4.0%	3.7%	1.0%	1.5%	2.0%	8.8%	4.7%
高松	0.2%		2.7%	0.4%	4.0%	1.7%	0.7%	1.5%	1.0%	1.8%	1.7%
金沢	0.6%		1.6%	1.1%	4.0%	1.3%	0.8%	1.1%	1.4%	0.9%	0.9%
北九州・下関	2.0%	2.7%	1.6%	1.8%		1.6%	1.3%	1.3%	1.4%	0.9%	1.1%
新潟	0.3%		2.2%	0.4%	4.0%	1.3%	1.0%	1.5%	1.2%	1.8%	1.1%
岡山	1.1%		1.6%	0.4%		1.1%	1.4%	1.4%	1.2%		1.7%
熊本	0.9%		1.6%	0.4%		0.8%	0.8%	1.3%	1.1%	0.9%	0.9%
松山	0.4%		1.6%	0.4%		0.6%	0.8%	1.0%	1.0%		0.6%
長野	0.4%		1.6%	0.4%	4.0%	0.7%	0.3%	1.4%	1.0%		0.6%

注1：比率は，「当該都市における当該業種の支店数／当該業種の全支店数」により求められる。
注2：空欄は，支店が当該都市に存在しないことを示す。
出所：図表3-1に同じ。

沢）と信越化学（大阪，名古屋，福岡，札幌，広島，仙台，新潟，長野）については，7都市以外に，金沢・新潟・長野なども加えて支店を置いている。このように，化学系企業の支店の全国展開は，形態的に出先機関の配置状況と一致していない。

医薬品は，東京（15.1％）が10％を超え，5％以上では，大阪（9.5％），名古屋（9.2％），福岡（9.2％），札幌（8.7％），広島（8.4％），仙台（8.1％），高松（5.0％）となっている。売上高2,000億円以上の企業を9社みると，すべての企業で，東京～仙台までの7都市に支所群を必ず置いている。これは支店立地にみる都市規模別ランクに対応している。7都市にのみ支店を置くのは，エーザイ（東京，大阪，名古屋，福岡，札幌，広島，仙台），協和発酵工業（—エーザイに同じく—）の2社である。これに高松を加えた8都市に支所を置くのは，藤沢薬品工業（7都市，高松）である。さらにこれらの8都市に加えて，金沢や大都市圏に支所を置くのが三共（8都市，横浜，京都），塩野義製薬（8都市，大宮・横浜），第一製薬（8都市，横浜・京都），大正製薬（8都市，金沢），武田薬品工業（8都市，横浜，京都，神戸），山之内製薬（8都市，横浜，京都）となっている。このように，出先機関所在都市に加えて，企業によっては，大都市圏にも支所群が置かれているのが，医薬品の支所立地状況の特徴である。形態的には，出先機関の配置状況と一致するものの，地方厚生局（旧医務局）が存在しない大都市圏にも支所群が置かれるケースがある。

機械は，10％以上が東京（11.2％），名古屋（10.6％）で，5％以上は大阪（8.4％），福岡（6.8％），仙台（6.3％），札幌（6.3％），広島（5.5％），2％以上は高松（2.7％），金沢（2.3％）となっている。売上高3,000億円以上の8社のうち，支所を展開させている7社をみると，化学と同様に7都市すべてに支所が置かれるわけではなく，企業により支店立地状況がランダムであることを特徴とする。支所群の立地が少ないのは小松製作所（大阪，名古屋，福岡，仙台）である。また，7都市のうち4都市のみの支所立地ながら，それ以外に支店を多く置くのが日本精工（東京，大阪，名古屋，広島）である。また，7都市に加えて，高松・新潟・金沢・富山などの都市にも支所を置くのが住友重機械工業（7都市，高松），日立造船（7都市，高松，新潟），三菱重工業（7都市，高松）で

ある。また，大都市圏にも支所を置くのが，荏原製作所（7都市，高松，新潟，金沢，大宮，千葉，横浜），クボタ（7都市，高松，横浜）である。機械に関しては，化学などと比べて一層ランダムな支所配置であり，出先機関の配置状況との形態的な一致はほとんどみられない。

金属は，10％以上が東京（12.4％），名古屋（11.2％），5％以上が大阪（8.8％），広島（6.9％），仙台（6.3％），福岡（6.0％），札幌（5.1％），2％以上は，高松（2.4％），金沢（2.1％）となっている。売上高2,000億円以上の企業では，東洋製罐（名古屋，大阪，広島），トステム（東京，大阪，名古屋，福岡，札幌，広島，仙台）となっている。機械と同様に，支所配置状況もランダムである。

建設業は，5％以上が，東京（7.2％），名古屋（6.8％），仙台（6.5％），福岡（6.1％），大阪（5.8％），札幌（5.5％），広島（5.2％），2％以上は，高松（3.1％）であるが，ここで新潟（2.5％）があるのが特徴的であろう。売上高が5,000億円以上のうち，総合建設業である7社の支所配置状況をみると，東京〜高松までの8都市にすべての企業が支店を置き，企業によっては加えて，金沢・新潟や大都市圏に支店を置いている。このように，出先機関の配置状況と最も類似した形態で支店が配置されるのが，建設業の特徴である。8都市に加えて大都市圏に支店を置くのが，西松建設（8都市，横浜，千葉）である。これ以外の企業は，8都市に加えて，金沢・新潟や大都市圏に支店を置いている。戸田建設（8都市，高松，金沢，横浜，千葉），大成建設（8都市，高松，新潟，横浜，千葉，川崎，京都，神戸，大宮），清水建設（8都市，高松，金沢，横浜，千葉，神戸），熊谷組（8都市，高松，金沢，横浜，千葉，神戸，大宮），鹿島建設（8都市，高松，新潟，横浜），大林組（8都市，高松，新潟，横浜，神戸）となっている。新潟に関して，大手7社のうち3社までもが新潟に支店を置いている。しかも，金沢に支店を置かない企業群が新潟に支店を置いているのである。この点で，建設業に関しては，地方出先機関の配置状況と形態的に一致する側面が強いと考えられる。その際に，新潟の支所配置状況を考慮すると，支店の立地に関しては地方建設局（現地方整備局）との関係が強いと思われる。さらに，運輸局との関係も考量する必要が出てくる。

電気機器は，5％以上が東京（9.9％），大阪（8.1％），名古屋（6.4％），福

岡（5.2%），2％以上は，札幌（4.1%），広島（4.1%），仙台（4.5%），高松（2.1%），金沢（2.0%）となっている。電気機器の場合，販売会社は別会社にする企業も存在している。売上高1兆円以上の企業で，別会社にしていないのは6社である。特徴的なのは，東京～高松までの8都市すべてに支所を置くものの，さらに加えて大都市圏や中核都市にも支所を置き，その企業別のバリエーションが豊富であることを特徴とする。8都市に加えてさらに支店を置くのは，日立製作所（8都市，横浜，富山），東芝（8都市，富山，横浜，千葉）である。また，金沢を加えた9都市と，さらに加えて支店を置くのは，パナソニック（9都市，宇都宮・横浜・長野・新潟・静岡・神戸・那覇）は，日本電気（9都市，静岡，立川，大宮，千葉，横浜，京都），富士通（9都市，大宮，横浜），三菱電機（9都市，大宮，千葉，横浜，富山）となっている。8都市に必ず支店が置かれるという点では，医薬品・建設業と類似するが，それ以外の都市にも多くの支店が置かれ，支店立地に関して出先機関が果たす役割については，支店における部署別機能の分析が求められる（図表4-10）。

4　地方ブロック圏と中心都市

　広域ブロックの経済圏（ブロック単位の圏域）における管轄圏とその圏内の中心型都市の関係を，域内における当該都市への支店集中度という観点からみていく。図表4-11のとおり，まず，小売・銀行業を除いた数字でみると，出先機関所在都市がその圏域における支店立地数に占める割合は，最高の札幌（北海道，64.9%）に続いて，名古屋（中京圏，49.0%），広島（中国圏，41.5%）となっている。また，30%以上としては，大阪（関西圏，39.2%），仙台（東北圏，35.7%），東京（首都圏，32.9%），高松（四国圏，32.4%）福岡（九州圏，31.7%）となっている。低い数字ではあるが，20%以上の集中度としては，新潟（北陸信越圏，21.3%）がある。これは金沢（19.9%）を上回っている。
　これを小売・銀行業を含む数字でみると，札幌（北海道，56.8%）が最も高く，名古屋（中京圏，35.4%），広島（中国圏，34.4%），東京（首都圏，33.2%），大阪（関西圏，31.9%），仙台（東北圏，30.1%），の順になっている。また高松（四

第4章 行政的中枢管理機能の立地 63

▶図表4-10 出先機関所在都市における主要企業の支店（2000年）

	企業名	売上高(億円)	本社	別本社	東京	大阪	名古屋	福岡	札幌	広島	仙台	高松	金沢	注記
化学	住友化学	5,587	東京都中央区	大阪市中央区			○	○						
	三井化学	6,345	東京都千代田区			○	○	○						
	三菱化学	8,414	東京都千代田区		○	○	○	○						
	東ソー	2,933	東京都港区	新南陽市	○	○	○			○				※これ以外には,山口営業所（新南陽市）と山形事務所（山形市）。
	旭化成	9,556	大阪市北区	東京都千代田区		○	○	△	△		○			※△は事務所。これ以外に生産部門に付随して支社が置かれる（延岡や水島など）。
	宇部興産	2,763	山口県宇部市	東京都港区	○	○	○	△	△					※△は営業所。
	昭和電工	3,622	東京都港区		○	○	○							
	信越化学	4,225	東京都千代田区		○	○	○	△	△					※△は営業所。これ以外に，福井・高崎・新潟・長野に営業所が置かれる。
医薬品	エーザイ	2,305	東京都文京区		○	○	○	○	○	○				※いずれも名称はサポートセンター。
	協和発酵	3,167	東京都千代田区		◎	○	○	○	○					
	三共	4,505	東京都中央区		○	○	○	○	○	○	○			※これ以外の支店は，横浜・京都。東京は第1，2支店。より下位の支店として，ほぼ全県に出張所が置かれる。
	塩野義製薬	2,207	大阪市中央区		○	△	○	○	△	△				※△は分室。これ以外の分室は，大宮・横浜。
	第一製薬	2,475	東京都中央区		○	○	○	○	○	○				※これ以外の支店は，横浜・京都。東京は第1，第2支店。より下位の支店は，ほぼ全県に出張所が置かれる。
	大正製薬	2,710	東京都豊島区		○	○	○	○	○	○	(○)	○		※四国支店は丸亀。
	武田薬品	7,084	大阪市中央区	東京都中央区	○ ○	○	○	○	○					※これ以外の支店は，横浜・京都。東京は「東京支店」「千葉埼玉支店」「北関東甲信越支店」が置かれる。
	藤沢薬品工業	2,020	大阪市中央区	東京都中央区	○ ○	○	○	○	○					※東京には，「東京支店」「関越支店」が置かれる。
	山之内製薬	2,785	東京都中央区		○ ○	○	○	○	○	○				※これ以外の支店は，横浜・京都。東京は第1，第2，第3支店。
機械	荏原製作所	4,547	東京都大田区		△	○	○	○	○		○			※東京は事務所である。これ以外に，大宮，千葉，横浜，新潟にも支店が置かれる。
	クボタ	7,363	大阪市浪速区	東京都中央区		○	◎	○		○				※支店は，横浜にのみ置かれる。また主要な地域には，営業所が置かれる。
	小松製作所	4,414	東京都港区		○	○		○		○				※これ以外に，大宮に「関東支社」が置かれる。
	日本精工	3,524	東京都品川区		○	○	○							※自動車部である部署は，厚木，宇都宮，大田，豊田，浜松にも同部が置かれていることから，自動車工場の立地との関連があると思われる。
	住友重機械工業	3,621	東京都品川区		○	○	○	○						
	日立造船	3,585	大阪市住之江区	東京都千代田区										
金属	三菱重工業	28,750	東京都千代田区		○	○	○	○	○	○				※北陸支社に関しては，富山に置かれる。
	東洋製罐	4,452	東京都千代田区		▲	△		△						※▲は事務所，△は営業所である。
	トステム	5,328	東京都江東区		○	○	○	○	○	○				※統轄支店という名称である。
建設	西松建設	5,581	東京都港区		○	○	○	○						※これ以外に横浜・千葉に置かれる。また東京には，関東支店・建築支店が置かれる。
	戸田建設	5,861	東京都中央区		○	○	○	○						※いずれも支店。これ以外に横浜・千葉に置かれる。また東京には，東京支店・建築工事技術部東京支店が置かれる。
	大成建設	12,446	東京都新宿区		○ △	○	○	○	○	○				※東京には，東京支店・首都圏南営業所・銀座営業所が置かれる。これ以外に，新潟・横浜・千葉・川崎・京都・神戸・大宮に置かれる。
	清水建設	12,629	東京都港区		○ ○ ○	○	○	○	○	○				※東京には「東京支店」「関東支店」「土木東京支店」「海外土木支店」が置かれる。これ以外に，横浜・千葉・神戸に置かれる。
	熊谷組	6,914	東京都新宿区	福井	○	○	○	○	○	○				※東京には，「関東支店」「東京支店」が置かれる。これ以外に，新潟・横浜に置かれる。
	鹿島建設	11,749	東京都港区		○	○	○	○	○	○				※これ以外に，新潟・横浜・神戸にも置かれる。
	大林組	10,746	東京都港区	大阪市中央区	○	○	○	○	○	○				
電気	パナソニック	45,532	大阪府門真市	東京都港区	●	○	○	○	○	○	○			※●は各種本部。これ以外の支店は，宇都宮・横浜・長野・新潟・静岡・神戸・那覇。
	三菱電機	27,050	東京都千代田区		○	○	○	○	○	○	○			※これ以外に大宮・千葉・横浜・富山。これより下位には支店，さらに下位には営業所が置かれる。
	富士通	32,512	東京都千代田区	川崎	●	○	○	○	○	○	○			※●は本部。支店は，これ以外に大宮・横浜に置かれる。より下位には支店，さらに下位には営業所や分室が置かれる。
	日立製作所	37,719	東京都千代田区		○	○	○	○	○	○	○			※これ以外に横浜・富山に置かれる。
	日本電気	37,845	東京都港区		○	○	○	○	○	○	○			※これ以外に静岡・立川・大宮・名古屋・千葉・横浜・京都・神戸に置かれる。より下位には支店が置かれる。
	東芝	35,053	川崎	東京都港区	○	○	○	○	○	○	○			※これ以外には富山・横浜・千葉に置かれる。より下位には，さらに下位には営業所が置かれる。

注1：断りのない限り，●は支社，○は支店，△はそれ以下の名称の部署（営業所や事務所など）である。それ以外の記号は，右欄の注記を参照。
注2：売上高，本社所在地などはすべて2000年時点のものである。
注3：本社所在地は，東京23区と大阪24区に関しては，区名まで示している。それ以外の都市は市町村名で表している。
出所：各社の有価証券報告書と図表3-1と同資料を参考に筆者作成。

▶図表4-11　各ブロックにおける出先機関所在都市への支店立地比率（2000年）

都道府県	支店 ①	支店 ②	支店 ③	営業所 ①'	営業所 ②'	営業所 ④
東京都	2,766	2,319	83.8%	1,518	1,201	79.1%
神奈川県	1,149	641	55.8%	654	414	63.3%
千葉県	905	305	33.7%	413	215	52.1%
埼玉県	928	97	10.5%	454	62	13.7%
群馬県	329	84	25.5%	155	52	33.5%
栃木県	346	159	46.0%	165	104	63.0%
茨城県	425	126	29.6%	202	97	48.0%
山梨県	144	72	50.0%	87	44	50.6%
合計	6,992	3,803	54.4%	3,648	2,189	60.0%
⑤東京23区の占める割合			33.2%			32.9%
大阪府	2,116	1,289	60.9%	1,219	850	69.7%
京都府	467	344	73.7%	261	214	82.0%
兵庫県	857	404	47.1%	466	259	55.6%
滋賀県	237	66	27.8%	74	35	47.3%
奈良県	197	87	44.2%	75	54	72.0%
和歌山県	161	95	59.0%	75	60	80.0%
合計	4,035	2,285	56.6%	2,170	1,472	67.8%
⑤大阪市の占める割合			31.9%			39.2%
愛知県	1,700	1,135	66.8%	1,036	798	77.0%
三重県	403	76	18.9%	136	48	35.3%
岐阜県	388	157	40.5%	117	70	59.8%
静岡県	712	217	30.5%	341	168	49.3%
合計	3,203	1,585	49.5%	1,630	1,084	66.5%
⑤名古屋市の占める割合			35.4%			49.0%
北海道	1,285	730	56.8%	807	524	64.9%
宮城県	753	640	85.0%	574	535	93.2%
青森県	299	121	40.5%	208	61	29.3%
秋田県	178	102	57.3%	107	61	57.0%
岩手県	310	147	47.4%	213	71	33.3%
山形県	193	96	49.7%	129	51	39.5%
福島県	393	82	20.9%	267	32	12.0%
合計	2,126	1,188	55.9%	1,498	811	54.1%
⑤仙台市の占める割合			30.1%			35.7%
長野県	392	138	35.2%	196	100	51.0%
新潟県	465	254	54.6%	241	185	76.8%
石川県	354	251	70.9%	189	173	91.5%
富山県	250	150	60.0%	124	101	81.5%
福井県	186	103	55.4%	120	57	47.5%
合計	1,647	896	54.4%	870	616	70.8%
⑤金沢市の占める割合			15.2%			19.9%
新潟市の占める割合			15.4%			21.3%
広島県	973	663	68.1%	549	469	85.4%
岡山県	417	232	55.6%	235	136	57.9%
山口県	276	36	13.0%	165	23	13.9%
鳥取県	143	48	33.6%	108	23	21.3%
島根県	120	57	47.5%	72	41	56.9%
合計	1,929	1,036	53.7%	1,129	692	61.3%
⑤広島市の占める割合			34.4%			41.5%
岡山市の占める割合			12.0%			12.0%
香川県	441	317	71.9%	273	249	91.2%
愛媛県	349	165	47.3%	242	84	34.7%
徳島県	216	111	51.4%	174	40	23.0%
高知県	124	82	66.1%	80	39	48.8%
合計	1,130	675	59.7%	769	412	53.6%
⑤高松市の占める割合			28.1%			32.4%
松山市の占める割合			14.6%			10.9%

都道府県	支店			営業所		
	①	②	③	①'	②'	④
福岡県	1,481	893	60.3%	848	637	75.1%
佐賀県	134	63	47.0%	83	41	49.4%
長崎県	334	150	44.9%	243	69	28.4%
熊本県	310	199	64.2%	185	107	57.8%
鹿児島県	300	179	59.7%	185	98	53.0%
大分県	249	147	59.0%	165	77	46.7%
宮崎県	235	115	48.9%	169	55	32.5%
沖縄県	193	100	51.8%	130	51	39.2%
合計	3,236	1,846	57.0%	2,008	1,135	56.5%
⑤福岡市の占める割合			27.6%			31.7%
熊本市の占める割合			6.1%			5.3%

注1：都道府県における全支店数。
注2：都道府県県庁所在都市における全支店数。
注3：②/①による立地比率。
注4：①'は①から銀行業と小売業を除いたもの。
注5：②'は②から銀行業と小売業を除いたもの。
注6：④は②'/①'による立地比率。
注7：⑤は広域ブロックの中心型都市における支店立地の比率。
出所：図表3-1に同じ。

国圏，28.1％），福岡（九州圏，27.6％）はさらに低い比率となり，新潟（北陸圏，15.4％）金沢（北陸圏，15.2％）はさらに低い数字となっている（**図表4-11**）。

また，各都道府県における都道府県別の支店立地比率の高さも指摘できる。広域ブロック内に占める行政中心的都市がほぼ3割前後の割合を占めているが，各都道府県別の域内支店立地比率は，それ以上の数字を示し，最高の仙台（宮城県，85.0％）を始め，3割を超える高い数字を示す都道府県が40を占める。2割以下は，山口（山口県，13.0％），浦和（埼玉県，10.5％），津（三重県，18.9％）があるものの，非常に稀なケースである。この都道府県内における集中率は，小売・銀行業を除く数字をみると，より一層高くなる傾向にある。

図表4-12でも示すとおり，本章で取り上げた出先機関所在都市の15都市を抱える県は，その卸売販売額の高さにも反映されている。また，**図表4-13**で示すとおり，ブロック内における卸売販売額比率をみても，いずれも高い数値となっている。この都道府県における支店立地については，今回は詳細な分析はしてないものの，都道府県レベルにおける行政-企業関係を解明するためには，また別の考察を必要とする（**図表4-12，図表4-13**）。

5　中枢管理機能立地と都市システム

前章，本章では，主要企業と主要出先機関を対象とし，その全国的な立地・

▶図表4-12　各都道府県のW/R比率と地域類型（2014年）

順位	都道府県	卸売販売額	小売販売額	W/R
1	東京	152,004,498	15,855,062	9.59
2	大阪	38,901,689	8,401,435	4.63
3	愛知	28,370,169	7,303,613	3.88
4	宮城	7,681,458	2,362,681	3.25
5	福岡	13,462,714	4,760,781	2.83
6	広島	7,647,270	2,808,965	2.72
7	群馬	4,134,048	2,021,501	2.05
8	香川	2,041,869	1,002,814	2.04
9	石川	2,294,821	1,174,616	1.95
10	北海道	10,573,787	5,881,440	1.80
11	新潟	3,913,351	2,284,918	1.71
12	富山	1,699,271	1,059,097	1.60
13	愛媛	1,928,663	1,208,667	1.60
14	鹿児島	2,249,965	1,460,603	1.54
15	静岡	5,729,273	3,722,481	1.54
16	福井	1,113,324	729,732	1.53
17	岡山	2,711,124	1,868,503	1.45
18	兵庫	7,150,659	4,957,277	1.44
19	青森	1,759,232	1,235,032	1.42
20	埼玉	8,280,509	6,052,973	1.37
21	京都	3,419,213	2,553,682	1.34
22	長野	2,845,367	2,149,479	1.32
23	栃木	2,594,378	1,971,038	1.32
24	岩手	1,605,342	1,250,435	1.28
25	熊本	2,052,434	1,617,477	1.27
26	沖縄	1,307,092	1,041,695	1.25
27	宮崎	1,337,237	1,067,515	1.25
28	茨城	3,462,486	2,786,302	1.24
29	神奈川	9,324,909	7,608,869	1.23
30	岐阜	2,275,889	1,901,922	1.20
31	徳島	722,860	620,477	1.17
32	山口	1,495,860	1,285,527	1.16
33	福島	2,257,206	1,941,425	1.16
34	鳥取	619,057	543,780	1.14
35	高知	760,848	673,839	1.13
36	和歌山	959,330	864,900	1.11
37	山梨	837,057	774,951	1.08
38	長崎	1,444,975	1,342,858	1.08
39	佐賀	756,326	709,037	1.07
40	山形	1,217,466	1,142,490	1.07
41	島根	712,645	669,036	1.07
42	千葉	5,337,024	5,288,812	1.01
43	大分	1,068,996	1,084,989	0.99
44	三重	1,722,206	1,749,478	0.98
45	秋田	1,024,762	1,050,714	0.98
46	滋賀	1,066,540	1,267,320	0.84
47	奈良	776,450	1,066,487	0.73

注1：Rは小売年間販売額，Wは卸売年間販売額をそれぞれ示す。
注2：W/R比率の高い都道府県から順に上から並べている。
出所：総務省統計局「経済センサス」より。

▶図表4-13　ブロックにおける中心都市の卸売販売額比率（2014年）

都市名	卸売販売額比率
札幌	65.1%
仙台	42.0%
東京23区	78.5%
金沢	19.3%
名古屋	47.7%
大阪	57.8%
広島	40.5%
高松	26.7%
福岡	40.1%

出所：図表4-12と同じ。

配置状況を概観することでわが国の都市システムの形態を明らかにした。支店の全国的な展開状況は，出先機関の配置状況と形態的に一致し，双方が織り成すことで都市の階層を形成していることを実証的に示した。以上の，本社・支所・地方出先機関の分布状況を踏まえた上でまとめを述べる。

　第1に，東京・大阪（首都圏・関西圏）に本拠を置く企業群の全国的展開を概観するのが，都市システム形態を考察する上で重要であるということである。東京は，対大阪という点では，3倍程度の本社を持っているものの，全国的にみた場合，東京と大阪に存在する大企業の本社数の多さが，他の都市群と比べて際立って大きいのである。

　また，全国的に事業展開している企業が，同時に支所群も全国的に展開させていくが，その際に，主に東京と大阪に本社を置く企業が，全国の経済規模にほぼ沿った形態で支所群を立地させていくのである。それ以外の都市に本社を所在させる企業で，全国展開をする企業は極めて限られている。地方圏では企業数が多い福岡・札幌・広島に本社を置く企業の支店展開でさえも，9割前後が自ブロック内で完結させている。以上のことから，東京・大阪に本拠を置く企業に注目するのが有効であると思われる。

　第2に，出先機関の配置と支店立地が形態的に一致するということである。すべての業種において，出先機関所在都市への支店集中がみられる。しかしながら，形態的な一致の中でも，建設業・医薬品（製薬）などの業種においては，

特に，地方出先機関の分布状況と一致する。今回は，これらの業種における支店の機能分析は行わなかったものの，形態的な一致を示すことで，地方における行政・企業関係を考える上での手がかりとなる。特に建設業における（旧）地方建設局との関係を解明する上での示唆となるのである。

以上のまとめを踏まえて，今後の課題点を述べる。まず第1に，支店立地における行政・企業間関係を明らかにするために，特定業種と特定出先機関に対象を限定して，実態分析を行うことである。ここでは，建設業における支店の立地と（旧）地方建設局の配置の関係が考えられる。建設局と支店の関係の例として，「業者資格審査」「指名業者の選定」に関しては，本省庁ではなく「地方建設局」扱いの事務となっている（中村，1990）。これ以外の行政・企業関係として（旧）地方郵政局と通信業，（旧）地方厚生局と医薬品・福祉関係などの関係も考えられる。その際に，省庁内の機能分担，企業組織における支店の役割について考察する必要が出てくるが，次章で，出先機関・支店の関係について詳細な分析を行う。

第2に，地方出先機関と本社立地の関係についてである。地域独占型産業の代表的なものである電力・ガスについては，その事業運営にあたり，（旧）地方通産局の該当部局の監督を受ける。さらに，これらの電力会社の工事を専門とする建設業の本社も存在し，通産局のみならず建設局との関係も考えられる。このように，地方出先機関と支店のみならず，本社との関係から行政・企業関係の実態解明を行うことが第2の課題である。

第3に，諸外国の事例，なかでも分権的行政システムである米国などの出先機関配置と，日本の事例を比較検討することである。米国では，出先機関の配置は，上位の都市に特定の機関が集中的に配置されている形態ではなく，機関によって配置の形態にヴァリエーションが存在する。日本のように国土の8分割を基本とし機関配置の上位8都市以外への配置が例外的である状況とは異なる[3]。米国では，51出先機関のうち，最も配置率の高い都市でも73％でしかない（藤本，2002）。このように，分権型行政システムでかつ行政の企業立地に与える諸営力が相対的に弱い米国のケースを分析することで，日本の地方出先機関の配置を踏まえた上での都市システムとの国際比較を行うことが第3の課

題である。

> **考えてみよう**
> 1 卸売販売額はなぜ，全国レベルでは，本社が多い都市（都道府県）で金額が多く，地方ブロックレベルでは，支所が多い都市（都道府県）で金額が多くなるのか，説明してください。
> 2 行政の出先機関が所在する都市になぜ，民間企業の支所も多く立地するのか，説明してください。

▶注
1) 北九州／下関とは下関市と北九州市の値を合計したものである。
2) 広島支店は置かれていないが，広島に近接する山口県新南陽市に「山口営業所」を置いている。なお，新南陽市は，東ソーの本店の所在地でもある。また，山形にも「山形事務所」を置いている。
3) テリトリーの問題を考えると，日本の出先機関配置に関しても，若干のヴァリエーションが存在する（矢田，1999）。しかし，本章では，機関の配置点（都市）に着目し，管轄圏域の詳細については言及していない。

第5章 本社立地移動と中央省庁の役割(1)
―企業行動

1 化学工業と本社立地移動に関する研究

　国による規制色が強いとされる日本の基幹諸産業の中で，戦後のゼロからの立ち上げとして注目されるのが石油化学産業である。産業分類上は同じ素材型産業に属する鉄鋼業は戦前からの技術的蓄積が豊富であったのに対し，石油化学産業は，製造技術に関しては，高度成長期に欧米系企業からの導入に依存したという点で後発産業に属する（橘川，1998）。このような産業の技術的特性とともに，工場部門と，管理部門の立地上のコントラストも注目される。石油化学の工場部門の集合体であるコンビナート群は，国土を東西に横断する太平洋ベルト地帯の臨海部に分散的に立地している。国土レベルでは分散的に立地するコンビナート群は，企業内や企業間にまたがる諸工程の技術的緊密性を反映し，臨海部における地域的集中型の立地も特色とする。他方で，最高次の意思決定を担い情報収集が鍵となる本社部門は，主に首都圏に集中的に立地している。しかも，その大半は，行政官庁，業界団体，研究所，大学が所在する東京の都心地区に集中して立地している（板倉，1959）。

　この一見，何の関連もないようにみえる「技術導入における欧米依存型体質」という産業の技術的特性と「本社部門の東京集中」という部門別立地特性は，「政府規制」によりつながっている。石油化学産業の場合は，通産省が新規参入の許認可権限を握っていた。そのため，東京という省庁が集中する都市において企業に対する参入などの許認可が行われ，参入許可を求めて企業による省庁への事前事後的な接触が本社レベルの人員を動員して行われた。その点において，「政府の規制」と「本社部門の東京集中」は結びつくのである。また，「技術導入」と「政府規制」も密接に関連する。石油化学が国内では技術的に未確立で

技術輸入に頼らざるを得なかったからこそ，通産省は海外からの技術導入に関して許認可という形での参入規制を可能したのである。

ここで，重要なのが，部門別立地特性と技術的導入を結び付ける「規制」を「専門情報」との関連で捉えることである。参入，退出，価格，設備投資などに係る行政規制が，単一で明瞭な法律とその適用により実施されているならば，すなわち規制の実施において情報の公開性が確保されているならば，地方に本社を所在させたままでも規制内容を入手することが可能であり，何も地方から東京に本社を移す必然性はないはずである。新規産業の立地に際して，新たに追加の管理的費用を発生させてまで東京へ本社の移転を行うまでもないのである。現実には，数多くの地方発祥の企業が，高度成長期に本社を東京に移転した（永井・宮地，1967）。

石油化学産業の立地に関しては，工場部門の立地に焦点を当てた研究が豊富に存在する。コンビナート部門の東西分割立地に着目することで，矢田（野原・森滝編，1975）の研究を展開した富樫（1986，1990）の研究が近年では代表的である。工場部門の配置は，工程間の技術的結合，原材料の供給構造，寡占的市場構造などの観点から解き明かされるものと思われる。そして，1工場1本社制など工場部門と本社部門の空間的同一性という側面が強くみられた時代においては，本社も工場部門の立地に従うものと思われる。しかし，高度成長期においては，それまで地方圏の工場に付随する形であった化学系企業の本社群が，石油化学事業への参入の過程において，相次いで本社を工場部門から分離させ，東京に本社機能の移転を行った。このような，工場部門と本社部門の空間的分離は，本社と工場を別個の立地要因で捉えていく必要があることを意味する。

本社立地一般に関する経済地理学的研究は，主に都市システム論において考察されている。代表的研究は，阿部（1996）であり，上場企業の本社数を定量的にカウントしている。この阿部の実証研究における手法に依拠した肥田野（1998）は，複数の本社を持つ企業の本社間関係に着目し，営業本部型，東京中心型，機能分散型に本社を区分している。これは，高度成長期において，多数の企業が，関西圏・地方圏から首都圏へ移動したという空間的側面を重視し

た上での考察である。しかしながら，空間的考察に重点を置くあまり，本社の指す機能的範囲についての考察が不十分という点が指摘できる。本社を数量的に計上するだけでは，本社の機能を捉えることはできない。本社自体の定義（機能的側面）についての考察が欠落していることに加え，また，広報，企画，営業，人事などの部門をもってして本社としても，そのことで産業レベルでの本社の立地動向が捉えられるわけではない。

　本社についてクリアに定義を与えたのが，田中（1996, 1996）である。田中は雪印乳業や神戸製鋼などの個別企業の例をあげ，本社移転のプロセスを詳細に解明している。雪印の事例では，「金融」部が他部署よりも先行して首都圏に移転したとされている。すなわち，首都圏における金融市場の発達が本社移転の要因となり，資金調達上の必要性から本社移転が生じたとしているのである。しかし，一企業内の金融部署の移転を本社としても，産業レベルで整合性を持つのかという問題点がある。田中があげている金融部門の本社が，他部門に先行し首都圏に移動したパターンに適合する事例が，どこまで一般に適用できるのかは概念的に触れられていない。また仮に，企業ごとに部門移転の時期的相違の共通的なパターンがあるとしても，それを同一産業内の同一部門の移動として定義することは不可能である。企業組織における金融部門の移動をもって本社と捉えると，首都圏以外の地方で金融市場が発達している都市で創業したにもかかわらず，東京に本社を移動させた企業群についての説明が不可能となってくる。

2　本社立地移動・専門情報循環と組織構造

　この本社部門の移転については，第3章で述べたように情報の役割を重視する議論が存在する。プレッドは，都市システムを織り成す要素として，大企業や行政など複数の都市に組織の部門を立地させ，なおかつ各部門が管理する空間的スケールで組織内の階層が決定する複数立地組織に着目した。高度成長期に入ってからは，この複数立地組織の立地こそが都市の成長に重要な役割をもたらす（プレッド，1977）。組織の立地要因を，他の組織と交換される情報で，

なおかつ対面接触で交換され，非公開かつ非記録的な情報である「専門情報」に求め，情報が偏在する都市における組織間・組織内の専門情報循環を指摘した。しかし，管理の空間的スケールによる組織内の階層という組織構造については述べているものの，組織自体の多様性と，その組織間にどのような関係があるかは言及されていない。日本，フランスのように，組織間関係が，企業間同士のネットワーク以外に，行政組織との関連も重視される国においては，プレッドの見解は，専門情報が発生する諸条件までさかのぼって考察することはできない。この点は，田中の，部門別の立地移動について参照する必要が出てくる。

　石油化学における組織構造を参照すると，現在の状態は分工場型に近い形態をとる。ここでいう分工場型とは，各部門がそれぞれの空間的特性に基づいて立地していることを特徴とする。なかでも，工場部門と本社部門の機能的な分離が空間に投影されている。特に規制色の強い産業である石油化学においては，首都圏への本社集中と，臨海部への工場部門の立地という空間的な特徴がみられる。しかしながら，この分工場型の状態は，部門別の立地特性がもたらしたものであり歴史的に形成されてきたものである。よって，現在の組織構造の形態だけをみることは，石油化学産業における，地方発祥の企業の本社移転という，歴史的な過程を捉えることはできなくなる。石油化学に新規参入した企業は，産業連関上では前方と後方の両方からの参入がみられる。前方からの参入においては，明治時代から事業化が始まった石炭化学，電気化学などを発祥とする企業が多い。これらの化学系企業の工場部門は，発祥時は資源が豊富な場所に立地していた。そして，高速の交通・通信網が未整備の時代には，本社と現場部門の空間的な同一性が組織内管理において必要とされ，本社立地も工場部門への付随していた。主に1工場1本社制の組織形態をとっていたが，この形態に大幅な変化が起こったのは，高度成長期に入ってからである。すなわち，行政規制，他企業との接触，同業種との接触などを要因として，本社が工場部門から分離し首都圏へ移動して新規に立地するパターンが顕著になった。このように，現在の首都圏における本社の集中という状態は，地方発祥の企業が本社を首都圏に移転させるという歴史的なプロセスを経て形成されてきたのであ

り，分工場型は，あくまでもプロセスの結果の一形態を示しているに過ぎないのである。

よって，本社の立地（状態）の移動（動態）の過程を明らかにするには，分工場型になるまでの本社移転のプロセスに着目することが有効であると思われる。本社立地の地域的分布については，もともと首都圏に本社が所在しているケース，地方圏に本社が所在していたがそれが首都圏に移転したケースに大別することができる。さらに，後者に関しては，本社機能を全面的に首都圏に移転したケース，あるいは，その一部だけを移転したケースにさらに区分することができる。このように3パターンに分けることで，①現在の分工場型形態となるまでのプロセス，②本社部門だけが移転した要因，③移転の要因が働かなくなる今後のあり方，などが明らかになるのである。

3 産業政策・行政裁量と専門情報循環

特定産業の育成を目的として実施される行政規制が産業政策である。この産業政策については，その概念的検討を行わずに，専門情報との関係で捉えていく。高度成長期・安定成長期における「産業政策」について概念的検討を行った研究の代表的なものとして鈴木・奥野（1993）があげられる。ここでは，行政が産業別に行う政策を，市場メカニズムの補完である「戦略的」政策に，競争的市場機構の失敗を補正する「補正的」政策に区分している。ここで述べられている「市場機構の失敗」と「市場メカニズムの補完」は，経済主体の違い，さらに前者における主体間関係について述べたものである。前者は，「市場メカニズム」を損わないままでの行政の介入であり，産業の「保護・育成」を具体例としてあげている。このような区分は，「行政」と「市場（メカニズム）」の関係を考察する上では有効性を持つものの，より具体的な産業レベルで把握するには困難さを伴う。本章の問題意識に照らし合わせると，情報の問題に関する視点の欠落ということが指摘できる。

政策手段として「情報」の役割を明示的に示したのが小宮（1999）である。通産省が1980年代に行った政策を「産業調整政策」とし，政策手段を情報の提

供とそれ以外の手段（抑制や誘導，経済的インセンティブの供与）とに区分している。これは通産省が行った政策手段を，そのまま記述したものである。前者と，後二者は，後者がフォーマルという点において区分されている。ここで，専門情報との関係で，この区分の問題点を述べるとすると，行政による「法律・行政指導による抑制・誘導」などの手段が実施される前に，専門情報へアクセスが可能な企業へ，その内容が根回し的に伝達されるなどの対面接触による事前の情報伝達について述べられていない。

　また，行政指導をフォーマルなものに加えることに関しては検討が必要である。行政指導には，明文化されないものも含まれ，対面接触により伝達・通達されていることも確認される。この場合には，行政指導による抑制・誘導そのものが「情報の提供」となっている。財政・金融・税制上のインセンティブについても同じ問題点が指摘できる（新藤，1992）。

　以上のように，専門情報との関係から「産業政策」を考察するとなると，産業政策に関する主要な文献では，行政と企業の間に，政策実施の前後に情報循環があることについての視点が欠落している。事前や事後に循環する情報が「専門情報」であり非公開であるがゆえに，「産業政策」の概念的規定は困難を伴う。「産業政策」自体の概念的規定の困難さに加えて，仮に「専門情報」との関係で政策手段を分類しようとしても，政策実施の重要な条件となる情報の役割を検証するものが「専門情報」であるために，記録化されていないものもある。

　これらの文献からは，1950年代に産業合理化の対象となった「鉄鋼・機械」，1960年代において新規育成の対象となった「石油化学・自動車」などの産業に対し，フォーマルな規制や政策で行政が企業行動の枠組みを供与し，それらの政策手段の実施の前後においてさまざまな専門情報の交換があったという蓋然性を指摘できるにすぎない。ここで，数々の産業政策において，行政と企業の間でやりとりされる情報が，なぜ非公開であり，対面接触で行われるのか，すなわち，情報がなぜ専門情報となるのかについての検討が必要となってくる。

　これについては，本章は，第1章で示した枠組みに基づき「行政裁量」「行政側の情報量の優位性」のための情報が専門情報となるという立場をとる。行

政裁量とは，企業行動を規制する各種の法律を適用するときに，行政側の法律解釈能力の専有により，その解釈とそれに伴う適用を操作できることである（奥野，1994）。どの事象に対してどの法律が適用されるかは，行政側が専有しているために，規制の法律がいかなるものであるかは，企業側にとって対面接触で入手するほかはなくなるのである。

さらにこれらの専門情報の交換の場である勉強会や研究会が，行政機関の本省庁が固定的に所在する東京で行われていることにも注意する必要がある。これは集権的行政システムに要因がある。中央－地方間の権限配分において，中央政府において事業参入の許認可権限が配分され（行政と都道府県の関係），なおかつ，中央政府の組織内においても本省庁における許認可の権限が配分されているという，二重の意味においての集権的行政システムがあることにも注目すべきである。行政裁量は，行政の所在地において専門情報を生み出すという空間的含意を持つが，専門情報が本省庁の所在地において専門情報を生み出すことの説明には，集権的行政システムによる説明が必要となる。

以上のように，行政裁量，集権型行政システムにより，産業政策が実施される過程で行政と企業の間で交換される情報が，専門情報となり，さらにその情報が東京（首都圏）においてのみ交換されうる。

4　分析的枠組み

本章では，首都圏への企業本社の移動が，行政側の裁量による専門情報が発生し，その専門情報が首都圏のみで発生する集権的行政システムが要因であるという観点から，その過程を明らかにしていく。対象とする時期は，関西圏・地方圏から首都圏に向けての本社の移動が活発であった高度成長期（1950年代後半～70年代初頭）であり，分析対象とする企業（産業）と行政の省庁は，石油化学産業と通産省とする。石油化学産業は，鉄鋼業[1]と並んで，東京への本社集中が著しい業種である。化学系企業のうち，約6割が東京圏に集中している。これらの化学系企業群を中心とする石油化学産業を分析するにあたり，製造している製品，業界団体への加盟という点から対象となる企業を抽出する。

また，行政の諮問機関である審議会，業界団体と密接な関係を持つ研究所なども視野に入れながら，各アクター間の専門情報循環の過程を紐解いていきたい。

実態解明の前に，専門情報についての留意点が考えられる。それは，行政・企業間の情報交換を解明しようとなると，情報が「専門情報」であるがゆえに，非公開でありかつ記録として残されている可能性は極めて低い。そのため，各社の社史，有価証券報告書，通産省年報などの事後的な行政機関の年報や事業報告などの資料を用いながら，行政・企業間の情報交換やそれに伴う官民の人的交流の内容を推測するという方法をとる。また，補完的に，聞き取り調査による情報も交えていく。

5 企業行動と本社立地移動

(1) 参入企業群と産業動向

本章で取り上げる石油化学産業とは，主にナフサ分解，エチレン誘導品の生産に携わる企業の集合体である。これらの製品を製造する部門は，第1に当時としては高収益部門であり，第2に寡占的な市場構造であったという特徴を有する。石油化学産業が，新原料というイノベーションにより生み出され高収益が期待された主導産業であったことに加え，連関上は後方に位置している石油化学が，同産業内で前方に位置する企業群の参入により拡大していったという点で，化学産業内においても主導的であり牽引的役割を果たしていた（有沢, 1994）。この二重の意味において主導産業であったということに加えて，寡占的市場構造という特徴を反映した供給体制の確立に，業界団体が重要な役割を担った。対行政との関係において，産業レベルでの情報交換は業界団体の存在により可能となった。企業群の統一的意思決定の役割を果たす石油化学工業協会へ加盟していた企業であることも，分析対象に設定するための重要な一条件となる。以上のことを考慮すると，ナフサ分解系，エチレン誘導品系企業群のうち石油化学工業協会に1968年の時点で所属していた企業に原則として対象を限定する。

寡占的供給体制の歴史的推移を概観すると，図表5-1で示されるように各

社の事業化計画の提出と行政による許認可の時期から，第1期企業化計画期と第2期企業化計画期に大別できる。第1期企業化計画に含まれる企業は，1955～57年にかけて各企業から通産省に事業計画を提出し，1959年までに工場を稼動させた14社である。このうちナフサ分解系は4社（三菱油化；四日市，日石化学；川崎，住友化学；新居浜，三井石油化学；岩国）であり（有沢監修，1994），財閥系の参入と，前方に位置する石油精製からの参入に特徴づけられる。その際に，各コンビナート群ごとに，資本系列では同一系列に属する企業群が参入したのである。

　第2期は，製品の需要拡大に対応し，より多くの企業が1959～60年にかけて参入計画を提出し，1964年までに工場を稼働させた。この背景には，第1期から生産していた同種類製品の増産だけでなく，新技術導入によるより多種類の製品の生産が可能になったことがある。行政の認可を受けたナフサ分解系企業は，後発5社を加えて9社にも増えた。さらに誘導品系で，かつ協会加盟の企業を加えると，1961年時での参入企業数は26社にものぼった。主に同産業の前方・後方の両方向からの参入である。後方からの参入としては，昭和31年に事業計画を通産省にすでに提出しておいた出光興産が主導となって設立した出光石油化学，すでに松山で誘導品を生産していた丸善石油が設立した丸善石油化学，東燃石油による東燃石油化学がある。また，前方からは，財閥系の三菱と旭化成の合弁である化成水島，大協石油との共同で協和発酵が設立した大協和石油化学などがある（図表5-1）。

▶図表5-1　石油化学工業に関する年表

	年	主要な企業行動	政府の諸政策	現業部門の稼働（エチレンセンター）
第1期企業化計画	1955	三井系7社と興亜石油，三井石油化学を設立（7月）。日本石油化学設立（8月）。	通産省，旧軍燃料廠（四日市・岩国・徳山）の払い下げ先を内定（3～4月）。通産省，「石油化学工業の育成対策」発表（7月）。	
	1956	三菱油化設立（4月）。	通産省，ポリエチレン製造設備建設計画許可方針を決定（11月）。	
	1957	石油化学10社による石油化学工業懇話会が発足（2月）。		
	1958	エチレンなどの生産開始（4月）。	産業合理化審議会，産業立地部会発足（7月）。	三井石油化学工業（岩国・大竹）〔現・三井化学〕
		石油化学工業協会設立と石油化学工業談話会の解散（6月）。		住友化学工業（愛媛）
	1959	合成ゴム生産開始（4月）。	通産省，「今後の石油化学工業企業化計画の処理方針」決定（12月）。	三菱油化（四日市）〔現・三菱化学〕日本石油化学（川崎）
	1960		通産省，「当面の石油化学企業化計画の処理」を決定（10月）。	
	1961	ポリプロピレンの生産開始（5月）。	通産省，産業構造調査会を設置（顧問会議を廃止）（4月）。産業構造調査会令公布・施行（6月）。産構調，第1回総会開催（10月）。産構調，第2回総合部会開催（12月）。産構調，第1回化学工業部会開催（12月）。	
第2期企業化	1962	ナイロンの光合成方式生産開始（3月）。	産構調，第3回総合部会開催（1月）。	東燃石油化学（川崎）〔現・東燃化学〕
	1963		産構調，「産業構造政策の方向と課題」について答申（11月）。	大協和石油化学（四日市）〔現・東ソー〕

	年			
計画	1964		産業構造審議会（産構審）令施行（4月）。産構審，第1回総会開催（5月）。産構審，第1回総合部会開催（11月）。産構審，第1回化学工業部会開催（12月）。通産省，石油化学協調懇談会の設置を決定（12月）。	出光石油化学（徳山・南陽）三菱化成（水島）〔現・三菱化学〕丸善石油化学（千葉）
	1965	石油化学製品の輸出額が輸入額を超える（12月）。化学繊維が天然繊維の比率を超える（12月）。		
	1966	エチレン年産100万トン超を達成。	通産省，軽工業局を化学工業局と改称（4月）。通産省，石油生産調整の打ち切りを決定（10月）。	
	1967	三井石油化学・日本石油化学，エチレン年産30万トンの折半会社設立を発表（10月）。	通産省，経団連と資本自由化で第1回定期協議（2月）。石油化学協調懇談会，「エチレン製造設備の新設の場合の基準」を年産30万トン以上に引き上げる方針を決定（7月）。	住友化学工業（千葉）三井石油化学工業（千葉）〔現・三井化学〕
	1968	三井東圧化学が発足（東洋高圧工業と三井化学工業の合併）（10月）。	閣議，技術導入の自由化決定（6月）。	
	1969	丸善石油化学，エチレン年産30万トン基準による1号機完成（3月）。エチレン年産200万トン超を達成。	閣議，第2次資本自由化措置決定（3月）。	鶴崎油化（大分）〔現・昭和電工〕
	1970	エチレン年産300万トン超を達成。大阪石油化学，年産30万トン設備完成（4月）。	閣議，第3次資本自由化措置決定（9月）。	大阪石油化学（泉北）浮島石油化学（浮島）水島エチレン（水島）〔現・三菱化学〕三菱油化（鹿島）〔現・三菱化学〕
	1971			
	1972			山陽エチレン（水島）〔現・山陽石油化学〕

注：企業名は，〔現・〕とある場合，2005年当時のものである。
出所：石油化学に関連する各社の社史，石油化学工業史，石油化学工業協会HPや各社の有価証券報告書などから筆者作成。

(2) 業界団体（石油化学工業協会）

　戦時中の産業別統制会に源流を持つと言われる各種の業界団体は，行政の省庁別，さらに省庁内の各局ごとに所管産業や業種が分割されていることから生み出されている団体である。このように行政規制や行政の組織内部門別の所管産業の分割から発生している業界団体は，産業内の情報を一元的に管理し，行政と情報交換の役割を果たしている。これを，業界側からのインセンティブからみると，新規参入企業の限定，すなわち寡占的市場構造の温存である。寡占的市場構造を維持するためには，参入の許認可権の持つ省庁と，産業レベルで接触する必要がある。

　産業内の各企業の経済的情報を一元的に把握し，またここでの業界内の意思統一を図り，その意向を行政に伝え，また行政からも各種の参入に関する情報を入手する。この役割を担った業界団体が，「石油化学工業協会」である。

　石油化学産業の業界団体は，他業種（鉄鋼，金属，化学など）の業界団体のように，戦時中の統制会には源流を持たず，戦後の産業の立ち上げに並行して新設された団体であるという特徴を持つ。1957年2月に主要10社により「石油化学工業談話会」が結成されたものが，「発展的に解消」し，1958年6月に同じ会員構成で「石油化学工業協会」が設立された。石油化学産業の拡大とともに，会員数も漸増し，1970年6月の時点では39社にまで増加した。この時期における会長は，参入に関して先発の4社であった財閥系（三菱，三井，住友）と日本石油化学の各社長が持ち回りで歴任していた。

　懇話会の時点から，行政に対する積極的な提言を行うことを目的に設立された協会は，行政に対する各種の提言を積極的に行った（石油化学工業10年史，1971）。図表5-2で示されるように行政に対する提言の中では，業界の状況報告，見通しや計画などだけでなく，各種の優遇措置とその継続も要望された。製品や設備に対する免税や減税，石油化学用の関税免除（関税還付）などが主なものである（図表5-2）。

　ここで行政に対する要望事項の時期的特徴をあげるとすると，第2期企業化計画によるコンビナートが稼働した時期である1960年代前半に，優遇措置（関税免除や非課税措置）やその継続に関する要望が増加したということがあげら

▶図表5-2　石油化学工業協会による報告・要望など一覧

年	法律	内閣 閣議	内閣 政令	衆議院 決議	通産省 省議	通産省 通達	懇談会 報告	審議会 報告	石油化学工業協会 要望	石油化学工業協会 報告
1955年				1	2					1
1956年					1					
1957年	1		1	1						
1958年										
1959年								2		
1960年					1			1		
1961年								1	1	1
1962年										
1963年								4	6	
1964年									3	1
1965年								1	1	
1966年								2	2	2
1967年						1	1	1		2
1968年										1
1969年								1		

注1：各項目は，石油化学工業協会に記載されていた報告書・要望書・関連法律等の一覧である。
注2：業界団体側からの要望は，主に通産省に向けてのものであり，免税措置の継続や設備免許の許可などがある。これ以外の省庁に対する要望としては，労働省に対する要望がある。
出所：石油化学工業10年史，石油化学工業20年史より（単位：件数）。

れる。これは，外貨割当により原油の供給を安定的に受けてきたナフサ分解系各社が，行政の原油輸入自由化決定によりナフサの不足問題が生じたことへ，行政を巻き込んでの対処を行う企図を持っていたためと考えられる。さらに，1968年の外資自由化に向けて，次第に行政の育成方針が次第に弱まっていくことへの，業界側の反発でもあると考えられる。このように，行政の産業育成と，寡占的供給体制の維持という，行政と企業の双方の思惑を，産業レベルで円滑に情報交換をさせるための仲介的役割を果たしたのが，石油化学工業協会である。

(3) 創業の地方分布と組織構造の変容

　石油化学系企業の組織構造は，今の状態をみるとすべて分工場型に近い。こ

こでいう分工場型とは，工場部門と管理部門の機能的分離が空間的な立地に投影されている状態を指す。各部門がそれぞれの立地特性に基づいて別の都市や地域に立地している組織構造を特徴とする。特に首都圏における本社部門の集中と臨海部における工場群や基礎研究所の集中という立地上のコントラストが特徴的である。この分工場的な組織形態は，あくまでも地方圏から首都圏に本社が移動した結果であり，その結果にのみ注目してしまうと，石油化学産業における本社の移動のプロセスを無視してしまうことになる。

化学の企業は，その参入にあたり，石炭化学，電気化学，財閥系，繊維系，石油精製系など前方と後方の両方向から多面の発祥が確認される。そして，その創業に際しても，首都圏以外において事業が開始された例が多数確認できる。

石油化学産業の主要企業における管理部門の配置は図表5-3で示すとおりである。ここで特徴的なのは，首都圏における本社集中の高さである。上場企業における化学系企業170社のうち，104社（61％）までもが，東京に集中している。しかしながら，この中で，商法上の登記本社とされる別個の本社がある企業も存在する。2000年の石油化学工業協会の会員の中で，登記上の本社という別個の本社を有する企業が存在する。また首都圏本社でありながら石油化学産業立ち上げの以前に地方で創業された企業もある。さらに設立が石油化学の立ち上げ期にあたる企業で，各種の企業の共同出資の形態で設立された企業もある。これらの共同出資に数多くの地方創業の企業が参加している。

明治期から戦前にかけて，石灰や石炭，電力（主に水力）などの資源が豊富な地方において数多くの企業が創業された。その多くは，肥料の生産に携わっていた（北村，1977）。発祥時から首都圏に本社が存在していた旧財閥系の企業以外の企業群は，これらの地方発祥の企業が多くを占める。次にこれらの企業の本社移動の差異（パターン）を確認する（図表5-3）。

(4) 移動パターンの類型

本社の移転のプロセスに着目し，どの程度首都圏に本社を移転したかという観点から，移動のパターンを3分類する。まず，①本社固定型がある。これは行政の本省庁の所在地である首都圏に，高度成長期の時点で本社を置いていた

企業である。これらの企業群は，すでに専門情報が循環する東京に人員を恒常的に送り込める場所に，あらかじめ本社を置き，その機能を他都市に移動させる必要がないという点で，本社の東京への立地が固定的なのである。次に，首都圏以外の地方から，東京に本社を移転したケースの企業がある。これは，本社機能の一部を東京に移転させた②一部移転型と，その機能のほとんどを移転させた③全面移転型に分けることができる。本社については，各社の同名称の部署が，必ずしも同一の機能となっているわけではないために，どの部署の東京への移転をもって本社の移動とするかの確認については困難を極める。東洋曹達や宇部興産[2]などのように，有価証券報告書や社史に，「本社の東京移転」を明記している企業もある。そのような企業ですら，どの部署のどの部門をもって本社移動としているかの明記はない。これについては，後述するように，社長や役員などの高次管理部門の人員が，東京で行われる各種の会合に恒常的に出席していれば，本社の移転であると推測が可能である。首都圏で定期的に行われる会合に連続的に出席している形跡がみられれば，地方の本社には，最高次の意思決定を行う人員が不在であったと考えられるからである。さらに，地方に残存させた人員などを把握することで，地方への本社の粘着性もみることができる。

　この点を考慮すると，ナフサ分解系企業では，三菱化学，三井石油化学などが本社固定型の代表的なものであり，財閥系の中心的企業という資本系列上の特徴と一致するのである。次に，一部移転型の企業は，住友化学，旭化成，日本合成化学などの関西系の企業に加えて，宇部興産などが代表的なものである。これらの企業群は，主に関西に本社を置いている企業群にみられるのである。最後に，全面移転型としては，東洋曹達，徳山曹達，鐘淵化学などが代表的なものである。また，高度成長期の移動ではないものの，戦前期に地方で発祥した昭和電工や信越化学などは，全面移転型に加わるものと思われる。次章では，後二者の企業群の本社を東京に移転させた要因として重要なものである行政規制について概観していく。

▶図表5-3　主要都市における化学業の事業所数（2000年）

	都市名	本社	支社	支店	営業所	支所合計	研究所	工場・製造所	事業所数	工場・研究所／事業所
◎	札幌		6	21	42	69			78	0.0%
	旭川		1	1	1	3		1	4	25.0%
	釧路		1		3	4		1	6	16.7%
	函館					0			1	0.0%
	苫小牧				2	2	1		3	33.3%
	帯広				1	1			2	0.0%
◎	仙台		3	31	45	79			84	0.0%
○	盛岡			2	11	13			16	0.0%
○	秋田			1	4	5		2	9	22.2%
○	山形				2	2			3	0.0%
	郡山			1	9	10		6	17	35.3%
○	青森			1	3	4		1	5	20.0%
○	福島				2	2			2	0.0%
	八戸				1	1		1	5	20.0%
	いわき	1			2	2	2	6	13	61.5%
◎	東京	86	21	41	37	99	15	8	344	6.7%
○	横浜	3		4	19	23	4	3	48	14.6%
○	前橋				2	2		1	4	25.0%
○	千葉			1	1	20	22	2	1	29	10.3%
○	宇都宮			1		12	13		7	23	30.4%
	高崎	1	1	2	11	14		4	20	20.0%
○	大宮			1	3	14	18	2	3	26	19.2%
	浦和			2		2	2	1	6	50.0%
○	水戸				7	7			7	0.0%
	立川				2	2		1	4	25.0%
	船橋				1	1	1	2	7	42.9%
○	甲府				1	1			1	0.0%
	厚木				4	4	2	2	11	36.4%
	八王子				3	3			4	0.0%
	川崎	2	1		1	2	2	12	31	45.2%
	川越				4	4	1	2	8	37.5%
	柏				1	1			1	0.0%
	小山			1	3	4		2	7	28.6%
	土浦				4	4	1	1	7	28.6%
	つくば				3	3	17	1	26	69.2%
	藤沢				2	2	1		3	33.3%
	相模原					0			3	0.0%
	熊谷			1	1	2		1	4	25.0%
	平塚				3	3	2	11	22	59.1%
	太田				2	2			2	0.0%
◎	名古屋	1	14	62	43	119	2	7	146	6.2%
○	岐阜				1	1	1	1	3	66.7%
	豊橋					0			2	0.0%
○	静岡			4	25	29		1	34	2.9%
○	津				1	1		1	2	50.0%
	四日市			1	1	2	3	8	18	61.1%
	浜松	1			12	12		4	20	20.0%
	沼津					0			0	—
	豊田					0			2	0.0%
	富士		1		6	7		5	15	33.3%
○	金沢		1	4	15	20			23	0.0%
○	新潟			6	26	32	2	2	40	10.0%
○	長野			2	8	10			10	0.0%
○	富山			3	14	17		1	19	5.3%
○	福井	2	1		2	3		3	9	33.3%
	松本			1	10	11			12	0.0%

第5章　本社立地移動と中央省庁の役割(1)

	都市名	本社	支社	支店	営業所	支所合計	研究所	工場・製造所	事業所数	工場・研究所/事業所
	長岡				1	1			2	0.0%
◎	大阪	36	22	63	34	119	8	13	222	9.5%
○	神戸	2			10	10	5	2	28	25.0%
○	京都	2		3	14	17	3	3	36	16.7%
	堺	3		1	4	5	4	7	21	52.4%
	西宮					0			2	0.0%
○	奈良				1	1		1	2	50.0%
	姫路				7	7	3	13	26	61.5%
○	和歌山	1			3	3	4	6	15	66.7%
	吹田			3	5	8	4	2	17	35.3%
	東大阪					0		1	1	100.0%
	茨木	1				0	1		3	33.3%
○	大津				4	4		1	6	16.7%
	明石	1				0	1	4	6	83.3%
	尼崎	2	1		4	5	4	10	26	53.8%
◎	広島	1	3	21	41	65		2	72	2.8%
○	岡山		1	3	17	21	1	2	28	10.7%
○	山口					0			0	—
○	松江				2	2			2	0.0%
	倉敷	1		3	9	12	1	11	31	38.7%
	福山	2			2	2		6	16	37.5%
○	鳥取					0			0	—
	徳山※			1	7	8	1	4	18	27.8%
	下関				1	1		1	3	33.3%
	米子				1	1			1	0.0%
◎	高松			9	22	31			32	0.0%
○	松山			1	12	13		2	17	11.8%
○	徳島				1	1		3	4	75.0%
○	高知					0			0	—
◎	福岡		10	42	44	96		2	103	1.9%
	北九州		1	2	11	14	1	8	37	24.3%
○	熊本			1	11	12			14	0.0%
○	大分			1	5	6		9	18	50.0%
	鹿児島	1		1	17	18		2	23	8.7%
○	長崎				4	4			7	0.0%
○	宮崎				4	4			6	0.0%
○	那覇				4	4			6	0.0%
○	佐賀					0			0	—
	久留米				1	1			1	0.0%
	市原			1		1	3	13	19	84.2%
	岩国 (和木・大竹)※				1	1	2	2	6	66.7%
	新居浜					0	3	1	6	66.7%

注1：対象とした都市は2000年3月時点で，人口10万人以上かつ事業所総数が100を超える都市を抽出した（小樽を除く）。さらにそこから，小売業・銀行業を除いた支店数・営業所数の合計数が50を下回る都市（大都市圏の近郊型都市群が主に該当）を除いた。また，右下には参考として市原・岩国・新居浜の数字も載せている。
注2：各部門の単位については，「本社・支社・支店・営業所」と明記されているものを抽出した。企業が有価証券報告書などに記述している呼称が，そのまま「組織図・事業所便覧」に転載されている。そのため異企業の同一呼称の部門が，必ずしも同一の機能を有するわけではない。
注3：ここで用いられている「事業所」には，本社・支所に加えて，工場・研究所・倉庫なども含まれる。
注4：◎は旧地方通産局（現経済産業局）が所在する都市，○はそれ以外の府県庁所在都市を示している。
注5：アミ掛けの都市は，エチレンセンター稼働地区にある都市を示している。
注6：※印については，複数の都市を含んでいる。徳山は，隣接の新南陽市の数字を含んでいる。岩国は隣接の同県和木町，広島県大竹市を含んでいる。
出所：ダイヤモンド社『組織図・事業所便覧　全上場企業版　2001年』をもとに筆者作成。

▶図表5-4　ナフサ分解系企業一覧（2000年）

	企業名	本社	登記本社	主力工場所在地	創業と発祥	ナフサの購入先	エチレンの主要販売先	売上高（億円）	資本金（億円）	主要製品の主な販売先
1	昭和電工	東京都港区		大阪	1938年設立	九州石油	新日鉄化学	3,622	1,104	全農、セントラル硝子
2	住友化学	東京都中央区	大阪市中央区	姉崎・袖ヶ浦	新居浜で1913年設立	東亜石油・出光興産・富士石油	千葉ポリエチレン	5,587	847	住友商事、日本オラキシン
3	東ソー	東京都港区	新南陽市	四日市・新南陽	新南陽で1935年設立	コスモ石油	協和油化	3,742	408	三井物産、大洋塩ビ
4	三井化学	東京都千代田区		岩国・大竹・市原	1997年に合併設立	大阪石油化学、浮島石油	三井デュポン	6,159	1,032	三菱商事、昭和産業、日新製鋼
5	三菱化学	東京都千代田区		水島・四日市・鹿島	1994年に合併設立	コスモ石油、昭和四日市石油	日本ポリケム	8,414	1,450	
6	山陽石油化学	東京都千代田区		水島	1988年設立	JE	旭化成	ー	20	
7	出光石油化学	東京都墨田区		市原・知多・徳山	1964年設立	出光興産	出光DMC	3,491	124	
8	東燃化学	東京都港区		川崎	1960年設立	東燃ゼネラル石油	日本ユニカ	ー		
9	浮島石油化学	東京都千代田区		川崎	1967年設立	日石三菱精製	日本触媒			
10	日本石油化学	東京都千代田区		川崎	1955年設立	日石三菱精製、浮島石油化学	日本触媒	1,839	100	
11	丸善石油化学	東京都千代田区		市原・四日市	1955年設立	コスモ石油、京葉エチレン	宇部興産	ー	100	
12	大阪石油化学	東京都千代田区		大阪	1965年設立	コスモ石油、東燃ゼネラル石油、興亜石油	鐘淵化学	ー	50	

出所：各社の有価証券報告書，石油化学新聞社『石油化学工業年鑑2000年度』，日本経済新聞社『会社総覧2000年度』をもとに筆者作成。

第 5 章 本社立地移動と中央省庁の役割(1)　**89**

> **考えてみよう**
> 1　石油化学産業は，どのような企業群が参入していったのか，時期を区分して，説明してください。
> 2　首都圏以外で発祥・創業した石油化学系企業を取り上げ，どこでいつ創業したのかを説明してください。

▶注
1) 2000年で同業種の企業のうち，42.5％が東京本社としている（ダイヤモンド社，2001年）。
2) 東洋曹達（現東ソー）は有価証券報告書に「1975年に東京に本社を移転」と明記している。そして，山口県新南陽市にある商法上の本社を「本店」としている。宇部興産は，社史で「東京支社は，対官庁折衝や業界活動などからますます重要性が高まり，人員も増加してきたので，当社のビルの建て替えに踏み切った」「38年2月，本社機構の一部を東京へ移し，組織上の東京支社を完全廃止した」と明記している（宇部興産創業百年史より）。

第6章 本社立地移動と中央省庁の役割(2)
―集権的行政システム

1 集権的行政システムと専門情報循環

　法律には，フォーマルな規制と，インフォーマルな規制の2種類が存在する。フォーマルとインフォーマルの違いは,「法律的根拠の存在」に求められる（新藤，1992）。行政裁量により，行政側が法律の解釈に関して専門的能力を持ち，企業の当該産業への参入などに対して許認可権限を保有するが，その参入規制は最終的に法律的根拠によるのである。以下に，石油化学産業の参入において法律がどのような役割を果たしたか，また法律と専門情報の関係について述べていく。

　高度成長期に，行政は産業構造の高度化政策の一環[1]として，各種の産業を育成することを目的とした産業ごとの業法を制定した。新製品というイノベーションを伴った石油化学産業も産業構造の高度化に寄与する主導産業であるために，例外に漏れず育成対象産業となり，同産業を手厚く保護しようとする法律が検討された。当初は，通産省軽工業局が「化学工業振興法」として1956年6月に成案化し，1957年1月には最終案としてまとめた。しかしながら，行政規制が色濃くなることによる業界側からの反発もあり，法案の国会提出は1957年2月に断念[2]された。以上のような背景により，石油化学産業のみを対象とする単一の業法の不在という特徴のある規制が，通産省と産業との間に生み出されたのである。そのため，行政は，複数の規制を組み合わることで参入規制を行った。

2 明示的規制の企業による把握

　図表6-1が示すとおり，通産省が所管する規制数は，1999年の許認可件数でみると1,726件であり，厚生省，農水省，運輸省を上回り最多である。この数字は，1985年時の1,870件に比べ144件分ほど減少しているものの，行政機関の中で，最大の「許認可」権限を保有する省である。その通産省の中で，各企業や業界団体と個別に接触する部署は，「原局」と呼ばれる。第1期，2期の企業化計画が推進された1950年代後半〜1960年代前半（昭和30年代）は，軽工業局[3]が石油化学産業を始めとする化学産業を管轄してきた。しかし，石油化学産業の拡大を反映し，従来の部署では事務的に対応できなくなっていたために，1966年の通産省設置法の一部改定により，軽工業局の廃止とそれに伴う化学工業局が新設され，石油化学を含めた化学産業全般を担う原局となった（図表6-1）。

　通産省所管の法律は，「通産省関係法規」として，「通産省年報」に明記されている。第1期企業化計画時期にあたり，軽工業局が原局であった1957年には，軽工業関係の業種を規制する法律だけで10件にのぼり，さらにその法律に基づく省令，政令，通告，通例は38件を数える（通商産業省年報昭和32年度版，1959）。同様にして，原局が化学工業局と衣替えした1966年には化学工業関係の業種を規制対象とする法律は11件，その法律に基づいた各令は55件にのぼる（通商産業省年報昭和41年度版，1967）。このような規制の根拠となる当該法律の量的総数が，明示的なものでさえも多大であることが，企業側の当該部門[4]が，情報探索費用を最小化させるために東京に本社を構える大きな要因となりうると考えられる。企業の当該部門が，自らどの法律がどの企業行動に適用されるかを探索するよりも，直接，対面接触により行政官から情報を得るほうが，情報探索費用が最小化できるのである。

　対象産業を設定し，根拠法を明示している規制以外にも，各種の暗示的な規制が存在する。このような暗示的な規制を紐解くためのものとして，図表6-2で示す1955年7月に発表された省議である「石油化学工業の育成対策」に注

図表6-1　省庁別許認可件数（2015年）

省庁名（再編前）	1985年	1999年	増減	省庁名（再編後）	2015年
国家公安委員会	81	139	58	国家公安委員会	86
金融再生委員会	—	1,003	—	金融庁	2,243
環境庁	149	221	72	環境省	1,061
法務省	146	196	50	法務省	337
大蔵省	1,116	844	−272	財務省	807
文部省	310	394	84	文部科学省	466
科学技術庁	218	308	90		
厚生省	936	1,322	386	厚生労働省	2,398
労働省	532	682	150		
農林水産省	1,263	1,376	113	農林水産省	1,673
通商産業省	1,870	1,726	−144	経済産業省	2,206
郵政省	265	381	116	総務省	703
自治省	104	125	21		
建設省	742	976	234	国土交通省	2,699
運輸省	2,017	1,505	−512		
国土庁	81	100	19		

注1：1999年時点において件数が100未満の省庁は省略した。
注2：許認可件数の把握については，依拠した資料において調査が開始されたのが1985年であり，それ以前のデータについてはこの資料に依拠する限り存在しない。
注3：件数が把握された月日は，1985年は12月末日，1999年は3月末日，2015年は4月1日である。
注4：ここで計上されている規制とは「法令，政令，省令，告示」において「許可，認可，免許」などの用語が用いられている許認可である。
注5：1件数を「原則として法令の条文中の項を単位」で計上している。
出所：総務庁編「2000年版白書　規制緩和白書」をもとに筆者作成。

目するのが有効であると思われる。同対策は，省議決定であり，それ自体は提言的なものにとどまっている。しかしながら，この省議には育成方針が5項目あげられており，産業の育成に際し行政が実施する対策も，各項目ごとに暗示的に設定されているのである。各項目は，石油化学産業における固定費用[5]が巨額であるという特質を考慮したものとなっている。その対策は5項目にわけられ，①政府系金融機関からの融資斡旋，②償却方法の優遇，③外国技術導入の認可，④税制上の優遇，⑤外貨割当や関税面の優遇，となっている。プラント建設にあたり巨額の資金調達発生に対する開銀などからの融資斡旋や外貨割当，巨額のプラントの輸入のための関税の優遇，投資した設備に対する償却面での優遇，またその設備から生産された製品の免税や減税が，育成対策には

示唆されている。この対策には通産省所管以外の法律を適用させるという，規制の側面が色濃く反映されている。**図表6-2**のとおり，省議といえども，その政策手段の実施については法律的根拠が背景に存在する。この中で，参入許可という企業の事業展開において最大の障壁となった規制の法律であるのは，

▶図表6-2　石油化学工業の育成対策（1955年）

1．目的
(1) 合成繊維工業および合成樹脂工業の急速な発展に伴い，供給の不足を来たすベンゾール，石炭酸，アセトン等原材料の供給確保。
(2) 現在全量輸入に依存しているエチレン系製品等石油化学工業を確立しない限り逐年輸入の増加が必至と予想される原材料物資の国産化。
(3) 主要化学工業原料の供給価格の引き下げを期し，これらを通じて産業構造の高度化，化学工業および関連産業の国際競争力の増大を図るものとする。
2．方針
(1) 主要石油化学工業製品の今後の想定需要量を国際価格水準において供給しうる体制をなす。
(2) 各企業における石油化学工業計画の内から，次の基準に従い適当かつ重要と認められる計画を重点的に取り上げ，これを積極的に育成する。
(イ) 当該企業が計画を適格に遂行するに足りる技術的および経理的基礎を有すること。
(ロ) 設備について短期償却を行っても，国際価格水準による販売価格をもって採算的に成立しうる計画であること。
(ハ) 技術内容が優れていること。
(ニ) 資金計画が確実であること。
(ホ) 石油化学工業の企業化のため石油精製能力を大幅に増加することなく実現しうること。
(3) 前項(イ)ないし(ホ)の基準に照らし適当と認められる計画による生産数量の合計が想定需要量を大幅に超過する場合においては，製品の予想供給価格ならびに生産量，将来の発展性，外貨依存率，外資提携形態等を勘案し，わが国にとって最も有利と認められる計画を優先し，各石油化学製品につき想定需要量を大幅に超過しない限度において育成対象計画を選定する。
(4) 石油化学工業と製品分野において競合を予想される既存工業については，なるべく急激な影響を与えることのないよう考慮を払う。
3．対策
(1) 設備資金については，必要により日本開発銀行からの融資を図る。
(2) 設備の短期償却を行い得るよう耐用年数を策定し，重要設備については特別償却の措置を講ずる。
(3) 所要の外国技術導入を認可する。
(4) 法人税第6条（重要物産指定による免税措置：引用者注）の適用対象とする。
(5) 所要の機器輸入について，外貨割当の確保と輸入関税の免除措置を講ずる。

注：昭和30年7月11日，通産省により省議決定。
出所：通産省政策史より筆者作成。

③の技術導入に関する「外資法（外資に関する法律）」[6]であると考えられる。企業の石油化学産業への参入という，新規事業の立ち上げを直接に制限した法律は，外資法であり，それ以外の法令にみられる育成や保護のための優遇策は付随的なものと考えられる（図表6-3，図表6-4）。

外資法が規制対象としたのは，甲種技術援助契約[7]についてである。第1期企業化計画への参入を求めての事業化計画が，各企業により相次いで打ち出された1956年度において，143件中，化学工業については34件（23.7％）となっている。また外資法が廃止される直前の年度である，1972年度をみると，638件中115件（18.0％）となっている。これは一般機械の270件（25.5％），電気機械の195件（18.4％）とならぶ技術導入の3本柱の1つとなっている。また，技術導入に関しては，「外国為替及び外国貿易管理法」の規制となる乙種技術援助もあり，技術認可数に占める割合は，1956年度で51.5％，1972年度で

▶図表6-3　規制に係る主要な法律の一覧

規制される項目	規制するための法律	適用の条項	1955年発表の育成対策での言及
技術導入	外資法 （施行　1950年5月10日）	第3条，6条，8条，10条	必要とされる外国技術を承認 「所要の外国技術導入を認可する」
税制上の優遇	法人税法 （施行　1965年3月31日）	第6条（内国普通法人等の清算中の所得の非課税）	免税，関税の免税や外貨割当を行う 「法人税第6条の適用対象とする」 「所要の機器輸入について，外貨割当の確保と輸入関税の免除措置を講ずる」
貸与	日本開発銀行法 （施行　1951年3月31日）	第18条（業務の範囲）	日本開発銀行からの貸与の供与 「設備資金については，必要により日本開発銀行からの融資を図る」
償却方法	租税特別措置法 （施行　1957年3月31日）	第11条 第42～54条	製造設備の減価償却を優遇 「設備の短期償却を行い得るよう耐用年数を策定し，重要設備については特別償却の措置を講ずる」
外貨割当	関税暫定措置法と同法の施行令（施行　1960年3月31日）	第6条	外貨割当の優先と関税免除 「所要の機器輸入について，外貨割当の確保と輸入関税の免除措置を講ずる」

出所：通商産業省編『通産六法』各年度版，日本税理士会連合会編『税務六法』各年度版をもとに筆者作成。

▶図表6-4　甲種技術援助契約認可数

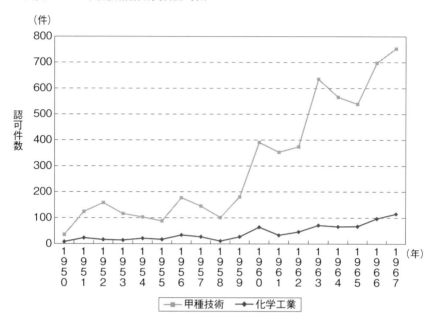

出所：科学技術庁『外国技術導入年次報告』各年度版，石油化学工業20年史編纂委員会『石油化学工業20年史』より筆者作成。

21.2％となっている。甲種乙種ともに，第1期，第2期の企業の事業参入が目立った1956年〜64年までをみると，化学工業の占める割合が高くなっているのである。科学技術に甲種技術導入を項目別にみると，プラントの輸入が，第1期には1956, 57年にそれぞれ9件ずつ，第2期には，1960年度に10件，1961, 62年度にそれぞれ6件ずつ，1963年度に12件と，企業化計画の各時期に対応したものとなっている。1968年の資本自由化まで，この技術輸入の許認可制度は継続したが，上述した数字は，あくまでも許可された技術導入の件数であり，技術導入の申請書を提出しながらも却下された件数については含まれていない。これらの申請書の提出に対して，原局は事業化の条件に見合う企業にのみ参入の許可を下したのである[8]。よって，通産省の選定にもれないようにするためには，あらかじめ通産省の選定基準を，行政高官と対面接触で交流を行うことで企業側が知覚する必要が出てくるのである[9]（図表6-4，図表6-5，図表

6-6，図表6-7)。

　また地域開発政策などインフラ整備のための法律も間接的に産業の育成の役割を果たした。土地の取得に関しては，四日市，岩国，徳山地区の旧軍燃料廠の跡地払い下げという問題をあげることができる。原油の輸入地として港湾設備が整い，旧海軍の広大な工業用地が整備されている旧軍の燃料廠跡地は，さまざまな企業がこの用地の払い下げを国に求めた。最終的に閣議了解により，参入可能な企業が選抜され，昭和石油と三菱グループが四日市，三井グループが岩国，出光グループが徳山と，それぞれ払い下げを受けることが決定した。

　また，地域開発政策も，産業の育成の大きく寄与した。新産業都市建設促進法は，施行が1962年5月であり，コンビナートの稼働地区では，岡山南（水島），大分，東予（新居浜）が指定対象地域となり，新産業都市の指定地区の中で数少ない成功地区とされている10)。特に岡山南と大分は，第2期企業化計画で

▶図表6-5　乙種技術援助契約認可数

出所：図表6-4に同じ。

▶図表6-6　化学工業における技術認可の構成（甲種）

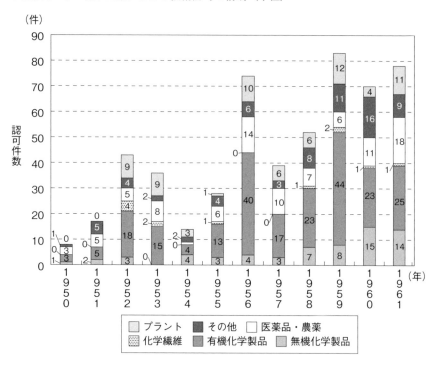

出所：図表6-4に同じ。

立ち上がった企業群が集積する地区である。すなわち，コンビナートの稼働に先駆けて，その地区のインフラ整備などを公的資金で行うことを根拠づけた地域開発政策が法律化されたのである。同様のことは，1964年7月に施行された工業整備特別地域整備促進法についても当てはまる。既存の工業集積がある程度の水準に達し，なおかつ市場に近接する地区が指定地域となった。コンビナート稼働地区では鹿島，徳山地区が指定対象地域となっている。法律が施行された時期は，周南は稼働と同時期に，鹿島は稼働よりも6年前にあたる。

　これらの法律や閣議了解は，基盤整備という観点から捉えることができる。旧海軍廠などの跡地の土地取得，整備，それに伴う付随的な交渉は，企業側が担うことなく，国レベルで行われてきた。これは従来の石炭化学，電気化学と

▶図表6-7　第1期企業化計画における主要な技術導入

会社名	工場建設地	品目名	導入の相手先会社名	認可年月	金額($)	機械金額($)
丸善石油	下津	第二級ブタノール	ケミカル・プロジェクト（米）	1955年10月認可（乙種）	37,000	265,000
日本石油化学	川崎	イソプロパノール，アセトン	ストーン＆ウェブスター（米）	1956年1月認可（甲種）	374,000	257,000
三菱石油	川崎	ベンゾール，トルオール，キシロール	UOP（米）	1956年1月認可（甲種）	276,000	126,700
住友化学	新居浜	ポリエチレン	ICI（英）	1955年11月認可（甲種）	1,400,000	960,000
住友化学	新居浜		ストーン＆ウェブスター（米）	1955年5月認可（甲種）	410,000	430,000
住友化学	新居浜	ポリエチレン	ストーン＆ウェブスター（米）	1955年5月認可（甲種）	27,000	560,000
三井石油化学	岩国	ベンゾール，トルオール，キシロール	ストーン＆ウェブスター（米）	1956年5月認可（甲種）	531,000	
三井石油化学	岩国	ポリエチレン	チーグラー（独）	1955年11月認可（甲種）	1,200,000	
三井石油化学	岩国	エチレンオキサイド，エチレングリコール	サイエンティフィック・デザイン（米）	－	615,000	
三井石油化学	岩国	フェノール，アセトン	サイエンティフィック・デザイン（米）	－	231,000	
三井石油化学	岩国		フェノール・アセトン製造技術	－		
三井石油化学	岩国		ディスティラーズ（英）	－	420,000	
三井石油化学	岩国		ストーン＆ウェブスター（米）	－	364,000	

注1：認可年月が空欄の箇所は，不明の箇所である。
注2：完成予定は，技術導入の認可が下りた時点のものである。
出所：『石油化学工業20年史』より筆者作成。

比べて，原油の輸入地で大規模な製油事業と結合しなければならないという土地取得における石油化学の特殊性からきていると考えられる。

3 集権的行政システム

　通産省の地方出先機関である地方通産局と，本省庁，企業の3者の関係については，企業が，地方通産局を経由せずに，本省庁の原局と対面接触を行うことに特徴づけられる。地方通産局も，形式的には各種の許認可権限を本省庁と同様に持ち，その所管事務は旧通商産業省設置法（1952年7月31日施行）により定められている。しかしながら，石油化学への参入についての各種の事業計画は，原局に対して提出されている。

　これは，①組織内権限配分，②人的ヒエラルヒー（ライン），③縦割り部局などの要因が絡んでいる（村松・西尾，1995）。まず組織内の権限配分であるが，ある地方における企業が，地方通産局を素通りして本省庁の特定の課や係と接触する。その際に出先機関である地方通産局と原局である化学工業局とでは，申請書の提出から許認可に至るまでの時間的なラグに大きな差がみられるのである。この時間的ラグは，許認可に対する権限の組織内関係を反映したものである。許認可に関し強い権限を持つと言われる課長，課長補佐，係長などの人員が，恒常的に常在している本省庁の原局へ書類提出したほうが，地方出先機関へ書類を提出するよりもはるかに短時間で参入許可などが下りてくる[11]（行政機構図，2002）。

　2つ目の人的ヒエラルヒーであるが，これは1つ目の組織内権限配分における本省庁の原局における強い許認可権限が，人員レベルでは，どこに与えられているかということである。許認可に際し，強い権限を持つ課長などが，所属部署，出身大学や学科などの紐帯により組織内で，「ライン」と呼ばれる人的つながりが確認される。組織内の職階上の階層が，官房・局－部－課（室）－係まで人的に一元的につながることで，上下間の情報網が構築されている。このラインに沿った形での書類提出が行われる。この人的なラインから外れた書類提出は，地方出先から書類を提出するのと同様に時間的ラグが発生するので

ある。このライン自体は公表されているものではない。そのため，企業にとっては，官公庁と対面接触で情報交換をすることによってのみラインの存在を知り，さらに，知ることで，そのラインに沿った書類提出や人的交流を行うことができる。非公表であるがために，地方に本社を所在させたままでは，省庁内の人的ヒエラルヒーについての情報が正確に入手できない。

　3つ目の，縦割り部局であるが，これは，原局のみならず，省庁内の他部署や省庁間をまたがる規制が存在することから生まれる。通産省の化学工業局が，石油化学規制の主管局であるものの，外貨割当や政府系金融機関からの資金調達など金融面の許認可は，また別の省庁や機関に書類を提出する必要性が生じる[12]。これらの機関の中には地方に支部分局を置いていないケース，また地方支部があったとしてもそこに駐在するスタッフからは同省庁や他省庁の動向に関する全体的な情報を入手することが不可能となり，申請書の提出においても他者に遅れをとらせるというハンディを与える。

　政府と企業や業界団体以外にも，首都圏における専門情報の循環のループに加わっているアクターとして無視できないのが，研究所（シンクタンク）と審議会である。

　まず研究所であるが，石油化学の場合は化学経済研究所が重要な役割を担っている。業界誌，白書や専門書の発行などの啓蒙活動，研究会や勉強会，海外視察やセミナーなどの主催などを通じて，産業内の情報交換の場として重要な役割を果たしていた。人員構成は，会長などの主要なポストは大手の化学系企業が歴任をしている[13]。理事については，企業からの社長や取締役，政府系金融機関やマスコミからの派遣が主なものである。この研究所で理事を務める社長や取締役が所属する民間企業は，石油化学工業協会に加盟していた企業と，ほぼ重なる。ただし，より広範囲にわたる企業から理事の派遣がみられるという点では，化学工業全般についての情報収集と加工に携わった機関である[14]。協和発酵，信越化学，東洋曹達などは，1950年代後半（昭和30年代の前半）は，ナフサ分解系企業の設立に出資という形で間接的に石油化学に関与し，当時は石油化学工業協会には未加盟であった。それにもかかわらず，社長や取締役クラスの人員を理事職として派遣していたのである。これらの社長や取締役など

の人員は，地方発祥系企業の人員も多く含まれている。

　また，日本に特有の行政の諮問機関とされる審議会においても，官民の各界の代表者が構成メンバーとなり政府への提言を行い，重要な政策策定過程の一端を担っている（岡崎，1993）。1950～60年代を中心とした時期の主要な審議会等の人員構成は，図表6-8に示すとおりである。この中で，1962年3月の産業構造審議会化学工業部会に注目してみると，人員17名のうち，構成は，大学関係2名，企業11名，金融機関1名，研究所1名，マスコミ2名となっている。この中で実際に政策策定に携わっているのは，大学関係者であると思われる（図表6-8）。

　このように，研究所は企業からの派遣，審議会は各種アクターの混在という特色を持つものの，いずれも，行政や企業という単一のアクターの意思のみならず，それ以外の各アクターをも含んだ全体的な専門情報の収集や加工と発信の機能を担ってきた（大山，1995）。地方に本社を所在させていたはずの企業群の社長や役員などが，東京で行われていた審議会や各種の会合（セミナー，研究会，勉強会など）に連続的に出席した形跡が，これらの資料からみられる

▶図表6-8　審議会などの人員構成

会名（設立・発足年月）	政府機関	大学関係	企業	金融機関	研究所	マスコミ
石油化学技術懇談会（1954年11月）	2	2	14	—	—	—
石油化学工業懇話会（1957年2月）	—	—	10	—	—	—
化学工業基本問題懇談会（1961年5月）	3	2	20	2	2	1
ポリブタジエン需要推定委員会（1962年11月）	2	—	10	—	1	—
化学工業部会（1962年3月）	—	2	11	1	1	2
化学工業調査団団員（1962年10月）	1	—	10	—	1	—
有機化学小委員会（1962年）	1	—	10	1	1	—

注1：政府関係の研究所に属する人員に関しては，政府機関に含める。
注2：業界団体（石油化学工業協会など）に属する人員に関しては企業に含める。
注3：金融機関には，政府系，民間系を共に含んでいる。
出所：『通産省年報』各年度版より筆者作成。

ことは，企業の高次管理部門に所属する人員は東京に常在していたとも読み取れる．

企業本社群に加え，審議会や研究所も交えた東京圏での情報循環により，行政側，なかでも中央省庁に各種の情報は蓄積されていく．行政側の産業動向についての情報量の多さも，情報を専門情報たらしめる理由である．石油化学の立ち上げ期においては，行政側が，石油化学業界の世界的動向について，より多くの情報量を持っていたとされる．各種の欧米への視察団の派遣を通じて，企業よりもいち早く欧米における産業動向を把握し，将来の産業育成ビジョンを作成する．民間企業が利用できる国際高速通信網が未整備で，その利用が高価であった時代には，企業の海外支所ネットワークが確立されてなく，企業側は欧米の産業動向についての情報を入手しようと思えば，行政との情報交換を行うことが近道だった．これらの情報交換は，勉強会，研究会などの形態をとって行われる．そこへ参加できる企業のみが，欧米の産業動向を正確に把握でき，また国内の産業レベルでの動向も把握できるのである（聞き取り調査より）．

4　都市システムと本社移動

日本の都市システムは，支店立地や本社数の分布から階層性を規定すると，第2章で明らかにしたように，3大都市－地方中枢都市－府県庁所在都市，または東京－大阪・名古屋－地方中枢都市－府県庁所在都市の階層性を形態的には持つ．本章では，石油化学産業の事例を取り上げ，企業の本社部門の地方から首都圏への移転に着目した．首都圏への本社の移転は，主に行政の本省庁における原局が発信源となる専門情報を求めてのものであった．この地方から首都圏への本社移転から都市システムの階層を考えると，首都圏－それ以外の地方圏という階層関係のみが確認できる．それ以外の地方圏の中でも，地方中核都市と言われる県庁所在都市以外の都市に立地していた化学系企業の本社群は，高度成長期において，その本社の移動を，ダイレクトに首都圏に移したのであり，一般的に次に上位の階層とされる大阪・名古屋や地方中枢都市に移すことはなかったのである．集権型行政システムである省庁の組織内関係は，東京に

おける権限の偏重的配分と，それ以外の都市における許認可権限の弱さに顕著に表れ，そのことが首都圏とそれ以外の地方の階層を形成する。東京一極集中という現象は，まさにこの東京における専門情報を立地要因とした本社群の移転を反映した側面が強いと思われる。このように，東京の本省庁から起因する循環する専門情報を立地要因とする限り，一般的な都市システム論で言われる首都圏以外の地方の都市間の階層関係を確認することはできない。

しかしながら，首都圏以外の地方に本社があった企業が，その本社部門をどの程度移転させたかを考慮すれば，関西圏の都市とそれ以外の地方都市との階層関係は確認することができる。本社移動のプロセスに着目すると，本社部門の発祥地や創業地での残存の度合いが強い企業が，関西系の企業には多くみられるのである。関西系企業が，その本社を首都圏に全面的に移転することなく，多くの部門を関西に残存させる固着性については，関西圏における同業種や他業種の企業群，金融機関，地元経済団体とのつながりなど，さまざまな要因が考えられる。いずれにせよ，首都圏に次ぐ本社機能の集積地である大阪は，立地企業群の業種別の多様性も首都圏に次ぎ，また，本社立地に関しても他の都市よりも有利な歴史的条件を有する。資源立地型の工場展開と工場に付随した形の本社がある地方中核都市や地方の中小都市では，単一の業種に都市の機能が偏重し，そのため，同業種の企業やその工場部門のみが立地している。地方の中小都市では，行政との接触ばかりでなく，他企業との接触においては，関西との比較においてもより不利な条件下にある。本章では，行政（中央省庁の原局）が発信源となり循環する専門情報を立地要因として本社移動を検証してきたが，観点を変えて，行政からではなく，他企業からの専門情報の入手という点からみると大阪は，地方圏においては最も有利な条件を持つ都市なのであり，そのため関西において比較的本社機能を残存させた企業が多かったと考えられる（図表6-9）。

前章，本章では石油化学産業を対象として，行政の産業政策が本社の立地に与える影響について考察した。中央省庁の原局は，各種の法律を組み合わせて行政指導を行い，産業の立ち上げに大きく関与した。その中でも，外資法による規制は，企業に事業計画書を提出させ，行政が考慮した条件を満たす企業に

▶図表6-9　本社移動と行政システム

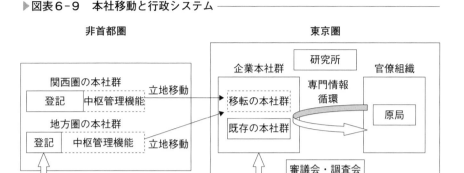

出所：筆者作成。

のみプラント建設や操業などの事業展開を許可した。行政による参入規制という許認可権限に対処するために，企業は行政との人的接触を試み，社長，役員クラスの人員が常在する本社を東京に移した。複数の法律によるがために暗示的になる規制は，社長や役員クラスの人員を動員し，行政高官と恒常的に人的交流を行うことで，暗示的な内容に転換して知覚することが可能になる。さらに，内容を知覚することで，企業の事業展開のための意思決定が行われ，石油化学への参入の足がかりとなる。地方に本社を所在させたままでは，行政高官とのフェイス・トゥ・フェイスによる情報交換が不可能であり，暗示的な規制の内容を知ることはできずに，事業展開において不利な条件であることを強いられた。かくして，「金のなる木」とされた主導産業であった石油化学への参入意図を持った地方発祥の企業群は，首都圏への本社の移転を行った。また，首都圏には，行政以外にも，審議会やシンクタンクなどの情報機関が存在し，これらの会合へ社長，役員クラスが出席するためにも，首都圏に本社を移転させたほうが情報入手においてより有利となる。こうして，首都圏とそれ以外の地方圏との間に，専門情報の入手の条件において，決定的な差が生じ，そのことがさらなる首都圏への本社の移転をもたらし，東京一極集中という現象にま

でつながる。

　しかしながら，研究会や審議会など各アクターの人員やその議事内容が事後的に把握できる資料を参照するなら，行政と企業の間に，公式な会合の場で人的な交流があったことは推測できるものの，実際にはあったとされる「接待」などの日常生活を含めた行政・企業間の人的交流については，対面接触のみによる情報交換であるがゆえに，事後的な記録が残されていない。そのため，果たしてどの程度までの専門情報の循環があったのかを証明することは困難となってくる。本章は，いわゆる「日本的な官民癒着」と言われる接待や根回しなどで循環する情報については言及することができなかった。あくまでも，人員構成などから，専門情報の循環があったことを推測するにとどまっている。今後は，この点をよりクリアにするために，聞き取り調査などをさらに行うことが必要である。

　次に，今後の課題点を述べる。第1に，対象とする産業の拡大である。その際には，石油化学と同様の特色を持つ産業から，分析対象を拡張していく。鉄鋼やガラス・土石などの素材型産業は，戦前期における創業は資源依存型の立地で，地方圏に本社も置かれていながら，高度成長期に首都圏に本社機能を移した企業も数多くみられる。行政の関与に関しても，通産省による規制が強い産業であり，本章での枠組みを適用するに際し，石油化学と類似点の多い産業である。今回と同様の手法により，鉄鋼業・ガラス・土石などの産業における行政の規制と本社移動の関連をみることで，素材型産業の本社立地の特性をよりクリアにしていき，行政－企業関係が本社立地に与える影響について複数の産業間の比較をしていくことが第1の課題点である。

　第2に，行政機関とそこから派生する専門情報を立地要因とした本章とは，また別の立場からの立地要因を検討することである。首都圏は中央省庁の所在地であり，同時に，取引先，同業種他社の本社，生産者サービス，労働力が国内で最も集積している都市である。また，外部条件としては，各種インフラの整備により全国へのアクセスに最も優れた地点でもある。実態としてみた場合，このような複合的な要因が絡み，企業の本社群が首都圏に集中している。複合的な立地要因を考慮した上で，本社立地の首都圏集中を明らかにしていくこと

で，行政システムが分権化していくであろう今後の本社立地のあり方について展望が示せるであろう。

　第3に，日本と違い，本社の立地が，行政機関の所在地と完全に一致しない米国の事例を，特定産業に絞り明らかにすることである。テキサス州など石油資源が賦存する地方に，石油精製業・石油化学業の工場群のみならず，本社群も集中し，その本社を日本のように行政機関の所在地に移転させる例は稀有である。この点をクリアにするために，本社立地と行政規制が米国においてはどの程度関係するのかを検討していくのが，第3の課題である。さらに前述の第2の課題点とも関わるが，仮に米国の場合，行政規制が相対的に弱いとすると，他の立地要因も考慮して本社立地を検討していく必要がある点も課題点として浮かび上がってくる。

考えてみよう

1　行政と，企業の連絡の際に，なぜ対面接触（face to face）になったのか，高度経済成長期の時代背景を踏まえて説明してください。
2　2000年代以降は，インターネットの普及により，メール，スカイプなどで，人と人とが直接合わなくても，情報交換ができる時代になっているが，それでも対面接触による情報交換は継続している。その具体的な例をあげてください。

▶注

1）　機械工業振興臨時措置法（1956年6月施行），電子工業振興臨時措置法（1957年6月施行）などがある。
2）　この案が法律化しなかったために，同年同月に軽工業局は「新規化学工業振興法」という代案を提出しているが，同様に国会提出には至っていない。
3）　1957年時では，化学肥料業，有機・無機化学工業，ゴム工業，アルコール専売業，窯業・建設材料工業，日用品，産業保安取締が，軽工業局の所管にあたる産業である（通産省年報昭和32年度版，1957）。
4）　企業で法律問題に対処する部署は異なっているが，主に総務，企画，調査などの部門において対処されている（前化学経済研究所専任理事で現愛媛大学教授の山本勝巳教授

からの聞き取りによる，2002年6月）。
5） 輸入プラントの建設にかかる建設費が巨額であることを，これらの対策は考慮しているものと思われる。設備自体にかかる費用以外には，付随して，技術費（技術指導，図書，技術者招聘，図面資料，計算書，技術情報などにかかる費用）も発生していた（化学経済，1959）。
6） 「石油化学に対する政府の介入権限は外資法に基づくものであった。……中略……ごく一部の例外をのぞいて，外国技術に依存していたため，企業が新規参入，合弁会社の設立，設備の新増設を行う場合には，政府の許認可をうける必要があった」（小宮，1984, p.66）。
7） 甲種は，「外資法」により認可され，契約期間，対価支払期間が1年以上の技術導入のことであり，乙種は，「外国為替及び外国貿易管理法」により許可され，期間が1年未満のものをさす。
8） 日産化学による富山，協和発酵による宇部でのエチレン製造計画などは，計画として提出されながらも，実現には至らなかった（石油化学工業10年史，1971）。
9） 選別にあたり明示的には以下の5項目が育成対策で示された。①技術的，経理的基礎，②採算性に優れること，③技術的に優れること，④資金計画の確実性，⑤石油精製との整合である。これ以外にも，生産量，将来の発展性，外貨依存率，外資との提携形態など詳細にわたる認可のための条件があった（石油化学工業20年史，1981）。
10） 工業出荷額の全国平均上昇率を上回る伸びをみせたのが，これらの地区であり，他の遠隔地で指定地区となったところの工業出荷額の伸びが鈍的であったのと対照的である（山崎，1992）。
11） 地方出先機関では書類提出から許認可まで3カ月かかるが，原局への書類提出から1週間程度で許認可が行われるとのケースがある（元日商岩井商事の九州支店勤務者からの聞き取り調査による，2000年3月）。
12） 通産省の企業産業資金課や，大蔵省の理財局資金課などである。
13） 第1期企業化計画の時期である1959年には，住友化学社長であった大屋敦が会長職に就いている。また，理事には，信越化学，旭化成，宇部興産，東洋曹達など地方に本社を置いているとされた企業のトップが，東京にあるシンクタンクの理事となっている。
14） 1959年では，味の素や東京ガスなどの社長や重役も理事として参画している。

第7章 大企業の支店立地における行政機関の役割(1)
—総合建設業の事例を中心に

1 支店立地と行政機関に関する研究

　日本の都市システムは，空間スケールを国土レベルで捉えると東京一極集中型であり，大企業の本社部門が高度成長期以後に集中的立地したことが主要な要因であると捉えることができる(藤本,2003)。他方，国土を副次的に構成する，より狭小の空間スケールである地方ブロックを捉えると，東京・大阪・名古屋などの大都市に加えて，「地方中枢都市」[1]と呼ばれる都市群の成長が顕著である。「地方中枢都市」群の成長に寄与しているさまざまな経済主体の中でも，大企業の支店群の役割は大きく，その集中的立地のメカニズムを解明することは意義のあることと思われる。

　支店群の立地に関しては，さまざまな要因が考えられるが，なかでも情報の役割に着目し，専門情報の循環こそが管理部門の立地をもたらし，さらに都市発展に寄与するとの見解がある (Pred, 1977)。本章も，情報の重要性に注目し，支店の立地要因は「情報」[2]であるとの立場から，大都市圏・地方中枢都市圏における支店立地の実態を解明していく。その際に，地方出先機関など行政機関の役割に焦点を当て，政府・企業の関係が地方ブロック圏レベルにおいても都市システム形成に影響を与えていることを考察する。

　支店立地についての地理学的アプローチからの主要な研究は，阿部（1996）の研究が代表的である。また，支店と工場部門の空間的一致は，須田（1995）において述べられている。日野（1996）はテリトリー制（管轄圏）の観点から支店立地を考察している。埴淵（2002）は，支店立地を本社立地との関係の上で形態面から区分している。その際に支所を2区分している。これらの豊富な研究については，個別事例検討や形態把握が主眼で，立地要因を概念的検討の

上で述べている考察が少ない。また，本章の問題意識との関連では，行政機関の影響を要因として考慮してないという点があげられる。

行政組織についての主要な研究は，寺阪（1979）が，省庁の地方出先機関について，その管轄区域と人員配置を検討している。また，北海道地方の政府出先機関を詳細にわたり検討したのが福井（1994）である。これらの研究は，出先機関が配置された後の構造を明確に記述している。しかし，そのような構造になるに至った歴史的経緯についての検討，さらに概念的検討についても不十分である。この点に関して，行政学の空間管理論においては出先機関の分類が行われている。

出先機関の管轄区域，すなわち空間を考慮した行政学のアプローチとしては，久世（1963）が代表的であり，管轄区域，所管事務，機能により省庁の出先機関を区分している。ここでは，所管事務と機能の区分が不明瞭である点が指摘できる。近年の研究としては，金井（1998）の「空間管理論」がある。金井は，国土を副次的に構成する空間を管理する行政組織を「空間分割行政組織」とし，①意思決定機関が存在する空間分割行政組織（都道府県，市町村，23区など）と②意思決定機関が不在の空間分割行政組織に区分している。さらに後者を，地方出先機関（地建局，地方通産局など）と領域別省庁（北海道開発局など）に区分している。金井は，行政組織の分類に着目しているため，行政組織内部の権限関係については述べていない。

これらの既存研究における課題点としては，①特定産業に焦点を当てた上での行政－企業関係，②行政組織内の権限配分，③専門情報の発生源としての行政機関，の3点を明らかにする必要があることである。したがって，本章では，一連の課題点を詳細に検討した上で，支店と行政機関の特定都市への集中的立地を明らかにする。第2節では，①建設業における行政の役割，②建設業を規制する旧建設省（現国土交通省）の中央－地方関係，③行政組織と企業の関係に専門情報が発生する過程について検討していく。さらに，これらの文献サーヴェイを踏まえた上で，第3節では建設業における行政－企業関係を，出先機関と支店に関する各種データを用いることで実態解明を行う。

2 建設業・公的規制と公共工事

　行政と企業の関係はさまざまな側面から捉えることが可能であるが，最も大きな分類としては，「補助や優遇」「規制」「公共調達」の3局面に分けられ，各局面における主体として行政が企業と関係する（金本，1996）。建設業に着目すると，「規制」の主体と「公共調達（公共投資）」という側面からの行政との関係が強いと思われる。

　「規制」の主体としての政府を分析した研究として，植草（1991）が代表的である。植草は，規制を，①間接規制（独占など不完全競争への対応）と②直接規制に分け，さらに後者は，経済的規制（参入退出，価格，投資への規制）と社会的規制（外部性・非価値財への対応）に区分している。この考察は，合理的経済人の前提条件を解除するという観点から「規制」を分類しているため，「規制」の含意が広範囲かつ多義的となっている。本章の問題意識から考えると，「ミクロ」の「経済人」に対する規制という広義の公的規制から論じることは目的ではない。建設業の規制担当省庁がどのような手段を用いているかを明らかにすること，すなわち産業レベルでの公的規制を明らかにすることが本章の目的である。そのため，植草の分類の中でも，狭義の規制である経済的規制に着目する。

　経済的規制のうち，「参入・退出規制」は，建設業法に基づく参入許可が該当する。また，「価格規制」も，会計令に基づく予定価格制などが該当する。ここで，「投資規制」について留意する必要がある。建設業は，「重層的下請関係」という特色を持つ[3]。その関係は，一般的に，大企業群が元請で，その下に数層の階層をもって下請関係が形成されている。層間の関係をみると，大手企業群の受注において，外注の比率が高く，設備の所有に関しては外注先の企業が所有していたり，またはリースなどの形態を持つケースが多い。大手企業は，設備自体を保有するのではなく，営業活動を行っているのである。そして，個別の事業（プロジェクト）に関して，入札などの規制を行っている。そのため，図表7-1で示すように，「投資規制」を「事業（プロジェクト）規制」と

▶図表7-1　経済的規制の相互関連

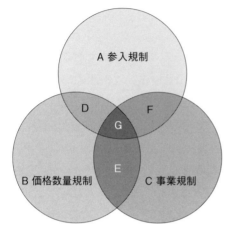

A　参入規制：
　　許認可や資格などにより恒常的な営業を規制するもの。
B　価格数量規制：
　　製品の価格や数量を規制するもの。
C　事業規制：
　　個別のプロジェクトを規制するもの。

出所：植草益（1991）『公的規制の経済学』筑摩書房をもとに筆者作成。

読み替える（**図表7-1**）。

　「公共調達」の主体として，すなわち需要者としての政府に着目した研究については，金本（1993，1994，1996），三輪（1999）などが代表的である。金本（1993，1994，1996）は，公共調達制度の日本的特徴を指摘し，①指名競争，②予定価格制，③談合が国際的にみた日本の建設業の特異性であると述べている。三輪（1999）も同様に，①高コスト体質の政府受注（低コスト受注のインセンティブが欠如），②政府介入による業界協調体制を述べている。これらの論者に共通することは，発注における「行政側の裁量権」が日本の特殊性であることを指摘している。また，政財官の間に密接かつ非公開の関係があり，そこでは規制が多岐かつ複雑であり行政側の裁量があること指摘されている。

　「規制」と「公共工事」の関係については，①需要の成立条件としての規制，②需要に内在する規制の2点から捉えることができる。まず，需要の成立条件としての規制であるが，建設業者という事業体として事業を営むためには各種の業者資格を取得する必要がある。そのため，官需・民需を問わず，受注する際には，業者資格という参入許可を受ける必要がある。これは，建設業法の許可基準と業種区分に基づいている。

建設業へ参入するためには，この許可が必要であり，この許可なくして恒常的に事業を営む経営体とはなりえない。建設業者として各種事業の受注を成立させるためには，許可（資格制）に基づいた参入規制を不可欠とするのである。この点で，参入規制が前提となって建設需要が存立するのである。

次に需要に内在する規制であるが，官公庁が発注する業務は，「格付け」「指名制」などにみられるように，需要それ自体が規制を要するものである。

公共工事は各事業ごとに，入札が行われるが，官公庁の入札は，「指名競争入札」がほとんどである。この官公庁からの受注するための入札に参加するためには，各官庁ごとに「指名願」を提出し，なおかつ「経営事項審査基準」の各項目の審査を受け，省庁による格付け（ランク付け）を受ける必要がある。経営規模・経営状況などに詳細にわたり基準が設けられ，この基準に応じて，どの業者がどれだけの規模の工事を受注できるかという官公庁の「工事区分」が決定される。

このような過程を経て「指名業者」となり，官需を受注することが可能となるが，さらに各工事ごとの「入札」においても，「指名業者選定業務」があり，ここでも，指名に関して「指名委員会」により入札参加者が決定されるのである。委員会では，特定業者への偏向的受注の回避[4]と裁量的項目の検討[5]という2つの側面から，指定競争入札への参加資格を与える。その際に，偏向的受注の回避という工事配分のみならず，各業者の経営状況についても検討項目となっている。以上の，「ランク制」「工事配分」「業者資格」などの規制が，各事業ごとに個別に内在している。

しかしながら，これらの規制がどの場所で行われるかという空間スケールの問題は考慮されていない。その点で，規制主体となる官公庁の中央－地方関係を明らかにする必要が出てくる。次に省庁の中央－地方関係についてみていく。

3 省庁内の中央・地方関係と権限配分

戦後日本の国家による公共工事を発注している主な官公庁としては，旧運輸省と旧建設省（現国土交通省）をあげることができる。このように需要者とし

ての行政をみた場合には両省に着目できるものの，建設業の規制という点では，建設省の占める割合のほうが大きい。前節で述べた規制主体・需要者の両側面を持つ省庁としては，建設省のほうを取り上げることが有効であると思われる。よって，本節では，建設省の中央－地方関係と，そこでの権限配分を考察する。権限配分については，「集権と分権」の省庁別度合を示す必要が出てくるが，これは「集権型行政システム」的な面が強い通商産業省と比較する。

図表7-2に示されるとおり，建設省の組織内権限配分は，2つの側面から「分権的」である（城山編，1999）。まず第1に，各部局レベルで意思決定がなされ，なおかつ各部局間の関連性が薄いという点で分権的である。直轄事業に関しては，本省－地方建設局－工事事務所の縦の一系列の内部で各年度の重点施策が決定される。官房などが部局横断的に意思決定をなすことは比較的少なく，河川・道路・住宅などの局単位に意思決定権が分散しているのである。第2に地方建設局の意思決定権と業務量の多さという点で分権的である。新規施策立案のための調査については，課長補佐級以上は自由に発議でき，また「玉出し」と呼ばれる各局ごとの重点施策も課長補佐以上が各課の重要度や優先度

▶図表7-2　通産省・建設省の権限配分の対比

対比項目 \ 省庁	通産省	建設省
規制産業	多岐にわたる産業	特定の産業
規制業者数	小数	多数
中央・地方関係	集権	分権（地方ブロックレベル）
権限配分	本省庁に許認可権限が集中	出先機関等に許認可権限が分散
玉出し	中央省庁の課長	中央省庁・出先機関の課長や局長
需要者としての政府	弱い	強い
補助金	多産業にわたる	特定産業
企業を規制する法律	多岐にわたる法律とその組み合わせ	単一の法律を単一の業種に適用
政府系金融機関	多い	少ない
政府系の関連団体	小数	多数
官庁としての機能	アイデア創発型	現場型
技官の役割	弱い	強い

出所：城山英明他編（1999）『中央省庁の政策形成過程―日本官僚制の解剖』中央大学出版部を参考に筆者作成。

を考慮して会議を行う。その際に，地方建設局の課長も参加が可能となっている。また，省庁内の人事異動も，中央－地方の往復が比較的頻繁である。

これは，土木・建築行政が，現場に密着する必要性があるためでもあり，地方の状況が中央の意思決定に反映されている側面が強い。対照的に通産省などでは，本省庁の課長補佐クラスが主に玉出しに関わり，地方出先機関からの参加者がほとんどない。また，行政事務において，各種許認可の窓口として，地方建設局の取扱い事務量が多いこともあげられる。単一の都道府県内の区域のみで営業を行う業者は都道府県担当部局に申請書類を提出するが，複数都道府県にまたがる業者の書類提出先は地方建設局である。

したがって，建設省は，中央官庁と現場（工事事務所）の中間に位置する地方出先機関（地方建設局）に権限が，他省庁よりも相対的に多く配分されている「分権的行政システム」である（城山編，2001）。高度成長期における石油化学の立ち上げに際して，通産省の本省庁の原局が参入許可を担当し，地方通産局は実質的に参入許可窓口としての機能を有しなかったが，このような集権的行政システムとは異なり，建設省の場合は出先機関が出先機関足りえている。

各省庁の「設置法」「組織令」には，出先機関の役割に関して「地方支分部局」などの節を設け，そこで，出先機関の役割を示し，一定の権限を与えている（通産六法，2000）。しかし，このような記述通りの役割が出先機関にあるケースは，旧通産省の事例では数少ないという意味で，出先機関が出先機関足りえていない。

4　企業行動と支店立地

建設業の創業についての歴史的経緯は江戸時代まで遡る。江戸末期～明治初期にかけて，西洋の近代的建築技術の取り入れと並行して大工の棟梁などが工事を政府から請負うことで建設業の原型となった。なかでも，明治23年に会計法の制定を契機に，工事入札の参加が制度化され新規業者が各方面から参入した。特に，近代国家建設に並行して電源開発，鉄道工事などの工事が一層増大し，これらの工事を受注した業者は，より大規模な企業組織へと成長していった。

第2次世界大戦の終戦により一時的に建設投資は停滞するものの，戦災復興による受注量の増大，高度成長による長期的な受注量の増大により，基本的には一貫して高い伸び率を示してきた（近藤，1990；中村，1994；三浦，1980）。

　明治以来，基本的には成長傾向を示している建設業は，国民経済に占める割合も高く，1999年度のGDPを総支出面からみた場合の名目値では，在庫品増加を除いた投資額は133.2兆円（対GDP比で25.9％）となっている。ここから，機械等を引いた数字である，いわゆる建設投資は，68.5兆円であり，対GDP比で13.3％を占めている。さらに，このうち，政府建設投資が31.9兆円であり，民間建設投資の36.5兆円とほぼ拮抗している。政府建設投資は，さらに建築と土木に分けられるが，建築は4.5兆円にすぎず，土木が27.3兆円と多くを占めている[6]。

　マクロにおいて高い割合を占める建設業であるが，その前方・連関効果も多岐にわたる。産業連関的な視点から捉えると，1995年度の数字では，投入元の多い順に，①金属製品（17.4％），②対事業所サービス（13.9％），③商業（13.0％），④窯業・土石製品（12.2％），⑤運輸（9.9％），⑥パルプ・紙・木製品（9.6％）となっている。これは，企業会計の視点からみた場合の設計・資材・機械リースなどにかかる費用の高さを反映していると思われる。産出先は，ほぼすべての産業と公的部門にわたるが，高い順に並べると，①不動産業（28.1％），②電力・ガス（12.0％），③商業（7.3％），④教育・研究（5.1％）となっている[7]。

　建設業の「受注高」の観点から建設業の規模の大きさを計ると，2000年の「建設工事」の受注高は64.4兆円である。建設業内部の連関を考慮すると，総合工事業者（ゼネコン）と専門工事業者（解体・仕上・設備に関する業者）の間の請負契約が特徴的である。ゼネコンは設計・監理などの業務に携わり，工事現場の作業工程に直接関わる業務は専門工事業者が請負うという分業関係が成立している。工事受注高のうち，元請の受注高は43.1兆円となっているのは，この関係を反映したものである。この元請受注高はさらに「民間」と「公共機関」からの受注工事に分けられ，後者は19.3兆円となっている[8]。

　この中で上位50社の工事受注高は**図表7-3**で示され，2000年で15.3兆円であり，全工事受注高の23.6％を占めている。さらに，上位50社の工事受注高の

▶図表7-3 大手建設業者(50社)の工事受注高の推移

(単位:上段…受注高(億円),下段…対前年比(%))

年度	①国内	②公共機関	③国	④地方	②／①
2000	153,078 1.4	45,493 －9.3	22,996 －6.9	22,497 －11.7	29.7%
2001	136,229 －11.0	39,132 －14.0	20,612 －10.4	18,520 －17.7	28.7%
2002	123,220 －9.5	36,772 －6.0	20,037 －2.8	16,735 －9.6	29.8%
2003	119,411 －3.1	30,636 －16.7	16,638 －17.0	13,998 －16.4	25.7%
2004	124,699 4.4	27,469 －10.3	15,773 －5.2	11,695 －16.5	22.0%
2005	130,817 4.9	30,656 11.6	18,802 19.2	11,854 1.4	23.4%
2006	125,448 －4.1	20,710 －32.4	11,723 －37.6	8,987 －24.2	16.5%
2007	129,237 3.0	19,539 －5.7	13,740 17.2	5,799 －35.5	15.1%
2008	129,872 0.5	25,284 29.4	18,267 32.9	7,017 21.0	19.5%
2009	96,105 －26.0	24,141 －4.5	16,555 －9.4	7,585 8.1	25.1%
2010	97,006 0.9	22,101 －8.5	14,073 －15.0	8,027 5.8	22.8%
2011	100,897 4.0	22,806 3.2	12,128 －13.8	10,678 33.0	22.6%
2012	105,068 4.1	26,193 14.9	16,643 37.2	9,550 －10.6	24.9%
2013	124,950 18.9	31,154 18.9	19,177 15.2	11,977 25.4	24.9%
2014	128,400 2.8	43,101 38.3	28,078 46.4	15,022 25.4	33.6%
2015	136,694 6.5	35,632 －17.3	23,360 －16.8	12,272 －18.3	26.1%
2016	143,682 5.1	38,892 9.1	25,456 9.0	13,435 9.5	27.1%

注:建設調査統計課によれば,この統計で示される大手50社とは「全国の大手建設業者が対象。完成工事高の多い建設業者から大手50社を有意抽出」により抽出された業者のことである。
出所:国土交通省 総合政策局 情報管理部 建設調査統計課の発表資料より。

うち，公共機関から発注の工事は，同年で4.5兆円であり，大手の工事受注のうち29.7％を占めている（図表7-3）。2000年代は，小泉内閣の構造改革の影響もあり，公共機関からの受注は減少したが2010年代に入り，東日本大震災・福島原発事故の復興事業もあり，再び増加している。

　このような過程を経て，一貫して成長傾向を続けてきたが，大手に関しては，創業地の多様性も特徴とする。首都圏のみならず，関西やその近辺で創業した企業群，それ以外の地方圏で創業した企業群に大別できる。現在においては大手の本社群は東京に集中しているが，これは非首都圏からの本社の立地移動を経た結果である。図表7-4で示されるとおり，全国的な事業活動を行っている大手27社を概観するだけでも，建設業者[9]としての創業地が東京である企業は，10社に過ぎない。また，株式会社や合資会社などの近代的な会社組織を採った時点で本社を置いていた場所を創業地としても，東京が創業地であるのは13社と半分以下である。現在においては，東京本社や東京別本社を置く企業が25社と大半を占めるものの，多くは高度成長期の移動を経た結果なのである。特に関西圏創業の企業群については高度成長期の本社移動のケースが多く，大手6社では竹中工務店・大林組，準大手以下では，奥村組・青木建設・鴻池組・長谷工・淺沼組が該当する。地方圏創業の企業群，たとえば，福井創業の飛島建設，広島創業のフジタ，門司・下関創業の間組，富山創業の佐藤工業などは戦前から戦後直後の時期に東京へ本社を移転させている。このことから，概して関西圏創業の企業群が高度成長期における東京本社集中立地を加速させた側面が強い（図表7-4）。

　戦前期の支店立地については，大手6社に関しては，支店という呼称の事業所は主に東京や大阪などに置かれていた。それ以外の都市は名古屋，広島，福岡などで取引量が多い場合に一部の企業がわずかに支店を置いていた。それが，第2次世界大戦による戦時経済体制期から戦後の1940年代にかけてから，徐々に，地方建設局が所在する都市に支店を立地させてきた。

　図表7-5にみられるように，大手6社で，東京創業で東京本社の企業群に着目すると，鹿島建設は，戦前もしくは戦時中に，大阪（1940年）と札幌（1941年）に支店を置いたものの，名古屋・福岡・広島・仙台・高松には戦後の昭和

▶図表7-4　大企業の創業地一覧

企業名	建設業者としての創業地	会社組織としての創業地	現在の本社	別本社・本店
鹿島建設	東京	東京（1930年，株式会社）	東京都港区	―
清水建設	東京	東京（1915年，合資会社）	東京都港区	―
大成建設	東京	東京（1887年，有限会社）	東京都新宿区	―
竹中工務店	名古屋	神戸（1909年，合名会社）	大阪市中央区	東京都中央区（1982年～）
大林組	大阪	大阪（1909年，合資会社）	東京都港区（1970年～）	大阪市中央区
熊谷組	福井	福井（1938年，株式会社）	東京都新宿区（1964年～）	福井
フジタ工業	広島	東京（1937年，株式会社）	東京都渋谷区（1937年～）	―
戸田建設	東京	東京（1936年，株式会社）	東京都中央区	―
間組	北九州（門司）	下関（1916年，合資会社）	東京都港区（1920年～）	―
西松建設	東京	東京（1929年，合資会社）	東京都港区	―
前田建設	福井（飛島組傘下）	東京（1946年，株式会社）	東京都千代田区	―
飛島建設	福井	福井（1916年，株式会社）	東京都千代田区（1940年～）	―
佐藤工業	富山	富山（1931年，株式会社）	東京都中央区（1946年～）	―
奥村組	奈良	大阪（1938年，株式会社）	大阪市阿倍野区	―
青木建設	大阪	大阪（1947年，株式会社）	大阪市北区	東京都港区（1968年～）
鉄建建設	東京	東京（1944年，株式会社）	東京都千代田区	―
日本国土開発	東京	東京（1951年，株式会社）	東京都港区	―
安藤建設	東京	東京（1918年，株式会社）	東京都港区	―
鴻池組	大阪	大阪（1918年，株式会社）	大阪市此花区	東京都千代田区（1979年～）
三井建設	和歌山	東京（1941年，株式会社）	東京都千代田区	―
住友建設	新居浜（別子）	新居浜（1950年，株式会社）	東京都新宿区（1957年～）	―
松村組	大阪	大阪（1919年，株式会社）	大阪市北区	東京都千代田区（1991年～）
大日本土木	岐阜	岐阜（1944年，株式会社）	東京都新宿区（1965年～）	岐阜
長谷工	尼崎	姫路（1946年，株式会社）	東京都港区（1970年～）	―
東急建設	東京	東京（1948年，株式会社）	東京都渋谷区	―
日産建設	東京	東京（1952年，株式会社）	東京都港区	―
淺沼組	大和郡山	大阪（1937年，株式会社）	大阪市天王寺区	東京都新宿区（1981年～）

注1：本社と別本社に関しては2000年度の所在地である。
注2：建設業者としての創業地とは，会社形態の組織になる以前の業者が事業を開始した都市のことである。
注3：現在の本社の欄では，東京以外の創業である企業群が，東京に本社を移転した場合には，その年を，（年～）で付記している。
注4：現在の本社と別本社・本店の区分は，各社の有価証券報告書に記載されている呼称に拠っている。
注5：地名は，東京23区と大阪市に関しては区名を記載している。それ以外は，都市名のみの記載である。
出所：各社の有価証券報告書や社史をもとに筆者作成。

▶図表7-5　主要都市における大企業の支店設置年

企業名	東京	大阪	名古屋	福岡	札幌	広島	仙台	高松	新潟
鹿島建設	1988	1940	1945	1946	1941	1947	1947	1948	1977
清水建設	—	1937	1937	1937	1939	1945	1946	1946	—
大成建設	—	1945	1945	1945	1946	1946	1946	1946	1946
竹中工務店	1938	—	1938	1938	1958	1945	1947	1984	—
大林組	1906	—	1925	1930	1946	1942	1946	1958	1991
熊谷組	1949	1948	1948	1948	1948	1948	1962	1966	—
フジタ	1953	1942	1947	1957	1948	1937	1970	1975	1983
間組	1938	1932	1945	1945	1970	1945	1945	1945	1970
西松建設	1929	1929	1958	1951	1964	1966	1948	1951	—
佐藤工業	1943	1946	1943	1962	1956	1966	1964	1978	—
奥村組	1928	1966	1958	—	1969	1946	1969	1948	—
鉄建建設	1947	1944	1947	1945	1944	1964	1967	1987	1975
日本国土開発	1960	1958	1961	1966	1971	1962	1966	1977	—

注1：年度は，支店という呼称で，当該の都市に事業所を置いた年，もしくは，従来の各事業所を支店という呼称に変更した年である。
注2：支店という呼称に変更する以前は，「出張所」「営業所」などの名称が多くみられる。
注3：出所で記載の資料から，大手建設業で支店設置年度が明らかな企業群を取り上げている。そのため，全大手の企業を網羅して掲載していない。
注4：大手・中堅とされる企業群から，支店の設置年が明らかな企業群のみを取り出した。
出所：各社の有価証券報告書や社史をもとに筆者作成。

20年代に支店を置いている。新潟に関しては1977年である。清水建設は，大阪・名古屋・福岡・札幌は戦前や戦時中に支店を置き，広島・仙台・高松・金沢に関しては1940年代に置いている。大成建設に関しては，地方建設局所在都市への支店立地はすべて1946〜1947年の間に起こっている。他方，大阪本社の竹中は，東京・名古屋・福岡・広島については戦前もしくは戦時中に支店を立地させ，仙台についても1947年に支店を立地させているものの，札幌は1958年，高松は1984年となっている。さらに，新潟には支店を未設置である。大林組は，東京・名古屋・広島・福岡に関しては戦前もしくは戦時中に支店を設置し，1940年代に仙台と札幌に支店を置くが，1958年に高松と，「四国地方建設局」の配置に対応した年度に置いている。出先機関の配置の年度に最も対応した支店立地がみられるのが，福井創業の熊谷組である。仙台は，1962年，高松は1966年であるものの，1948年に大阪・名古屋・福岡・札幌・広島に支店を立地させている。

比較的,早くから全国的な事業展開をしてきた大手6社は,若干のばらつきや例外はあるものの,戦時中や1940年代に,地方圏や中部圏の地方建設局所在都市に支店を置いてきた傾向にある。準大手,中堅の企業群は,東京と大阪に関しては,戦前から支店を立地させてきている傾向は大手と一致するものの,地方圏や中部圏の地建局所在都市における支店立地は,高度成長期の幅広い期間にわたっている。その意味で,大手の支店立地展開を追随していったとも言える。図表7-6にみられるように,大手・準大手・中堅企業群の全国支店立地展開が,上述のような歴史的経緯を背景にして行われたのである(図表7-5,図表7-6)。

図表7-7にみられるように,歴史的な再編により本社や支所の立地が起こってきた。この中で,支所に着目する。ここでいう支所とは,組織階層上,本社の下位に位置する事業所のうち管理的業務を主に行っている部門のことであり,主要なものとして支社・支店・営業所[10]があげられる。支社・支店・営業所の関係は,産業・企業ごとに多様であり,各事業所の機能についての明確な定義は存在しない。ただし,大手業者に関しては,本社-支社・支店-営業所と

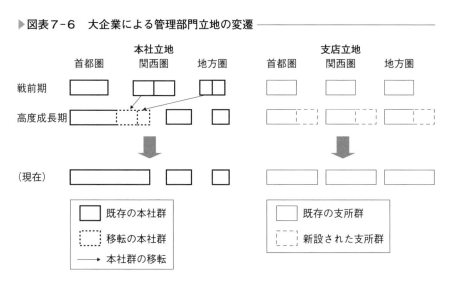

▶図表7-6 大企業による管理部門立地の変遷

出所:筆者作成。

▶図表7-7　主要都市における建設業の事業所数（2000年）

	都市名	本社	支社	支店	営業所	支所合計	事業所数	支店・支社／営業所
◎	札幌	5	10	108	26	144	174	4.54
	旭川		1	5	29	35	46	0.21
	釧路			5	29	34	46	0.17
	函館		1	4	33	38	42	0.15
	苫小牧			4	25	29	39	0.16
	帯広			4	24	28	35	0.17
◎	仙台	3	13	126	28	167	191	4.96
○	盛岡		2	7	67	76	87	0.13
○	秋田		3	6	60	69	76	0.15
○	山形		1	5	62	68	75	0.10
	郡山		1	5	39	45	51	0.15
○	青森		1	3	68	72	81	0.06
○	福島		1	3	43	47	52	0.09
	八戸			2	15	17	25	0.13
	いわき			1	16	17	28	0.06
◎	東京	102	36	139	52	227	572	2.67
○	横浜	6	8	105	40	153	197	2.83
○	前橋	2		7	30	37	47	0.23
○	千葉	1	5	66	56	127	141	1.27
○	宇都宮	1		17	53	70	80	0.32
	高崎	1	1	8	22	31	36	0.41
○	大宮		3	50	30	83	95	1.77
○	浦和		1	21	29	51	54	0.76
○	水戸		2	18	52	72	75	0.38
	立川		1	10	31	42	44	0.35
	船橋			8	2	10	17	4.00
○	甲府			6	34	40	42	0.18
	厚木			6	17	23	35	0.35
	八王子		1	6	13	20	23	0.54
	川崎		1	5	44	50	67	0.14
	川越			5	5	10	16	1.00
	柏			5	9	14	19	0.56
	小山			5	4	9	13	1.25
	土浦		1	4	13	18	19	0.38
	つくば			4	8	12	27	0.50
	藤沢			4	7	11	13	0.57
	相模原			1	19	20	29	0.05
	熊谷			1	10	11	15	0.10
	平塚			1	10	11	14	0.10
	太田			1	5	6	6	0.20
◎	名古屋	8	16	132	28	176	226	5.29
○	岐阜	1		10	61	71	74	0.16
	豊橋	1		3	18	21	25	0.37
○	静岡		2	22	65	89	93	0.37
○	津			6	50	56	59	0.12
	四日市			6	22	28	35	0.27
	浜松			6	20	26	35	0.30
	沼津			5	9	14	16	0.56
	豊田			4	9	13	17	0.44
	富士			2	3	5	6	0.67
○	金沢	4	4	29	49	82	92	0.67
◎	新潟	1	7	49	51	107	113	1.10

第7章　大企業の支店立地における行政機関の役割(1)　123

	都市名	本社	支社	支店	営業所	支所合計	事業所数	支店・支社／営業所
○	長野	1	2	20	48	70	75	0.46
○	富山	1	1	14	49	64	71	0.31
○	福井			9	38	47	52	0.24
	松本			6	21	27	32	0.29
	長岡			1	11	12	15	0.09
◎	大阪	30	24	114	18	156	263	7.67
○	神戸	1	2	59	49	110	122	1.24
○	京都	1	1	32	57	90	95	0.58
	堺	1		8	21	29	42	0.38
	西宮	1		4	5	9	17	0.80
○	奈良		1	10	37	48	50	0.30
	姫路			9	22	31	38	0.41
○	和歌山			8	62	70	75	0.13
	吹田		1	3	1	5	5	4.00
	東大阪			2	4	6	7	0.50
	茨木			2		2	4	∞
○	大津			3	44	47	50	0.07
	明石			2	2	4	5	1.00
	尼崎				7	7	9	0.00
◎	広島	4	13	102	31	146	177	3.71
○	岡山		1	16	68	85	99	0.25
○	山口		1	6	28	35	44	0.25
○	松江			5	47	52	59	0.11
	倉敷			5	18	23	35	0.28
	福山			4	19	23	32	0.21
○	鳥取			4	37	41	49	0.11
	徳山			2	17	19	25	0.12
	下関		1	1	14	16	29	0.14
	米子			1	13	14	21	0.08
◎	高松	2	7	61	42	110	120	1.62
○	松山			15	52	67	77	0.29
○	徳島			5	40	45	55	0.13
○	高知			5	40	45	51	0.13
◎	福岡	4	18	119	28	165	194	4.89
	北九州	2	1	19	76	96	123	0.26
○	熊本	2	1	17	80	98	113	0.23
○	大分			12	58	70	81	0.21
○	鹿児島			9	64	73	78	0.14
○	長崎			9	65	74	83	0.14
○	宮崎			8	61	69	75	0.13
○	那覇		1	8	49	58	61	0.18
○	佐賀			7	30	37	42	0.23
	久留米			4	8	12	16	0.50

注1：対象とした都市は2000年3月時点で，人口10万人以上かつ事業所総数が100を超える都市を抽出した。さらにそこから，小売業・銀行業を除いた支店数・営業所数の合計数が50を下回る都市（大都市圏の衛生都市群が主に該当）を除いた。

注2：各部門の単位については，「本社・支社・支店・営業所」と明記されているものを抽出した。企業が有価証券報告書などに記述している呼称が，そのまま「組織図・事業所便覧」に転載されている。そのため異企業の同一呼称の部門が，必ずしも同一の機能を有するわけではない。

注3：ここで用いられている「事業所」には，本社・支所に加えて，工場・研究所・倉庫なども含まれる。

注4：◎は旧地方建設局（現地方整備局）が所在する都市，○はそれ以外の府県庁所在都市を示している。

出所：ダイヤモンド社『組織図・事業所便覧　全上場企業版　2001年』をもとに筆者作成。

▶図表7-8 出先機関所在都市・都道府県庁所在都市の支店・営業所立地比率（2000年）

	①	②	②／①	③	④	④／③
東京都	161	139	86.3%	114	52	45.6%
神奈川県	123	105	85.4%	168	40	23.8%
千葉県	85	66	77.6%	93	56	60.2%
埼玉県	88	21	23.9%	114	29	25.4%
群馬県	16	7	43.8%	69	30	43.5%
栃木県	26	17	65.4%	72	53	73.6%
茨城県	29	18	62.1%	106	52	49.1%
長野県	32	20	62.5%	90	48	53.3%
山梨県	7	6	85.7%	39	34	87.2%
合計	567	399	70.4%	865	394	45.5%
東京23区の占める割合			24.5%			6.0%
大阪府	142	114	80.3%	63	18	28.6%
京都府	33	32	97.0%	71	57	80.3%
兵庫県	76	59	77.6%	108	49	45.4%
滋賀県	8	3	37.5%	69	44	63.8%
奈良県	14	10	71.4%	44	37	84.1%
和歌山県	8	8	100.0%	68	62	91.2%
合計	281	226	80.4%	423	267	63.1%
大阪市の占める割合			40.6%			4.3%
愛知県	156	132	84.6%	125	28	22.4%
三重県	16	6	37.5%	92	50	54.3%
岐阜県	14	10	71.4%	88	61	69.3%
静岡県	39	22	56.4%	115	65	56.5%
合計	225	170	75.6%	420	204	48.6%
名古屋市の占める割合			58.7%			6.7%

注：①…都道府県における全支店数。
②…都道府県庁所在都市における全支店数。
③…都道府県における全営業所数。
④…都道府県庁所在都市における全営業所数。
出所：図表3-1に同じ。

第7章　大企業の支店立地における行政機関の役割(1)　125

	①	②	②／①	③	④	④／③
北海道	148	108	73.0%	244	26	10.7%
宮城県	127	126	99.2%	46	28	60.9%
青森県	5	3	60.0%	91	68	74.7%
秋田県	6	6	100.0%	76	60	78.9%
岩手県	10	7	70.0%	81	67	82.7%
山形県	5	5	100.0%	78	62	79.5%
福島県	9	3	33.3%	109	43	39.4%
合計	162	150	92.6%	481	328	68.2%
仙台市の占める割合			77.8%			5.8%
新潟県	52	49	94.2%	113	51	45.1%
石川県	30	29	96.7%	73	49	67.1%
富山県	16	14	87.5%	66	49	74.2%
福井県	10	9	90.0%	50	38	76.0%
合計	108	101	93.5%	302	187	61.9%
新潟市の占める割合			45.4%			16.9%
広島県	107	102	95.3%	87	31	35.6%
岡山県	21	16	76.2%	98	68	69.4%
山口県	12	6	50.0%	107	28	26.2%
鳥取県	5	4	80.0%	54	37	68.5%
島根県	6	5	83.3%	60	47	78.3%
合計	151	133	88.1%	406	211	52.0%
広島市の占める割合			67.5%			7.6%
香川県	64	61	95.3%	54	42	77.8%
愛媛県	17	15	88.2%	71	52	73.2%
徳島県	5	5	100.0%	48	40	83.3%
高知県	6	5	83.3%	52	40	76.9%
合計	92	86	93.5%	225	174	77.3%
高松市の占める割合			66.3%			18.7%
福岡県	147	119	81.0%	137	28	20.4%
佐賀県	7	7	100.0%	49	30	61.2%
長崎県	9	9	100.0%	97	65	67.0%
熊本県	18	17	94.4%	105	80	76.2%
鹿児島県	9	9	100.0%	82	64	78.0%
大分県	12	12	100.0%	78	58	74.4%
宮崎県	8	8	100.0%	79	61	77.2%
沖縄県	10	8	80.0%	62	49	79.0%
合計	220	189	85.9%	689	435	63.1%
福岡市の占める割合			54.1%			4.1%

いう組織構造上の特徴が一般的にみられる。さらに，この関係は空間的に投影され，都市階層をつくっている（図表7－7）。

組織構造の空間的投影の状況は，図表7－7において観察できる。3層の特徴を持つ組織構造は，「大都市・地方中枢都市・都道府県庁所在都市」の都市間の階層となって現れる。本社的機能の東京集中，支社・支店の機能の出先機関所在都市集中，営業所的機能の都道府県庁所在都市・中核都市集中という，各機能[11]の空間的投影は，首都圏における全機能の集中，地方中枢都市圏における支社・支店と営業所機能の集中，都道府県所在地・中核都市における営業所機能の集中となる。さらに，これは形態的には，本社・支社・支店数の東京集中，支社・支店数の出先機関所在都市集中，営業所数の都道府県所在地・中核都市集中となる。

出先機関所在都市とそれ以外の都市の階層性は，営業所に対する支社・支店の比率で示される。この係数が高い都市は，旧地建局[12]が置かれた9都市であり，係数が低い新潟でも1.10，高松で1.62である。それ以外の都市はすべて2を上回り，大阪の7.67が最高となっている。この8都市以外に，1.00を上回り，かつ事業所数が50以上の都市は，横浜（2.83），大宮（1.77），神戸（1.24）である。

図表7－8では，各地方ブロックの総支店数に占める旧地建局所在都市の占める割合が示されているが，この数字は東北における仙台が最も高く77.8%（126支店）である。最も低いのは東京23区であり24.5%であるが，これは本社の支店的機能の兼務を反映している。すなわち本社・本部内に支店的機能を持ち，支社・支店を本社と別個の事業所としていない企業が多いためであり，同様のことは大阪についても当てはまる。このことを考慮すると，ブロック域内での比率が最も低いのは新潟であるが，それでも45.4%（49支店）と5割近い数字を占める。北陸地方においては，一部の企業が金沢に支店を置く傾向にあるため，旧地建局所在都市の新潟の数字が若干低くなっているが，これ以外の地方の旧地建局所在都市は，軒並み高い数字を示している。

本社機能と支店機能の同一事業所による兼務が東京23区と大阪における支店数のブロック内集中率の低さ，もしくは絶対数の低さに反映されているが，支店機能と営業所機能の同一事業所による兼務が，旧地建局所在都市の営業所数

のブロック内集中率の低さ,さらに絶対数の低さにも反映されている。これは,福岡・広島・仙台・高松などの都市に特に当てはまる(**図表7-8**)。

　都道府県別の営業所数と支店数を対比の上で概観した場合には,出先機関所在都市における両機能の「兼務」と,出先機関所在都市以外の府県庁所在都市における営業所立地の多さに加えて,一般的に「中核都市」[13]と呼ばれる中規模都市における営業所の立地という側面も重要である。この側面が最も現れているのは東北地方であり,県内に仙台以外に中核都市を抱えない宮城県は,複数の中核都市を抱える福島よりも営業所数が少なくなっている。中規模都市における対行政との関係は,都市の建設担当部署と営業所との関係を考察する必要が出てくるが,今回は対象としていない。

考えてみよう

1　国土交通省(旧建設省)は,どのような意味で分権的なのか,説明してください。

2　公共工事の発注者である地方整備局(旧地方建設局)を1つ取り上げ,年間の支出額とその内訳を調べてください。

▶注

1) 一般に,福岡・札幌・広島・仙台や高松・金沢などの支店群の集積を特徴とする都市であり,その地方で最も管理部門が置かれる都市のことである。
2) プレッド(1973, 1977)は,管理部門(オフィス)の立地要因を「専門情報」とし,管理部門が専門情報を求め大都市圏に累積的に集中していくという,一国の都市システムの生成・発展について論じた。プレッドによれば,専門情報は,①対面接触による交換,②情報の局地的な偏在の2点を特徴とする。本章も,この「専門情報」概念を援用する。
3) 「重層的下請関係」は,各産業においてみられ,建設業に固有のものではない。
4) 「この指名は,発注官庁の指名委員会によって決められる。建設省の場合,次官・局長などで構成されている。この指名は,工事が特定業者に偏ることを防ぐために,その年度の指名,受注状況を勘案して決め,…略…」(中村, 1992, p.120)とあるように,指名委員会の権限に負う側面が強い。
5) 「(a) 不誠実な行為の有無, (b) 経営の状況, (c) 工事成績, (d) 当該工事における地理的条件, (e) 手持工事の状況, (f) 技術的適性, (g) 安全管理の状況, (h) 労働福祉

の状況」（中村，1992，p.121）である。これは，ランク制の審査項目のように厳密に数値化されているものではないという意味で，審査を行う行政官の裁量の余地がある。

6) 建設調査統計研究会編（2002）『建設統計要覧平成14年版』財団法人建設物価調査会，による。
7) 同上『建設統計要覧平成14年版』によるが，数字は平成7年度の産業連関表による。
8) 同上『建設統計要覧平成14年版』による。
9) 創業と創業地は，有価証券報告書や社史に記載の記述に拠り，企業ごとに定義は異なるが，それまで棟梁やとびであった業者が，近代的建築物を請負った時点で創業としている企業群が大半である。
10) 大手建設業者の場合は，「倉庫」「研究所」も多くみられる。
11) 本社－支店－営業所の定義は各企業ごとに異なるが，本社機能・支店支社機能－営業所機能に関しては，ここでは，それぞれ，階層性を持つ対行政との折衝を行う際の，本省庁との折衝部署を主に持つ事業所を本社，出先機関との折衝部署を主に持つ事業所が支社支店，都道府県庁や中規模以上の都市の建設担当課（もしくは部）との折衝部署を持つ事業所を営業所としている。
12) ここでは，北海道開発局も含んでいる。以下，地建局とある場合には同様である。
13) 一般に「地方中心都市」という呼称でも呼ばれ，概ね県庁所在都市もしくはそれに準じた規模の都市群を，ここでは指す。

第8章 大企業の支店立地における行政機関の役割(2)
―旧地方建設局（現地方整備局）の事例を中心に

1 出先機関配置の歴史的経緯

　地方における国の公共事業を管轄する最も重要な機関は「旧地方建設局（現地方整備局）」である。図表8-1により詳細は示してあるが，現在の地方建設局に至るまでの経緯については3区分に分けて説明できる。まず第1に，1873年の内務省新設からの時期である。明治政府が成立してから土木行政の所管省庁が幾度か変更したが，「内務省」の設置により土木行政所管官庁が同省に固定化した。1877年に内務省土木局出張所が関宿と大阪に設置されたのを皮切りに，木曽川，筑後川，信濃川など大規模河川の近くにも相次いで設けられた。

　この時期は，「治山・治水」の観点から大規模河川に近接して出先機関が配置されたことを特徴とする，いわば，現場付随型の配置が行われた。この配置の再編が行われたのが第2の時期であり，1886年の土木監督署制以後の時期である。この時期の配置の特徴は，広域の地方ブロックの管理という観点から出先機関が配置されたことである。それまで現場（河川）に付随して置かれていた「出張所」は，「監督署」と名称を変更し，その地方のブロック全体の管理という観点から再編されていった。土木監督署制は1905年に廃止され「土木出張所」と名称変更するのと並行し，一層の再編が進展していった。仙台・新潟・東京・名古屋・大阪・下関までの6土木出張所配置と全国6分割を骨格とする配置体制が第2次世界大戦期まで温存される[1]。第3の時期は，戦時経済期から現在に至るまでの時期である。この戦時期の再編が，現在の国土交通省の出先機関配置のプロトタイプとなっている。新潟・下関[2]の土木出張所の廃止と港湾関係事務の移管，福岡・広島の土木出張所の復活・新設により，全国

▶図表8-1　地方建設局設置の歴史的経緯

	内務省新設 (1873, M6)	土木監督署制の制定と6区分割 (1886, M19)	土木監督署制の廃止 (1905, M38)
北海道		北海道庁 (1886, M19, 札幌)	
東北	内務省北上川出張所 (1880, M13, 一関)	内務省第二区土木監督署 (1886, M19, 一関) (1889, M22, 仙台) (1905, M38, 廃止)	(東京・新潟所管)
関東	土木寮利根川出張所 (1875, M8, 関宿) → 内務省土木局利根川出張所 (1877, M10, 関宿)	内務省第一区土木監督署 (1886, M19, 関宿) (1888, M21, 東京)	内務省東京土木出張所 (1905, M38, 東京) 分離
北陸	土木寮出張所 (1875, M8, 三条)	内務省第三区土木監督署 (1886, M19, 新潟)	内務省新潟土木出張所 (1905, M38, 新潟) (1943, S18, 廃止)
中部	木曽川土木出張所 (1878, M11, 木曽川) (1886, M19, 廃止)	(大阪所管)	内務省名古屋土木出張所 (1905, M38, 名古屋) (1913, T2, 廃止) (1923, T12, 復活)
近畿	大阪出張土木寮 (1874, M7, 大阪) (1875, M8, 改称) → 内務省淀川出張土木局 (1877, M10, 大阪)	内務省第四区土木監督署 (1886, M19, 大阪) (1894, M27, 五区に改称)	内務省大阪土木出張所 (1905, M38, 大阪) 分離
中国		内務省第五区土木監督署 (1889, M22, 広島) (1890, M33, 六区に改称) (1905, M38, 廃止)	(大阪所管)
四国		内務省第五区土木監督署 (1886, M19, 徳島) 移転	(大阪所管)
九州	内務省土木局筑後川出張所 (1884, M17, 久留米)	内務省第六区土木監督署 (1886, M19, 久留米)	第七区土木出張所 (1894, M27, 久留米) (1894, M27, 熊本) (1898, M31, 福岡) (1905, M38, 廃止)

注1：「鳥取土木出張所（1923〜24）」「秋田土木出張所（1923〜24）」など，短期間で廃止された機関
注2：1905年（M38年）の内務省官制の改正で，土木監督署は廃止され，府県土木工事の監督は内務
出所：建設省五十年史編集委員会（1998）『建設省五十年史（Ⅱ）』社団法人建設広報協議会をもとに

第 8 章　大企業の支店立地における行政機関の役割(2)　**131**

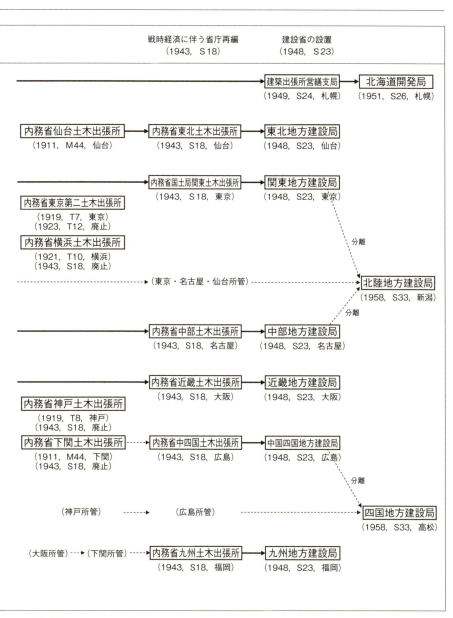

は省略している。
本省土木局に戻ったが，直轄工事施工のために，新たに「土木出張所」が各地に設けられた。
筆者作成。

7区分となった。戦後の，1948年の「建設省」設立においても，この区分と7都市への出先機関配置は温存された。1958年の高松・新潟の復活・新設により，全国9分割となり，この管理体制が現在でも続いているのである。東京に置かれていた関東地方建設局が，さいたま（前大宮市）に移動したなどの例はあるものの，原則的に9分割の管轄区域は温存されている（図表8-1）。

このように早くから全国各ブロック管轄の観点から分散的に出先機関を配置してきた土木行政担当省庁であるが，図表8-2のように，この地方圏への分散的な機関の配置に加えて，人員の配置の多さからも，その分散度が示される（図表8-2）[3]。これは図表8-3のように部署別人員配置数を，通商産業省・農林水産省などの他省庁と対比させることでより鮮明になる。経済産業省（旧通商産業省）の場合，2001年度で内部部局が2,296人（25.1％）に対して，地方支分部局が2,702人（29.6％）にすぎない。しかし，建設省の場合，内部部局は1998年で1,658人（7.0％）にすぎないが，地方支分部局は20,353人（86.3％）にも上っている（図表8-2，図表8-3）。

▶図表8-2　建設省の部署別人員の推移

	内部部局		附属機関		地方支分部局		合計
1948年	1,042	17.6%	1,071	18.0%	3,821	64.4%	5,934
1950年	1,191	11.0%	948	8.7%	8,711	80.3%	10,850
1960年	1,029	10.3%	879	8.8%	8,066	80.9%	9,974
1970年	1,416	4.3%	1,854	5.6%	29,822	90.1%	33,092
1980年	1,516	5.3%	1,727	6.0%	25,395	88.7%	28,638
1990年	1,630	6.5%	1,639	6.6%	21,716	86.9%	24,985
1998年	1,658	7.0%	1,584	6.7%	20,353	86.3%	23,595

出所：建設省五十年史編集委員会(1998)『建設省五十年史(Ⅱ)』社団法人建設広報協議会をもとに筆者作成。

▶図表8-3　他省庁の部署別人員

	内部部局		附属機関		地方支分部局		合計
通商産業省 (2001年)	2,296	25.1%	4,134	45.3%	2,702	29.6%	9,132
農林水産省 (2000年)	10,925	30.8%	13,685	38.5%	10,893	30.7%	35,503

出所：「通商産業省年報」「農林水産省年報」の各年度版をもとに筆者作成。

2 規制主体としての行政

　2000年度版の「規制緩和白書」によれば,1999年度の建設省の「許認可権限数」は,976件であり,省庁別では第5番目となっている。このことから,相対的に,許認可権限数の多い省庁であるといえる。許認可権限数は多いものの,適用される法律は「単一」であることを特色とする。建設業者の参入・退出などは「建設業法」によっている。これ以外の関連業に関しては,旧通産省の法律が適用されるなどあるものの,基本的に建設業法である。これは,通産省が石油化学産業を規制する際に,多数の法律を組み合わせることで参入規制してきたのと対照的である。

　参入の「許可制」を図表8-4でみていく。参入許可,すなわち,恒常的な営業を行う事業体としての許可は,建設業法第3条に基づき,各都道府県知事の許可,複数都道府県にまたがる場合には国土交通省(旧建設省)の大臣許可を,それぞれ必要とする[4]。この規制は,「業種別の許可」を特徴とし,28業種に区分され,工事業者は許可を受けるが,この数字は2000年で58.5万業者となっている。この業者数は個人や零細・中小企業がほとんどを占める。大手に関しては,一企業が複数の許可を受けていることと特徴とする。これは本社・支店・営業所が,各業種ごとの許可を,大臣・都道府県ごとに受けており,さらに各事業所が,複数の業種の許可を受けている。その結果,資本規模の大規模な業者ほど,多数の業種別許可を得る業者となる比率が高くなっている。全体に占める大手(資本金10億円以上)の割合は,1～8業種までは,1％未満であるが,9業種から1％を超え,28業種まで次第に高い数字を示している。個人取得を除いた全体に占める大手の割合も同様の傾向がみられ,さらに高い数字を示している。大手に中堅(資本金1億円～10億円)を加えた合計値と,中小業者(資本金0～1億円)の業者数を比較した数字でも同様の傾向がみられる(図表8-4)。

　複数都道府県にまたがる操業においては,「大臣許可業者」として資格申請する必要があり,旧地建局に書類を提出する必要がある。都道府県ごとの各業

▶図表8-4　経営規模による取得業種数（2000年）

経営規模 取得業種数	①個人	②0～ 1億円	③1～10 億円	④10億円～	⑤合計	④／⑤	④／ （②+③）	（③+④） ／②
1業種	113,990	224,031	1,375	336	339,732	0.10%	0.15%	0.008
2業種	28,450	81,170	750	275	110,645	0.25%	0.34%	0.013
3業種	5,437	37,314	516	181	43,448	0.42%	0.48%	0.019
4業種	2,595	24,395	357	121	27,468	0.44%	0.49%	0.020
5業種	2,782	20,183	302	101	23,368	0.43%	0.49%	0.020
6業種	1,628	14,797	290	109	16,824	0.65%	0.72%	0.027
7業種	1,499	11,424	248	70	13,241	0.53%	0.60%	0.028
8業種	876	7,881	162	60	8,979	0.67%	0.75%	0.028
9業種	360	4,296	157	54	4,867	1.11%	1.21%	0.049
10業種	143	2,542	85	53	2,823	1.88%	2.02%	0.054
11業種	116	1,794	71	42	2,023	2.08%	2.25%	0.063
12業種	159	1,921	94	35	2,209	1.58%	1.74%	0.067
13業種	50	1,172	64	31	1,317	2.35%	2.51%	0.081
14業種	26	641	64	34	765	4.44%	4.82%	0.153
15業種	6	419	39	24	488	4.92%	5.24%	0.150
16業種	25	575	48	30	678	4.42%	4.82%	0.136
17業種	9	197	29	17	252	6.75%	7.52%	0.234
18業種	9	223	25	6	263	2.28%	2.42%	0.139
19業種	17	229	13	13	272	4.78%	5.37%	0.114
20業種	25	521	21	8	575	1.39%	1.48%	0.056
21業種	10	268	23	4	305	1.31%	1.37%	0.101
22業種	13	232	34	7	286	2.45%	2.63%	0.177
23業種	1	73	15	3	92	3.26%	3.41%	0.247
24業種	0	18	8	2	28	7.14%	7.69%	0.556
25業種	1	6	4	3	14	21.43%	30.00%	1.167
26業種	0	5	0	5	10	50.00%	100.00%	1.000
27業種	0	2	1	2	5	40.00%	66.67%	1.500
28業種	0	0	1	2	3	66.67%	200.00%	∞

注：経営規模は個人取得と法人取得の資本金別とに分けている。②は0円以上、1億円未満、③は1億円以上、10億円未満、④は10億円以上、とそれぞれ資本金別に経営規模を分けている。
出所：建設調査統計研究会編（2002）『建設統計要覧平成14年版』財団法人建設物価調査会。

者総数に占める大臣許可業者の比率を**図表8-5**で示している。一般業者に関しては東京都（4.2％）が最も高い数字を示している程度であるが、特定業者に関しては、東京都（57.9％）と大阪府（30.0％）の数字が極めて高くなっている。これは、大規模で全国事業展開を行う企業群の本社が、参入許可を東京（現さいたま）と大阪の出先機関に書類を提出していることを反映している（図

▶図表 8-5　大臣許可業者数とその比率（2000年）

都道府県 \ 工事種別	合計	一般	特定
北海道	0.6%	0.3%	4.0%
青森県	0.5%	0.4%	3.3%
岩手県	1.3%	0.8%	10.3%
宮城県	1.7%	1.3%	11.4%
秋田県	1.1%	0.8%	9.4%
山形県	1.1%	0.8%	8.6%
福島県	0.7%	0.5%	6.9%
茨城県	0.7%	0.5%	5.7%
栃木県	0.7%	0.4%	9.6%
群馬県	0.9%	0.6%	11.9%
埼玉県	1.0%	0.7%	14.5%
千葉県	0.9%	0.7%	10.7%
東京都	5.8%	4.2%	57.9%
神奈川県	1.6%	1.2%	17.9%
新潟県	0.9%	0.7%	8.3%
富山県	2.0%	1.7%	21.0%
石川県	1.7%	1.2%	14.5%
福井県	1.9%	1.3%	15.0%
山梨県	0.9%	0.6%	8.3%
長野県	0.8%	0.6%	7.1%
岐阜県	1.5%	1.0%	11.2%
静岡県	0.8%	0.5%	7.4%
愛知県	1.6%	1.2%	14.8%
三重県	0.8%	0.6%	6.8%
滋賀県	1.1%	0.7%	7.1%
京都府	1.6%	1.0%	16.8%
大阪府	3.0%	2.1%	30.0%
兵庫県	1.6%	1.1%	13.7%
奈良県	1.5%	0.9%	14.7%
和歌山県	1.5%	1.1%	10.9%
鳥取県	1.4%	1.2%	7.0%
島根県	2.0%	1.8%	11.1%
岡山県	1.3%	0.9%	6.8%
広島県	1.7%	1.3%	13.7%
山口県	1.7%	1.2%	15.2%
徳島県	1.1%	0.6%	7.3%
香川県	2.0%	1.6%	13.5%
愛媛県	1.1%	0.7%	6.9%
高知県	1.0%	0.4%	5.8%
福岡県	1.7%	1.3%	12.9%
佐賀県	2.2%	1.3%	30.2%
長崎県	1.3%	0.8%	9.6%
熊本県	1.2%	0.8%	7.0%
大分県	1.4%	1.0%	11.8%
宮崎県	1.1%	0.7%	9.2%
鹿児島県	1.3%	1.0%	8.3%
沖縄県	0.1%	0.1%	0.7%
合計	1.8%	1.3%	15.3%

出所：図表 8-4 に同じ。

表8-5)。

3　公共調達としての行政

　一般に「公共工事」と呼ばれる、官公庁発注の建設・土木事業(公共調達)は、「建設工事受注動態統計調査報告」により示される。このデータは、国・地方と両政府から建設業者が受注した工事を、請負契約額[5]で計上しているが、2016年においては図表8-6で示すように15.4兆円となっている。分野別の請負契約額の順位をみると、①道路 (4.5兆円)，②教育・病院 (2.2兆円)，③治山・治水 (1.4兆円)，④下水道 (1.0兆円)，⑤その他 (0.9兆円) となっている (図

▶図表8-6　公共工事分類とその割合 (2016年)

	工事名	合計	国の機関	国	独立行政法人
1	治山・治水	14,977	5,655	4,520	653
2	農林水産	7,074	1,711	1,590	44
3	道路	45,008	25,574	12,136	99
4	港湾・空港	5,787	3,159	3,038	2
5	下水道	10,604	1,052		68
6	公園	5,674	1,772	97	1,633
7	教育・病院	22,356	3,473	563	2,186
8	住宅・宿舎	5,575	1,487	433	972
9	庁舎	5,929	1,713	1,328	78
10	再開発	75	1		1
11	土地造成	2,145	625	24	596
12	鉄道・軌道	4,713	3,328		3,271
13	郵便	639	639	12	
14	電気・ガス	438	18		
15	上・工業水道	8,185	67		67
16	廃棄物処理	5,071	10		
17	その他	9,942	4,888	4,289	469
	合計	154,200	55,181	28,036	10,146

表8-6)。

公共工事15.4兆円の工事種類の内訳は，図表8-7で示される。土木をみると，橋梁・高架に1.4兆円，管渠に0.97兆円，土工事に0.94兆円が計上されている（図表8-7)。

出先機関の管轄区域から分類したブロック別の公共工事は図表8-8であるが，経済規模6)に比して地方圏（特に，北海道；6.7％，東北；15.7％，九州；11.6％）が高いということができる。なお，東北地方は，以前から公共工事は地域経済規模以上に高かったが，2011年の震災・原発事故以降，一段と公共工事依存が強くなっている。これは，支店立地にも大きく関連していると推測される。前章の図表7-7で概観した建設業の都市別事業所数で，支所（支社・支店・

(単位：億円)

政府関連企業等	地方の機関				
		都道府県	市区町村	地方公営企業	その他
480	9,322	8,398	902	11	9
75	5,362	4,012	1,028		322
13,339	19,433	11,714	6,860	295	562
118	2,627	2,157	385	52	32
983	9,551	1,100	4,970	3,371	108
41	3,902	1,320	2,277	38	264
723	18,883	4,349	13,069	1,196	268
81	4,088	1,815	1,745	48	478
306	4,215	1,016	2,952	63	182
		74	9	65	
4	1,520	350	1,028	22	118
57	1,385			1,384	
627					
18	419			419	
	8,117	753	2,677	4,501	185
10	5,060	37	3,029	62	1,931
128	5,053	1,288	3,307	295	162
16,998	99,018	38,324	44,302	1,176,402	4,627

注1：公共機関からの受注工事の中で1件500万円以上の工事で請け負われた契約の総計を示している。
注2：単位は億円であるが，億以下の数値に関してはすべて切り捨てている。そのため，各項目の合計したものと，最下段の合計値は厳密に一致しない。
注3：縦欄は工事分類を，横欄は発注者をそれぞれ示している。
注4：▨は，各発注機関で最も比率の高い数字である。
出所：国土交通省総合政策局情報管理部建設調査統計課『建設工事受注動態統計調査報告』より。

▶図表8-7　工事種類の内訳（2016年）

工事種類		請負契約額（億円）	比率
建築・建築設備	住宅・同設備工事	5,348	3.5%
	非住宅・同設備工事	36,641	23.8%
土木工事	橋梁・高架構造物工事	14,248	9.2%
	トンネル工事	9,221	6.0%
	ダム・えん堤工事	5,052	3.3%
	管渠工事	9,791	6.3%
	電線路工事	1,251	0.8%
	舗装工事	7,946	5.2%
	しゅんせつ・埋立工事	1,258	0.8%
	土工事（しゅんせつ・埋立を除く）	9,468	6.1%
	その他の土木工事	41,723	27.1%
機械装置等工事		12,249	7.9%

出所：図表7-3に同じ。

営業所）は，出先機関所在都市で概ね100～200の間であり，都市規模に必ず比例したものとはなっていない。支所数は，札幌144・仙台167・福岡165とあるように，都市の規模との関連ではなく，地方ブロックの建設投資との関連性が強いのである（図表8-8）。

4　地方建設局が支店立地に与える影響

　支店のどの部署が，出先機関との対応業務を行うかは，企業ごとに異なる。その点に関しては，個別の聞き取り調査を行う必要が生じる。この点に関して，大手業者の九州支店を対象にヒアリングとアンケートを行った。大手業者40社の九州支店に調査票を送付したところ，11支店の調査票が回収できた。また別に20社にヒアリングを依頼したところ，3支店のヒアリングが可能となった[7]。

　これらのうちの14社からの調査票・聞き取りが有効であった。**図表8-9**で質問項目別の回答を各社別に示してある。なお，回答に際しては，原則として無記名方式による記入であり，図表でも企業名は掲載していない[8]。

　まず参入規制にあたる業者資格審査・指名業者選定などに際し書類提出を行

▶図表8-8　ブロック別の公共工事（2016年）

(単位：百万円)

	発注機関						国と地方の比率	
	国	(対全国比)	地方	(対全国比)	合計	(対全国比)	国	地方
北海道	456,222	8.3%	570,456	5.8%	1,026,678	6.7%	44.4%	55.6%
東北	870,025	15.8%	1,558,198	15.7%	2,428,222	15.7%	35.8%	64.2%
関東	1,627,686	29.5%	3,066,765	31.0%	4,694,451	30.4%	34.7%	65.3%
北陸	366,029	6.6%	557,189	5.6%	923,217	6.0%	39.6%	60.4%
中部	497,172	9.0%	1,011,819	10.2%	1,508,991	9.8%	32.9%	67.1%
近畿	594,128	10.8%	1,061,464	10.7%	1,655,593	10.7%	35.9%	64.1%
中国	277,432	5.0%	609,421	6.2%	886,853	5.8%	31.3%	68.7%
四国	185,350	3.4%	326,330	3.3%	511,680	3.3%	36.2%	63.8%
九州沖縄	644,091	11.7%	1,140,229	11.5%	1,784,320	11.6%	36.1%	63.9%
計	5,518,134	100.0%	9,901,870	100.0%	15,420,004	100.0%	35.8%	64.2%

注1：数値は発注機関別・施工地域ブロック別請負契約額である。
注2：1件500万円以上のみを示している。
注3：国には，国，公団・事業団，政府関連企業が，地方には，都道府県・市区町村・地方公営企業などが含まれる。
注4：地域区分は以下のとおりである。
　　　北海道：北海道
　　　東北：青森県，岩手県，宮城県，秋田県，山形県，福島県
　　　関東：茨城県，栃木県，群馬県，埼玉県，千葉県，東京都，神奈川県，山梨県，長野県
　　　北陸：新潟県，富山県，石川県，福井県
　　　中部：岐阜県，静岡県，愛知県，三重県
　　　近畿：滋賀県，京都府，大阪府，兵庫県，奈良県，和歌山県
　　　中国：鳥取県，島根県，岡山県，広島県，山口県
　　　四国：徳島県，香川県，愛媛県，高知県
　　　九州・沖縄：福岡県，佐賀県，長崎県，熊本県，大分県，宮崎県，鹿児島県，沖縄県
出所：国土交通省総合政策局情報管理部建設調査統計課『建設工事受注動態統計調査報告』より作成。

う部署であるが，「営業」が担う企業が11社と最も多く，残りの2社でも「営業・総務」の両部署と，「営業」が関連している。1社のみが「総務」が担当である。書類作成作業の段階で，企業側で対処困難な際に，行政側から対面接触や電話などで指導・示唆を受ける蓋然性について「よくある」「ケースによりあり」は13社の回答となり，その際に行政側と連絡をとる部署は，「営業」が9社であるが，4社で「総務」「財務」が加わっている。これらの回答からは，行政側との接触業務は，「営業」と「総務」が主に関わっている。

　本社と支店の関係についてであるが，受発注に関わる支店の権限については，「全て支店の権限」が3社，「大半が支店の権限」が8社であり，「本社の許可

▶図表8-9　九州地区における大手支店と出先機関の関係

	①書類提出担当部署	②電話連絡や対面接触	③②の時の連絡担当部署	④公共工事比率	⑤事業意思決定	⑥本社－支店関係	⑦立地要因としての出先機関	⑧人員増加
A社	営業・総務	ケースによりあり	営業・総務・財務	4～5割程度	大半は支店の権限	年14～5回程度の支店長会議	最も重要	なし
B社	営業	ケースによりあり	営業	－	大半は支店の権限	年2～3回程度の支店長会議	やや重要	なし
C社	営業	ケースによりあり	営業	－	大半は支店の権限	年6回程度の支店長会議	やや重要	なし
D社	営業	ケースによりあり	営業	4～5割程度	全て支店の権限	年12回程度の支店長会議	最も重要	なし
E社	営業	ケースによりあり	営業	5割以上	本社の許可が必要	年6回程度の支店長会議	やや重要	なし
F社	営業	ケースによりあり	営業	3～4割程度	大半は支店の権限	年4回程度の支店長会議	やや重要	なし
G社	営業	ケースによりあり	総務・営業	5割以上	大半は支店の権限	年12回程度の支店長会議	最も重要	なし
H社	営業	あまりない	営業	5割以上	－	年4回程度の支店長会議	やや重要	なし
I社	営業	よくある	営業	5割以上	全て支店の権限	年4回程度の支店長会議	最も重要	あり
J社	営業	よくある	営業	4～5割程度	大半は支店の権限	年6回程度の支店長会議	やや重要	なし
K社	営業・総務	よくある	総務・営業	4～5割程度	本社の許可が必要	年12回程度の支店長会議	最も重要	なし
L社	営業	よくある	営業	3～4割程度	大半は支店の権限	年3回程度の支店長会議	やや重要	なし
M社	営業	ケースによりあり	総務・営業	2～3割程度	全て支店の権限	年4回程度の支店長会議	最も重要	なし
N社	総務	ケースによりあり	総務	1～2割程度	大半は支店の権限	年12回程度の支店長会議	やや重要	なし

注1：⑧の人員増加は，国土交通省の地方整備局への権限委譲に対応した支店の人員増加の有無に対する回答である。
注2：④の公共工事比率は，売上高に占める割合である。
出所：大手建設業者の九州支店を中心に行ったヒアリングやアンケートの結果を筆者が集計。

が必要」は2社のみである。このことから，建設業の組織構造は，意思決定が支店レベルに集中しているという点で，分権的ヒエラルヒーであると推測できる。

　立地要因としてみた場合の「出先機関」であるが，「最も重要」が6社，「やや重要」が8社と回答している（図表8-9）。

また，7項目にわたる立地要因の順位付けは，図表8-10で示される[9]。ここでは，第1位の要因を「政府の出先機関」とした支店が7支店で，「マーケットが最大であるため」が5支店である。また，第2位の要因では，同様に「政府の出先機関」が4社である。このように，政府機関は立地要因として最も重視されている（図表8-10）。

なお，本章では有効回答票数が14社とサンプル数が少ないために，各項目間同士の関係性を明示的に示すことは非常に困難である。しかし，公共工事の比率が5割以上と高い数字を示すにもかかわらず行政との連絡業務が「あまりない」と回答した企業はH社の1社のみで，それ以外の企業は公共工事の比率の高低にかかわらず，全社が「よくある」「ケースによりある」のいずれかを回答している（図表8-9）。このことから，各種工事の入札などの個別事業ごとに，行政側と企業側の専門情報は循環していると推測が可能である。「需要に内在する規制」としての「入札」「指名競争」自体が，適合企業の選定にあたり行政側の裁量を含み，そのことが，情報を「専門情報」たらしめるという点は，十分に推測が可能である。今回は九州支店のみを対象にした調査であったが，同様の「専門情報」は，対面接触であるがゆえに，行政側と企業側のアクセスが容易な出先機関所在都市において循環している。

▶図表8-10　立地要因の優先順位について

立地要因 \ 優先順位	1位	2位	3位
①マーケットが最大であるため	5	3	2
②政府の出先機関が存在するため	7	4	1
③情報収集に便利なため	－	2	3
④交通網が便利なため	－	1	1
⑤購買先（下請や設計監理）が多いため	－	－	－
⑥同業種他社が存在するため	－	1	3
⑦その他	－	－	－

注1：①〜⑦までの項目に優先順位を記入してもらい，上位1〜3位まで回答があった項目について。
注2：複数にわたり1〜3位の項目を回答してある調査票もしくはヒアリングについては除外した。
注3：2位以下の項目について回答がないケースがある。そのため，各位の合計値は必ずしも一致しない。
出所：大手建設業者の九州支店を中心に行ったヒアリングやアンケートの結果を筆者が集計。

5 地方ブロック圏における専門情報循環

　建設業の3層にわたる事業所立地とそれを規制する主要な行政機関をアクターとしてあげ，支店と出先機関との間の専門情報循環を示したのが図表8-11である。企業組織と行政組織の階層性が，都市間の関係に投影され，一国の都市システムの骨格を形成している。出先機関の所在を所与として，さらに出先機関から発生する専門情報が，出先機関所在都市のみで循環する。この情報へのアクセスが容易であるために，同都市に企業群の支店群が集中的に立地する。地方ブロック圏，特に地方圏に注目すると，出先機関所在都市とそれ以外の都市の階層性の源泉は，出先機関とそこから生じる情報なのである。

　また，地方ブロック圏ごとの建設需要とほぼ比例した支店立地も行われている点も注目される。その意味で，「出先機関所在都市」の都市規模もしくはより下位の都市群規模と支店立地との関連性は薄いと言える。公共工事の対全国比が比較的高い北海道・東北・九州における札幌・仙台・福岡の中で，支店数が最も多いのは，都市規模が最も小さい仙台である。公的需要と比例した支店立地数ということに加え，各経済圏は並列で相互連関を持たない関係ともいえる。経済圏を超えた諸アクター同士の関連性はほとんどなく，行政機関の空間管理と支店の管轄区域の地方ブロック圏レベルにおける一致は，他の諸要因[10]の変動にもかかわらず継続すると思われる。

　専門情報循環に関して，本章で対象としたのは，「ゼネコン」と呼ばれる総合建設業の支社・支店群と出先機関との関係における循環のみであり，それ以外にも，本社群と本省庁の関係，専門工事業者の本社群[11]と出先機関の関係において専門情報が循環していると思われるが，今回は考察の対象としていない。しかしながら，建設業の範囲を拡大すると，これらの諸アクターを含めた上で，地方ブロック圏における「地方中枢都市」と他都市との階層性の源泉がより明らかになる。

　諸アクターに注目すると，首都圏や関西圏においては，支店のみならず本社群の集積もみられる。また首都圏においては本省庁群の集積もみられ，この2

大都市においてはアクターの多様性がみられる。対して，それ以外の地方ブロック圏における諸フローの結節点的な役割が強い出先機関所在都市，特に福岡・札幌・広島・仙台や高松・新潟などにおいては都市経済に占める構成要素としての「支店」の割合が高くなっている。本社群は，地域独占型企業に付随する専門工事業者のみと少なく，そのことが，一般に言われる「支店型経済」の側面を強くしているのである。これらの都市群を，産業ごとの管理部門立地を考慮した上で，厳密に比較すると，本社群の集積や支店群の集積は一様ではない。しかし，建設業の管理部門の立地からみる一国の都市システムにおいては，同レベルに扱える（図表8-11）。

　前章，本章では，建設業と旧地方建設局に関連する各種データ利用や聞き取り・アンケート調査を行うことで，建設業の支店の立地要因として，行政機関の存在，さらに行政機関の規制や調達などから派生する専門情報が最も重要であることを明らかにした。支店の立地要因が複合的であるなかで，多くの支店は立地要因として「行政機関の存在」とそれに伴う行政側との連絡業務を重要視している。さらに，行政機関の中央－地方関係に対応した形で，建設業の各事業所の展開もみられるのである。本社－支店－営業所という事業所の3層構造は，本省庁－地方出先機関－都道府県の行政システムの階層性に対応して各事業所が置かれた結果を反映している側面が強い。さらに，「地方出先機関」という2層目の行政機関の権限の相対的な強さに対応する形で，「支店」という2層目の事業所にも，多大な「意思決定権」が与えられている。多くの企業において，「支店」レベルで各種事業の意思決定が行われているのである。

　分権型行政システムと分権型企業ヒエラルヒーの対応関係の中でも，とりわけ地方出先機関（旧地方建設局）の所在を所与とした支店の立地が，「地方中枢都市」と呼ばれる都市群の成長に寄与している。この対応関係が都市間関係に投影され，結果として，出先機関所在都市と都道府県庁所在都市の階層を生み出す一要因となっている。また，出先機関による一定のエリアの空間管理に対応して，支店の管轄エリアも設定される。このようにして，地方ブロックごとの広域経済圏が独立的に生成し，経済圏相互の関係を弱いものにしている。

　前節のまとめとも関連するが，今後の課題点を述べる。まず，今回の研究に

▶図表8-11　支店－出先機関の情報循環

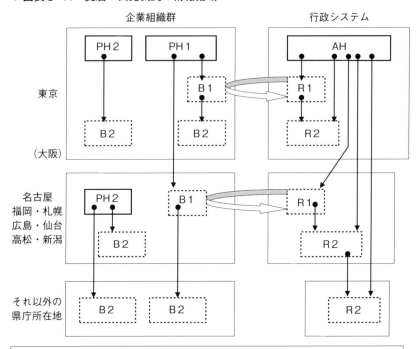

出所：筆者作成。

内在する課題点であるが，第1に，本省庁 - 本社と都道府県 - 営業所の関係についてより詳細に明らかにすることが必要であろう。本社群の多くは，高度成長期における首都圏への立地移動を経ている。この東京集中について，本省庁がどの程度関連しているのかを考察することが要される。さらに，都道府県と営業所の関連の考察も必要である。都道府県庁所在地以外にも，一般に「中核都市」と呼ばれる都市群には多くの営業所が置かれる傾向にある。この中規模都市における営業所の立地と，都道府県庁所在地における営業所の立地とは，

営業所内の部門を考察することで，その違いがより明らかになると思われる。しかしながら，本章では，本社・営業所の立地に行政がどれだけ影響を与えるかについては触れることはできなかった。

第2に，建設業のように，分権的なヒエラルヒーをとる企業群が多い産業を取り上げ，建設業の事例と対比させることである。その際に，規制色の相対的に弱い小売・卸売などの産業も考察対象として取り上げ，「行政機関」とそこから派生する「専門情報」以外の立地要因も考慮して支店の立地を考察することが，本章の結論に対する反証もしくは検証事例として要されよう。

また外在的な課題点であるが，第3の課題点として，国際比較が要される。経済活動に占める公共工事の割合は，日本は先進国では高い比率を示しているものの，「公共工事」自体はすべての国に存在する。しかしながら，契約方法において国際的相違がみられ，特に日本のような「指名入札」は特殊であるとされる。「一般入札」が公共工事の主な契約方式である諸外国における建設業の支店の立地と，行政機関の関係を明らかにすることで，行政機関が支店の立地を牽引する役割を果たしている日本の事例の位置づけをよりクリアにすることが第3の課題である。

考えてみよう

1　地方整備局を1つ取り上げ，明治以降，どのような経緯で今の場所に立地しているのか，変遷を調べてください。
2　どの地方ブロックが公共投資への依存度が高いと言えるか，具体的な数値を示して，説明してください。

▶注
1）　港湾関係の土木業務が多い神戸・横浜にも，1919年と1921年にそれぞれ土木出張所が置かれた。
2）　神戸・横浜の土木出張所を加えた4土木出張所が廃止されたが，これらの出張所は主に港湾業務の取扱量が多かったことから，運輸省の所管へと変更が行われ，これが旧運輸省の「港湾建設局」，現国土交通省の「港湾空港部」の原型となっている。

3) このように再編されていったのは，中央省庁からみた指揮系統の簡素化ということが最大の要因であると考えられる。出先機関全般が特定都市に配置され直すことで，地方圏における省庁間の連絡関係が簡素化される。また，それまで中央省庁－府県とあった指揮系統が，中央省庁－出先機関－府県となることで，中央省庁から出す指揮のたどる系統は簡素化されている（久世，1963）。再編は，中央省庁からみた指揮系統の簡素化であることは論をまたないが，行政組織の簡素化が組織内・組織間の管理・交通・通信の費用の削減という経済的要因にすべて還元できるかという問題点は依然として残る。組織内の権限，政治的アクターからの影響などまた別の要因により配置が決定される側面も考慮される。また，長期的な過程に着目すると，行政機関の配置は，その固定性という点も考慮される。
4) これ自体は，手数料が5万円（2000年度）と比較的小額であるから，参入のためのハードルとなっている側面は弱く，むしろ，これらの書類作成業務において膨大な事務量が生じ，ハードルとなる側面が強いと思われる。
5) 1件500万円以上の「請負契約」をもって受注高として計上されている。そのため500万円未満の受注は含まれていない（建設省建設経済局調査情報課（1996）『建設統計ガイドブック』財団法人建設物価調査会）。
6) 県民所得などの各ブロックの対全国比率を考慮している。
7) 大手，準大手，中堅など比較的大規模な企業群を上位より40社抽出した。これらの企業群の抽出にあたっては，①九州支店（九州統括支店）を持ち，なおかつ福岡に支店を所在させている，②九州地方整備局（旧地方建設局）のブロック管轄に，支店の管轄エリアもほぼ対応させている，③3層（本社・本部－支社・支店－営業所）の組織構造を持つ，の3条件を留意した。そのため，北九州などに九州支店を置く一部の企業については調査票を送付していない。
8) 企業名を記載してある調査票もあったが，企業名を公開しないことを条件に記入を依頼しているので，本章では企業名を掲載していない。
9) ①マーケット（供給先）が最大であるため，②政府の出先機関が存在するため，③情報収集に便利なため，④交通網が便利なため，⑤購買先（下請など）が多いため，⑥同業種他社が存在するため，⑦その他，の7項目である。質問項目同士の関連性については，企業により支店の最大の供給先が政府であることにみられるように，おのおの重複する面も考慮される。しかし，本章では，調査の便宜上，支店側の担当者の回答状況を簡素化するために上述の分類を行った。そのため，①～⑥までの立地要因の厳密な分類をしていない。
10) 出先機関以外の立地要因という意味であり，主なものとして，高速鉄道・高速道路・空港などの「交通インフラ」の整備があげられる。交通インフラの整備により，各経済圏同士が統合される過程において，支店の立地も並行して再編されていくという事例は，小売・卸売・運輸などいくつかの業種においてみられるが，建設業に関しては，この側面は弱いと思われる。
11) 旧運輸省の出先機関と「マリコン」と呼ばれる建設業者の関係は，建設省の出先機関とは別の都市で循環しているケースもある。この場合の情報循環についても，今回は考察の対象としていない。

第9章 県土構造とオフィス立地(1)
―全国的な動向

1 オフィス立地の重要性と時代変遷

　重厚長大型産業が成長を牽引した高度経済成長期（1950～70年）のみならず，第3次産業の成長が主となった安定経済成長期（1980～90年）においても，大企業のオフィス（支社支店）は，寡占産業の全国的市場の獲得を主目的とした全国的展開により，主要都市（一般的に人口10万人以上の中核都市群）において堅調に増加してきた。

　オフィスは，立地において特色を持ち，都市の階層を形づくった。本社の3大都市圏集中，支社支店の地方中枢都市集中，営業所事務所の県庁所在都市，地方中核都市集中の3階層である。階層形成には，行政と経済が密接な関係にある日本において，3層の行政システムが，都市間の階層を規定してきた面が強い。中央政府所在地，中央政府の地方出先機関所在地，県庁所在地という行政の3階層が，都市階層も並行して形づくってきた。その結果，各地方ブロックにおいては，出先機関のテリトリーにおける中心性を持つ地方中心都市が，地方内で最大の都市であることが大半である。また，大半の諸県において，県域という行政テリトリーにおける中心性を持つ県庁所在都市が，同時に経済活動においても，県域内で最も中心性を持っている。東北地方は，この側面が最も強い地方である。中央政府の出先機関が配置される仙台市の人口規模が約102万人（通勤圏で約140万人）であり，これに匹敵する人口規模の都市はなく，その半分の規模の都市もない。ようやく，県庁所在都市（福島市，山形市，盛岡市，郡山市，秋田市，青森市）やいわき市，郡山市，八戸市が，20～35万人程度の人口規模で存在するが，都市圏人口でも25～45万人程度である。これら諸都市と仙台市の間には約3倍程度の人口規模の格差が存在する。

明確な階層は，北海道以外の他地域ではみられない。これほどにまで行政機関配置の階層と，都市階層が一致するということは，それだけ，行政への依存，なかでも公共投資への依存が高かったことと無関係ではない。東北という地方ブロック内の公共事業の窓口となる地方出先機関がある仙台市，県域レベルの公共事業の窓口となる県庁がある県庁所在都市というように，行政システムの階層が，ほぼ，都市規模の階層に反映されている。

東北全体をみた場合には，行政システムをみることで都市の階層形成については比較的クリアに，その要因を明らかにすることができる。しかし，都道府県を地域の単位としてみた場合，事情は異なってくる。こと，福島県は，県土構造において，分散型都市システムが形成され，なおかつ非県庁所在都市である郡山市の都市規模（卸売額，工業出荷額，都市圏人口，民間企業の支所立地数など）が，県庁所在都市である福島市のそれよりも大規模であるという非常に特異な形態をとっている。大半の都道府県で，行政中心地（庁所在地）が経済中心地（商業，工業の主要拠点）と重複し，都道府県都がその都道府県域内で最大の経済規模の都市になるという点で，一極集中型の都市システムが形成されている。

ところが，その例に該当しない例外的な諸県が，福島県，静岡県，三重県，山口県である。県庁所在都市よりも大規模な経済中心地が生成し，行政の中心地，工業の中心地が，県土内に地理的に分散しているという意味で，分散型都市システムが形成されているこれらの諸県は，オフィス立地においてもまた「分散型」である。

例外的な県土構造を持つ福島県であるが，どのようにオフィスが分散して立地し，また，そのことが，今後のオフィス立地の再編に，どのように作用するのかを本章ではみていくが，その前に，まず近年のオフィス立地がどのような環境条件に置かれているのかについて述べる。

2　近年におけるオフィス立地の再編

「高速交通体系の整備拡充に伴う高頻度化高速化」「ITの活用による高速情

報通信の全国的ネットワークの構築」などの高度インフラの全国的展開は，都市間地域間の絶対距離から発生する空間的障壁や摩擦を低減させている。そして，都市間の交通コスト通信コストを同時に減少させている。この過程は，オフィス立地にも大きな影響を与えている。特に，本社−現場（工場，店舗，研究所）の連絡を容易にすると同時に，本社−支所〔支社，支店，営業所，事務所〕の連絡，あるいは支所間の連絡も容易にしている。全国各地間の連絡容易性浸透は，企業の組織内管理という観点からみると，上位の管理部門が現場に直接行かなくとも，情報通信技術を活用して間接的に現場を管理できる側面を強くしている。コンビニ店舗におけるPOSを活用した売上商品在庫仕入れの管理が典型例であるが，現場の販売情報は会計管理の担当者が逐一店舗に出向かなくとも，オンラインにより瞬時に本社に伝達されている。ITの活用により，複数の現場を統括して管理する支所も，管理という側面において，その必要性が薄れつつある。この点に加え，都市間の人の移動のための交通コストの低下は，人の可動性も高めている。支社支店などの上位の管理部門が位置する都市から，営業所事務所などの下位の管理部門が位置する都市まで，容易に管理者が移動できる時代となった。容易に移動できるということは，下位の管理部門が位置する地域は，より上位の管理部門により直接に管理できるということでもある。

　IT技術活用，都市間交通コストの低下という技術革新的な要因と，長引いた平成不況による企業内間接部門の維持運営コストの削減の必要性もあり，2000年代にかけて，本社以外の企業のオフィスは，大幅に減少している。特に営業所，事務所など下位部門になればなるほど，その減少が著しくなっている。

　その意味で，2000年代は，まさにオフィス立地の再編期である。大企業の「支所」は，小売店舗と並び，駅前地区中心市街地地区の構成要素として重要な役割を果たしてきた仙台や東北の県庁所在都市に代表されるように，全国展開している。

　企業群の生成が少なく，外部から進出した企業の支所が，都市経済に占める構成比が高いことから，「支店経済」と呼称されてきた地方都市群は，小売店舗の郊外立地と支所の減少という両面から「都心空洞化」「中心市街地空洞化」が促されてきている。

一般に，小売店舗の郊外立地による中心市街地地区の空洞化については，小売店舗の閉店休業状況を目にすることで明らかになり，商業統計を始め，各種指標によりその実態は，マスコミ報道でもよく伝えられるところである。ところが，もう一方の重要な要素である「オフィス（支所）」の増減の実態については，大企業に限定しても，都市別に立地を把握した統計が整備されていない。ダイヤモンド社，東洋経済新報社，日本経済新聞社などの経済関連の出版社が発行する大企業の企業年鑑などから，支所記述をカウントするという統計処理の必要性が出てくる。このような作業により，都市別の支所立地がカウントされる。次節以降では，東北地方の都市間距離について他地域と比較した上で，支所減少の状況について，データをカウントしていく。

3　東北地方のオフィス立地の全国的位置づけ

　東北地方の都市圏間の距離は，全国平均と比べて長い。これは多数の都市が集中し大規模な通勤圏を形成している3大都市圏と比較してのみならず，他の地方ブロックと比較しても，東北地方の都市圏間距離は，長いことが読み取れる。筆者が調査した，全国の82生活圏に属する都市圏の中心都市を抽出し，その都市間距離を示したのが，図表9-1である。ブロックとしてまとまりがあり，他の地方から遠隔に位置する北海道は除き，他ブロックとの隣接性が高い地方圏の中で，東北，中国，四国，九州を取り上げた（図表9-1）。

　これら4ブロックの中で，東北は，都市圏間の中心都市同士の距離が最も長く，平均距離は，98.4kmと，ほぼ100km間隔で中心都市同士が離れていることになる。新幹線など高速交通網沿いでも，仙台－盛岡間が228.5kmもあり，域内では最長である。加えて，秋田－弘前間が148.4km，秋田－盛岡間が134.9kmと100kmを大幅に超えているところも珍しくない。比較的，都市間の距離が近接している南東北でも，福島－仙台間が79.0km，仙台－山形間が62.8kmであり，いわゆる1時間圏内である60km内に位置してはいない。なお，60km圏内に相互に都市が位置しているのは，福島－郡山間の46.1kmであり，これ以外には，仙台－石巻間の49.7km，青森－弘前間の37.4kmと4区間にすぎない。

第9章 県土構造とオフィス立地(1) **151**

▶図表9-1　地方ブロックの都市間距離イメージ図

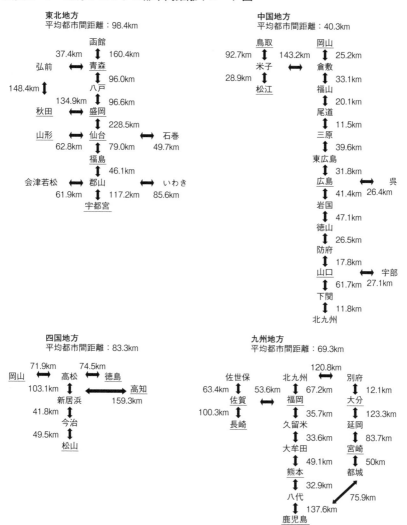

注1：都市間距離は，その都市の中心駅（最も乗降客が多い駅）から，他都市のそれとの距離を算出している。
注2：複数のルートがある場合は，幹線を基準にして，距離を算出している。
注3：新幹線駅，特急発着駅がない場合は，在来線の中心駅を基準に，距離を算出している。
注4：藤本（2008）で取り上げた82生活圏の中心都市を取り上げている。中心都市は，車で1時間以内の圏域で30万人以上の圏域の中心に位置する人口10万人以上の都市のことである。
注5：下線がある都市は，県庁所在都市を指す。
出所：「JTB時刻表　2010年6月号」より筆者作成。

中国地方では，都市間の平均距離は40.3kmと東北の平均距離の半分以下になる。なかでも，岡山から北九州に至る山陽新幹線沿いでの都市間距離は短く，60kmを超える区間は，わずかに山口－下関間（61.7km）の１区間のみである。それ以外は尾道－三原（11.5km）を最短として，区間の距離が短い。九州地方においては，平均都市間距離は69.3kmであり，中国地方よりは長くなるものの，東北や四国と比べると，距離は短い。圏域間の相互流動が基本的に距離に規定されるとすると，東北地方の都市間の距離は長いため，圏域を超えた経済活動が生じにくい側面がある。

　東北地方で，都市圏間を高密度運行している鉄道（ここでは１時間に３本以上の定時頻度とする）はない。鉄道による高密度運行を成立させるためだけの需要がないために，それを補完する高速バスが，山形－仙台，福島－仙台においては，近年は運行密度が高くなったが，鉄道と対比させると運行による総流動は高くない。北部九州や中国（山陽）地方では，新幹線のみならず，在来線において，岡山－倉敷－福山，北九州－福岡－久留米間，下関－北九州間，呉・東広島－広島－岩国などで，高密度運行がなされ，圏域を超えた通勤・通学・小売の可動性が高くなっている地域がある。通勤・通学・小売など消費者がより上位の階層の都市圏域に向かって活発に動くという点で，下からの動きと捉えることができる。この下からの動きにおいては，北部九州や山陽地方の圏域間の流動は活発である。一般的に，グローバル・全国展開されている大型の小売業のチェーン店でも，東北の諸都市よりも，北部九州・中国地方の主要都市にいち早く展開されるパターンが多いのは，圏域人口の大きさ，圏域間の可動性の高さによる。2010年時点では，東急ハンズ，コストコ，外資系ホテルなど，東北に未進出のものが，北部九州・山陽地方の複数の都市にすでに立地している。このような小売・サービス業の新規立地で，東北が後進である例は枚挙にいとまがない。

　しかし，圏域間の可動性の高さは，オフィス立地の側面からみると，マイナスの要素を持っている。他都市との距離が短いということは，オフィス立地の観点からすると，より上位の都市からの管理が容易になるということである。100万人以上の圏域でみると，岡山圏，北九州圏などは，その圏域人口に見合っ

た支所が立地していないのは，他の圏域への近接と可動性の高さがマイナスに働いていることが考えられる。広島圏も，都市単体では仙台市よりも大規模な人口を抱えながら，支所の集積数では仙台を下回ってしまうのも，より上位の本社・支所集積地である大阪・神戸・福岡から新幹線を利用して広島に向けて出張が容易という意味で可動性が高く，広島にあえて支所を置く必要性が低いからである。加えて，岡山と関西圏の間，山口県西部と北部九州間の可動性も高く，そのことが，広島の支所が管轄するテリトリーを狭めていることもある。また，県庁所在都市，地方中核都市でも，福山，倉敷，三原，尾道，東広島，呉，岩国，徳山，山口，宇部，下関のいずれも，隣接する他圏域に，高速交通網を使わなくとも，通常の交通手段で1時間以内に到達できてしまう。このことは，かえって，他地域の支所に，より早く統合されやすい側面を持っている。

　東北地方においては，圏域間の可動性が低いということは，より上位の支所集積地の影響が，下位の集積地のテリトリーに及びにくいということである。その結果，仙台における都市規模以上の支社支店集積は，まさに他の大規模な圏域からの遠隔性によりもたらされてきた側面が強い。東北というテリトリーを管轄する際に，仙台都市圏単体のマーケットが，福岡はもちろん，広島，北九州などよりも小さくても，東北全体を管轄する場合には，必ず1箇所は仙台に支所を配置する必要がある。

　東北全体をカバーする仙台の他のブロックの圏域からの遠隔性に加え，都道府県やそれよりも狭いエリアを管轄することが多い営業所の立地をみても，東北の都市圏の集積数は，人口規模のそれと比較すると多い。これも，ブロック内における圏域間の距離が長く，他の都市圏からの出張が容易ではないことも大きい。

　可動性の低さは，かえってオフィス立地には好影響を与えてきた側面もあり，可動性が高い地域における都市圏では成立しない支所が，東北諸県においては，他の都市から出張が容易ではないために，オフィスが置かれてきた。東北においては，中規模以上の圏域間で，安価な通常の交通手段（在来線鉄道）を使って通勤通学できる地域は存在しないが，このことは，下からの動きを不活発にしている一方で，オフィス立地の安定化という点ではプラスの影響を与えてき

た。

2000年代以降は、1990年代までのような状況とは異なり、東北も含め全国的に再編が進展している。では、どの都道府県・都市で、どのオフィスが減少しているのであろうか。

4　2000年代の全国主要都市のオフィス立地

都道府県別のオフィス立地を、2008年の数値を参考に分析する。まず都道府県別の数値を**図表9-2**でみるが、参考までに**図表9-3**で都市別の数値も掲載しておく（**図表9-2**，**図表9-3**）。

(1)　本社・支所立地

本社総数（企業数）は、2,251社であるが、そのうち最大の集積地である東京都に、1,196社が立地している。第2位が、大阪府の380社、第3位の愛知県が169社であり、これら3大都市圏の中心都市の本社数合計値で、全体の68.4％を占めている。3大都市圏の府県では、第4位の神奈川県に116社、第5位の兵庫県に102社、第6位の京都府に57社、第8位の埼玉県に43社が入っている。第9位の静岡県は、42社の立地があり、首都圏から関西にかけての東海道メガロポリス地帯へ大半の本社が立地している。この西延として、製造業の集積地帯である太平洋ベルト地帯にも一定の本社立地がみられ、第7位の福岡県が56社、第10位の広島県の数値が確認できる。これらの地帯に入る上位諸県では、千葉県（28社），岐阜県（17社），三重県（13社），群馬県（16社），香川県（17社），岡山県（13社）がある。

東海道メガロポリスの北延という視点では、北陸信越にも、新潟県（30社），石川県と長野県（各20社），富山県（20社）にもある程度の本社立地がみられる。これ以外の地帯では、北海道（27社）が上位である。

対照的に、東海道メガロポリス，太平洋ベルト地帯，中央日本から遠隔になればなるほど、本社立地は希薄になっていく。福島県も含まれる東北地方，中九州から南九州地方，山陰地方，大半の四国地方の本社立地は極めて希薄であ

▶図表9-2　オフィス（本社・支所）立地とその立地特化係数（2008年）

	本社			支所			
	本社数	立地特化係数	立地特化係数（銀行・小売業を除く）	支所数	支所数（銀行業を除く）	立地特化係数	立地特化係数（銀行業を除く）
北海道	27	0.244	0.217	1,628	1,611	0.961	1.152
青森県	3	0.108	0.000	361	264	0.848	0.751
岩手県	3	0.111	0.000	523	324	1.264	0.948
宮城県	12	0.257	0.244	1,310	1,149	1.830	1.943
秋田県	2	0.090	0.000	291	193	0.858	0.689
山形県	4	0.169	0.000	326	204	0.897	0.680
福島県	8	0.195	0.028	623	382	0.992	0.737
茨城県	9	0.152	0.077	773	572	0.852	0.764
栃木県	8	0.199	0.114	547	463	0.889	0.911
群馬県	16	0.398	0.369	559	426	0.908	0.838
埼玉県	43	0.303	0.257	1,380	1,187	0.634	0.660
千葉県	28	0.229	0.187	1,269	1,008	0.677	0.652
東京都	1,196	4.663	4.973	5,054	4,745	1.287	1.463
神奈川県	116	0.651	0.666	1,950	1,688	0.715	0.749
新潟県	30	0.628	0.525	961	701	1.314	1.160
富山県	17	0.773	0.778	335	291	0.994	1.046
石川県	20	0.857	0.831	565	463	1.581	1.569
福井県	10	0.616	0.633	167	165	0.672	0.804
山梨県	5	0.287	0.197	231	157	0.867	0.713
長野県	20	0.461	0.473	795	618	1.197	1.127
岐阜県	17	0.405	0.326	451	260	0.702	0.490
静岡県	42	0.553	0.526	1,377	1,078	1.184	1.123
愛知県	169	1.143	1.103	2,805	2,446	1.238	1.308
三重県	13	0.347	0.274	603	389	1.051	0.821
滋賀県	9	0.321	0.244	401	251	0.935	0.709
京都府	57	1.085	1.151	655	507	0.814	0.763
大阪府	380	2.160	2.283	3,115	2,832	1.156	1.273
兵庫県	102	0.914	0.961	1,050	889	0.614	0.630
奈良県	4	0.143	0.122	247	154	0.575	0.434
和歌山県	5	0.247	0.169	158	141	0.510	0.551
鳥取県	2	0.168	0.096	227	135	1.247	0.898
島根県	2	0.138	0.000	195	145	0.879	0.792
岡山県	13	0.334	0.205	671	481	1.126	0.977
広島県	32	0.558	0.537	1,292	1,130	1.472	1.559

山口県	9	0.308	0.234	302	291	0.675	0.787
徳島県	4	0.252	0.072	211	121	0.868	0.603
香川県	17	0.848	0.626	613	522	1.997	2.060
愛媛県	5	0.173	0.079	528	312	1.195	0.855
高知県	5	0.324	0.222	268	142	1.133	0.727
福岡県	56	0.555	0.463	2,038	1,780	1.318	1.394
佐賀県	3	0.175	0.133	120	115	0.458	0.532
長崎県	2	0.070	0.040	310	221	0.704	0.607
熊本県	4	0.110	0.094	451	336	0.809	0.730
大分県	4	0.167	0.000	262	206	0.714	0.679
宮崎県	7	0.308	0.251	321	183	0.923	0.638
鹿児島県	7	0.204	0.133	530	362	1.009	0.834
沖縄県	4	0.146	0.042	224	224	0.532	0.644

注1：本社・支所（支社・支店・営業所）は各企業がそれぞれ呼称する事業所を計上している。
注2：本社立地特化係数は，各都道府県の人口の対全国比を分母として，各都道府県の本社数の対全国比を分子として算出した。
注3：支所立地特化係数は，各都道府県の人口の対全国比を分母として，各都道府県の支所数の対全国比を分子として算出した。
注4：東証一部・二部，大証一部・二部，名証一部・二部，福岡，札幌の各証券取引所に株式上場をしている企業を対象とする。JASDAQを始め，新興企業向けに低額の資本金でも登録が可能な取引所に上場している企業に関しては，その企業規模の小ささゆえに，カウントの対象外とした。
出所：ダイヤモンド社『組織図・事業所便覧　全上場会社版　2001年』『組織図・系統図便覧　全上場会社版　2006年，2009年版』をもとに筆者作成。

る。東北地方で最大の宮城県でも12社の立地にとどまっている。福島県は8社，山形県は4社，青森県と岩手県は3社，秋田県は2社の立地にすぎない。なお，全国最低値は，本社数が2社のみの諸県であり，秋田県，鳥取県，島根県，長崎県の本社数は2社にすぎない。

(2) 支所立地

　支所は，支社支店営業所事務所を合計したものであり，本社よりも狭小のエリアを担うことが大半である。「テリトリー制」により，大企業は主に地方ブロックを単位とした管轄区域を設け，そこに1つの拠点を置く。例外はあるものの，一般的に，北海道では札幌市，東北では仙台市，関東では東京市，中部では名古屋市，近畿では大阪市，中四国では広島市，九州では福岡市が選好される傾向にある。また，中部からより狭いエリアである北陸信越を分離し管轄区域と

する場合は，新潟市もしくは金沢市が，中四国から四国を分離し管轄区域とする場合は高松市が，それぞれ選好される傾向にある。

　支所が立地する都市は，中央省庁の出先機関配置率が8割を超える都市（札幌市，仙台市，東京，名古屋市，大阪市，広島市，高松市，福岡市）や配置率が3割程度の新潟市，金沢市と，ほぼ一致している。形態面では，中央省庁の出先機関が置かれる都市ならびにそれが管轄する区域と，企業の支所が立地する都市とそのテリトリーが，ほぼ一致している。支所数は，本社立地とは異なった立地パターンがみられる。立地数で上位10位以内の都道府県は，東京都（5,054所），大阪府（3,115所），愛知県（2,805所）と上位3都県は，本社立地と同順位である。神奈川県（1,950所），埼玉県（1,380所），静岡県（1,377所）が，10位以内に入る。本社立地数が多く，地域の経済規模が大きいケースに加え，各地方ブロックの中枢都市（福岡市，札幌市，広島市，仙台市）を抱える諸県も上位に位置する。第4位に福岡県（2,805所），第6位に北海道（1,628所），第10位に広島県（1,292所）であり，本社立地では中位以下に位置していた宮城県（1,380所）が第9位に入っている。本社立地面では極めて希薄であった東北地方の諸県では，第18位に福島県（623所），第26位に岩手県（523所），第30位に青森県（361所），第32位に山形県（326所），第36位に秋田県（291所）と，それぞれの諸県の経済規模にほぼ比例した順位となっている。

　支所立地をカウントするにあたり，問題点が含まれる。それは銀行業の支店網についてである。銀行業の支店は，支所総数の17.4%を占める。銀行業は，2000年代以降は統合合併による持ち株会社化（ホールディングカンパニー）が多くなり，その結果，支店網を，企業資料に記載しないケースも増えている。本章で用いている資料は，企業資料に依拠して，全国の事業所統計をカウントしている。そのため，企業資料で支店に関する情報を記載していない銀行が所在する都道府県の場合，そこに立地する銀行支店総数が正確にカウントされてない。そのため図表9-3では，銀行業を外した支所数をカウントした数値を併せて掲載してある。

▲ 図表9-3 主要30都市におけるオフィス立地動向（2000－2008年）

市区町村名	本社 2000年	本社 2008年	増加数	増減率	支社 2000年	支社 2008年	増加数	増減率	営業所 2000年	営業所 2008年	増加数	増減率	支所合計 2000年	支所合計 2008年	増加数	増減率	事業所 2000年	事業所 2008年	増加数	増減率
1 東京特別区部	1,066	1,147	81	7.6%	2,316	999	-1,317	-56.9%	677	535	-142	-21.0%	3,360	1,780	-1,580	-47.0%	8,392	7,164	-1,228	-14.6%
2 大阪市	361	317	-44	-12.2%	1,289	660	-629	-48.8%	462	305	-157	-34.0%	2,043	1,175	-774	-37.9%	3,890	2,994	-896	-23.0%
3 名古屋市	97	102	5	5.2%	1,135	715	-87	-38.7%	530	356	-174	-32.8%	1,890	1,210	-555	-29.4%	2,878	2,428	-450	-15.6%
4 福岡市	41	36	-5	-12.2%	893	515	-378	-42.3%	454	314	-140	-30.8%	1,513	942	-438	-28.9%	2,034	1,514	-520	-25.6%
5 仙台市	10	11	1	10.0%	640	422	-218	-34.1%	449	313	-136	-30.3%	1,210	818	-339	-28.0%	1,557	1,265	-292	-18.8%
6 広島市	22	16	-6	-27.3%	663	389	-55	-47.4%	425	289	-136	-32.0%	1,204	739	-431	-35.8%	1,604	1,105	-499	-31.1%
7 札幌市	27	25	-2	-7.4%	730	308	-422	-57.8%	393	249	-144	-36.6%	1,255	630	-551	-43.9%	1,714	1,160	-554	-32.3%
8 横浜市	60	65	5	8.3%	641	371	-22	-37.9%	395	285	-110	-27.8%	1,094	692	-368	-33.6%	2,092	1,796	-296	-14.1%
9 さいたま市	4	15	11	275.0%	243	225	-18	-7.4%	189	162	-27	-14.3%	472	418	-17	-3.6%	674	829	155	23.0%
10 神戸市	56	47	-9	-16.1%	404	195	-209	-51.7%	261	168	-93	-35.6%	700	383	-270	-38.6%	1,271	973	-298	-23.4%
11 高松市	12	14	2	16.7%	317	192	-125	-39.4%	240	144	-96	-40.0%	607	360	-196	-32.3%	780	595	-185	-23.7%
12 静岡市	6	9	3	50.0%	217	181	-36	-16.6%	291	192	-99	-34.0%	529	386	-105	-19.8%	663	623	-40	-6.0%
13 京都市	55	49	-6	-10.9%	344	215	-129	-37.5%	254	155	-99	-39.0%	626	391	-211	-33.7%	1,093	881	-212	-19.4%
14 新潟市	9	12	3	33.3%	254	225	-29	-11.4%	261	158	-103	-39.5%	546	398	-149	-27.3%	711	722	11	1.5%
15 金沢市	12	8	-4	-33.3%	251	143	-108	-43.0%	272	174	-98	-36.0%	553	331	-196	-35.4%	711	554	-157	-22.1%
16 千葉市	13	10	-3	30.0%	305	164	-141	-46.2%	250	125	-125	-50.0%	588	307	-216	-36.7%	897	668	-229	-25.5%
17 岡山市	10	11	1	10.0%	232	156	-76	-32.8%	285	161	-124	-43.5%	539	331	-178	-33.0%	762	596	-166	-21.8%
18 宇都宮市	7	6	-1	-14.3%	159	99	-60	-37.7%	224	128	-96	-42.9%	394	229	-151	-38.3%	592	465	-127	-21.5%
19 鹿児島市	5	6	1	20.0%	179	129	-50	-27.9%	234	138	-96	-41.0%	421	270	-129	-30.6%	587	538	-49	-8.3%
20 熊本市	6	3	-3	-50.0%	199	108	-91	-45.7%	233	132	-101	-43.3%	444	245	-195	-43.9%	642	441	-201	-31.3%
21 北九州市	16	14	-2	-12.5%	251	109	-142	-56.6%	227	104	-123	-54.2%	505	224	-203	-40.2%	858	556	-302	-35.2%
22 浜松市	10	14	4	40.0%	129	103	-11	-68.8%	186	117	-69	-37.1%	331	225	-99	-29.9%	508	487	-21	-4.1%
23 富山市	7	9	2	28.6%	150	82	-68	-45.3%	159	93	-66	-41.5%	324	181	-140	-43.2%	463	339	-124	-26.8%
24 盛岡市	3	3	0	0.0%	147	109	-7	-70.0%	198	106	-92	-46.5%	355	218	-107	-30.1%	459	352	-107	-23.3%
25 秋山市	7	4	-3	-42.9%	165	122	-43	-26.1%	182	96	-86	-47.3%	359	221	-115	-32.0%	499	362	-137	-27.5%
26 郡山市	7	7	0	0.0%	125	99	-26	-20.8%	173	95	-78	-45.1%	305	197	-132	-43.3%	453	351	-102	-22.5%
27 水戸市	1	2	1	100.0%	126	68	-58	-46.0%	184	82	-102	-55.4%	319	156	-135	-42.3%	414	283	-131	-31.6%
28 長崎市	3	5	2	66.7%	87	76	-11	-12.6%	115	66	-49	-42.6%	220	149	-60	-27.3%	313	284	-29	-9.3%
29 松本市	2	2	0	0.0%	84	60	-24	-28.6%	141	86	-55	-39.0%	235	149	-74	-31.5%	322	253	-69	-21.4%
30 大分市	4	3	-1	-25.0%	147	69	-78	-53.1%	158	75	-83	-52.5%	314	150	-131	-41.7%	466	305	-161	-34.5%
31位～33位は省略																				
34 青森市	2	2	0	0.0%	121	58	-63	-52.1%	175	75	-100	-57.1%	301	135	-136	-45.2%	371	234	-137	-36.9%
35 秋田市	2	2	0	0.0%	102	71	-31	-30.4%	150	72	-78	-52.0%	262	145	-94	-35.9%	348	249	-99	-28.4%
36位～41位、43～76位は省略																				
42 山形市	2	3	1	50.0%	96	59	-37	-38.5%	133	60	-73	-54.9%	235	121	-96	-40.9%	304	237	-67	-22.0%
77 福島市	2	3	1	50.0%	82	60	-22	-26.8%	77	24	-53	-68.8%	168	88	-88	-52.4%	243	177	-66	-27.2%
78位は省略																				
79 八戸市	0	1	1	―	12	3	-9	-75.0%	44	25	-19	-43.2%	122	68	-52	-42.6%	178	132	-46	-25.8%
80位～92位は省略																				
93 いわき市	0	2	2	―	14	3	-11	-78.6%	39	16	-23	-59.0%	111	65	-55	-49.5%	229	160	-69	-30.1%

注1：2008年の時点で、銀行業の支所を除く、支所合計数の多い順に、上から並べている。
注2：上位30以内の全都市と、30位から100位までの都市のうち、東北地方の都市のみ動向を掲載している。
出所：図表9-2に同じ。

5 立地特化係数と地域類型

　立地数が地域ごとに異なるのは，各都道府県の経済規模に大小があることから，当然のことである。各都道府県の経済規模に比較して，どの程度の大小の差をもって本社が立地するかを計測する必要がでてくる。計測のため，各都道府県の経済規模を表す基礎的な指標として人口の対全国比率を用い，この比率を分母として，各都道府県の本社立地の対全国比を分子として，立地特化係数を算出した。この立地特化係数は，1を超えれば超えるほど，その都道府県の経済規模（人口規模）の対全国比よりも，多くの本社支所が立地していることになる。反対に，1を下回れば下回るほど，経済規模に比して，立地は少ないことになる。この数値を基に，地域類型を行った。

　図表9-4で，銀行業小売業（支所は銀行業のみ除く）を除いた数値でみると，グループA「本社支所の立地が共に特化」，グループB「本社の立地のみが特化」，グループC「支所の立地のみが特化」，グループD「本社支所の立地のいずれも特化がない」に分けることができる（図表9-4）。

　グループAは，東京都，大阪府，愛知県の3道府県である。グループBは，京都府のみである。グループCは，省庁の大半の地方出先機関が配置される都市群を抱える道県（広島県，香川県，宮城県，福岡県，北海道），一部の出先機関が配置される県（石川県，新潟県，長野県），出先機関は配置されないが，100万人規模の都市圏が2圏域ある静岡県，北陸電力の本社が置かれ家電関連の支所が集積する富山県と，合計で10道県ある。グループDは残りの35県とであり，福島県も，このカテゴリーに入る。

　国土構造を構成する都市システムの観点からみると，本社立地は3大都市圏で特化し，支所立地は，地方出先機関所在都市圏で特化し，残りの地方圏では，特化がみられないという，構図（階層）が確認できる。

　しかしながら，グループC，グループDをさらに詳しくみてみると，その中においても，階層が確認できる。グループCにおいては，支所立地の特化を共通の特色とするが，その中でも，本社立地の特化がある程度は高い諸県（C1：

▶図表9-4　オフィス立地の特化係数による地域類型

地域類型			北海道	東北	首都圏	東海	北陸・信越	関西	中国	四国	九州沖縄
A　本社と支所の立地に非常に特化					東京都	愛知県		大阪府			
B　本社の立地に特化								京都府			
C　支所の立地に特化	C1	支所特化が高く，本社もある程度特化					石川県		広島県	香川県	福岡県
	C2	支所特化がやや高く，本社はある程度特化				静岡県	新潟県富山県				
	C3	本社特化は極めて低いが，支所特化は高い		宮城県							
	C4	本社特化は極めて低く，支所特化はやや高い	北海道				長野県				
D　本社，支所ともに特化が低い	D1	支所立地特化はやや低いが，本社はある程度特化			神奈川県			福井県	兵庫県		
	D2	支所立地は一段と低いが，本社はある程度特化									
	D3	支所立地特化はやや低く，本社特化は極めて低い		青森県岩手県秋田県山形県福島県	茨城県栃木県群馬県埼玉県千葉県山梨県	三重県		滋賀県和歌山県	鳥取県島根県岡山県山口県	徳島県愛媛県高知県	佐賀県長崎県熊本県大分県宮崎県鹿児島県沖縄県
	D4	支所立地も，本社立地も，特化が極めて低い				岐阜県		奈良県			

注：都道府県の類型は，以下の指標に基づいて分類した。
　A：本社＞1かつ支所＞1　　　　　　　　D：本社＜1，支所＜1
　B：本社＞1かつ支所＜1　　　　　　　　D1：0.5＜本社＜1かつ0.5＜支所＜1
　C：本社＜1かつ支所＞1　　　　　　　　D2：0.5＜本社＜1かつ支所＜0.5
　　C1：0.5＜本社＜1かつ支所＞1.5　　　D3：本社＜0.5かつ0.5＜支所＜1
　　C2：0.5＜本社＜1かつ1＜支所＜1.5　D4：本社＜0.5かつ支所＜0.5
　　C3：本社＜0.5かつ支所＞1.5
　　C4：本社＜0.5かつ1＜支所＜1.5
出所：筆者作成。

広島県,香川県,石川県,C2：静岡県,新潟県,富山県),本社立地の特化が低いが支所立地においては極めて卓越している県（C3：宮城県),さらに若干ではあるが支所立地の特化が下がる道県（C4：北海道,長野県,福岡県)と,4つに細分類ができる。東北地方における出先機関所在都市である仙台市を抱える宮城県は,支所立地にのみ極めて特化する一方で,本社立地においては極めて特化が低いことから,支所依存型都市経済が形成されている地域の典型例である。

同様に,グループDも細分類をしてみると,ある程度の本社立地の特化がみられる県（D1：神奈川県,福井県,兵庫県),本社立地の特化が極めて低いが,ある程度は支所特化がある諸県（D3：東北では,福島県,岩手県,秋田県,山形県,青森県がすべて該当し,全国で28県がこの範囲に属する),ある程度の支所立地特化すらみられない県（D4岐阜県,奈良県）の4つに分類できる。宮城県を除く残りの東北5県が属するカテゴリーのD4では,本社立地特化係数が0の諸県6県（青森県,岩手県,秋田県,山形県,島根県,大分県）もある。福島県は,0.028であるものの,0に近似する数値であり,先述の宮城県も含め,東北地方は本社立地において極めて特化が低い地方ブロックである。

6 支所（支店）依存型の地域経済

本章では,全国的なオフィス立地の動向を都道府県,主要都市ごとに分析した。また,各都道府県の立地の特化係数を算出して,本社・支所の特化の地域偏差を明らかにした。福島県は,本社立地において極めて特化度が低いが,支所（支社・支店・営業所）立地係数も低く0.74であった。この数値は,3大都市圏を除く地方圏29の平均値である0.95よりも,やや低い数値である。オフィス立地は,対面接触による情報交換の必要性から,特定の都心地区に集積する傾向がある。県土の中央部に一極集中型の都市圏を形成している諸県のほうが,相互の交通・通信コスト節約の点から支所集積において優位となっている。結果として,立地特化係数は高くなる傾向にある。隣接県の宮城県は,典型的な支所立地依存型の地域であるが,同時に一極集中型県土の典型例であるために,

支所立地特化係数は1.948と全国第2位である。対照的に分散型県土である福島県の係数は低い。分散型県土構造そのものに，オフィス立地上の弱点が内在しているとすれば，福島県内のオフィス立地状況がいかなるものであるかを現状分析する必要がある。次章では，福島県の主要都市における動向，県土構造のあり方とオフィス立地の関連についてみていきたい。

考えてみよう

1　立地特化係数とは，どのようなもので，何を示すのか，説明してください。
2　自分にとって身近な都市・都道府県が，オフィス立地によって，どのような特色を持つのか，本章の図表を参考にして説明してください。

第10章 県土構造とオフィス立地(2)
―福島県の動向と県土構造

1 福島県の主要都市におけるオフィス立地

　福島県は，都市圏間の距離が極度に長い東北地方において，福島圏，郡山圏，会津若松圏の間隔は，いずれも90km以内に収まっている。全国的にみれば，近い都市圏間隔とはいえないが，広大な東北地方，福島県の中では，福島，郡山，会津若松圏に関しては，近接性が高いといえる。となると，近接している複数の圏域を，企業の支店配置の観点からは，統合するのが最も人・モノの移動費用が節約できる。この3圏の中で，最も中心に位置するのが郡山である。その結果，郡山に最大の支所集積量がみられる。図表10-1で，福島県の主要4都市におけるオフィス立地の業種別動向をみていく（図表10-1）。

(1) 郡山市
　福島県内で最大の支所集積地であるが，2000年に305所あったのが，2008年には197所と，約3分の2まで減少した。支所の内訳をみると，支社が7社から3社へ－4社（－57.1％），支店が125店から99店へ－26店（－20.8％），営業所が173所から95所へ－78所（45.1％）とそれぞれ減少した。

　20業種において減少が確認されるが，二桁以上の減少は，建設（－27所），食料品（－12所），卸売（－13所），保険（－10所）である。建設は，支所のうち営業所が39所から12所まで減少した。

　また，5所以上減少したのは，医薬品（－5所），電機（－9所），銀行（－6所），その他金融（－7所）である。増加している業種は，小売（3所），不動産（1所），サービス（1所）のわずか3業種であり，増加数も低い。

▶図表10-1　福島県主要都市のオフィス立地動向（2000-2008年）

都市名		郡山市						福島市						いわき市						会津若松市					
		本社			支所合計			本社			支所合計			本社			支所合計			本社			支所合計		
業種名	業種	2000	2008	増減率	2000	2008	増減率	2000	2008	増減率	2000	2008	増減率	2000	2008	増減率	2000	2008	増減率	2000	2008	増減率	2000	2008	増減率
1	水産・農林				2		-2	-100.0%																		
2	鉱業																					4	2	-2	-50.0%
3	建設				44	17	-27	-61.4%				48	13	-35	-72.9%				18	5	-13	-72%		1	1	—
4	食料品				18	6	-12	-66.7%				1	1	0	0.0%				2	1	-1	-50%				
5	繊維																									
6	パルプ・紙				1	1	0	0.0%																		
7	化学				10	7	-3	-30.0%				2	1	-1	-50.0%				2		-2	-100%				
8	医薬品				11	6	-5	-45.5%																		
9	石油・石炭				1		-1	-100.0%											1	1		—				
10	ゴム																									
11	ガラス・土石				6	3	-3	-50.0%				1		-1	-100.0%				1		-1	-100%				
12	鉄鋼																							2	1	-1	-50.0%
13	非鉄金属				6	4	-2	-33.3%				1		-1	-100.0%											
14	金属				16	15	-1	-6.3%				3	3	0	0.0%				1	1	0	0%				
15	機械				27	18	-9	-33.3%				9	6	-3	-33.3%				4	5	1	25%	1	1	0	0.0%
16	電機				3	2	-1	-33.3%				1	1	0	0.0%											
17	輸送用機器																									
18	精密機器				1	1	0	0.0%																		
19	その他				14	10	-4	-28.6%				4	1	-3	-75.0%				1		-1	-100%				
20	電気・ガス				1		-1	-100.0%				2		-2	-100.0%				1		-1	-100%	1		-1	-100.0%
21	陸運				4	4	0	0.0%				3	1	-2	-66.7%				1	1	0	0%				
22	海運																									
23	空運				4		-4	-100.0%				1		-1	-100.0%											
24	倉庫				1		-1	-100.0%							—				1		-1	-100%	1		-1	-100.0%
25	情報・通信								1	1																
26	卸売				38	25	-13	-34.2%				11	4	-7	-63.6%				11	8	-3	-27%	2	1	-1	-50.0%
27	小売	2	2	0	0.0%	3	3	0	0.0%	1	1	—	2	2	0	0%				1	1		—				
28	銀行	1	1	0	0.0%	63	57	-6	-9.5%				50	43	-7	-14.0%				41	34	-7	-17%	21	18	-3	-14.3%
29	証券・商品先物取引				2	1	-1	-50.0%	2	2	0	4	1	-3	-75.0%				1	1	0	0%	2		-2	-100.0%
30	保険				15	5	-10	-66.7%				10	4	-6	-60.0%				14	4	-10	-71%	7	3	-4	-57.1%
31	その他金融				12	5	-7	-58.3%				6		-6	-100.0%				7	0	-7	-100%	4		-4	-100.0%
32	不動産				1	1		—				1		-1	-100.0%											
33	サービス				5	6	1	20.0%	2	3	1	50.0%	9	5	-4	-44.4%				5	3	-2	-40%	2	1	-1	-50.0%
	合計	3	3	0	0.0%	305	197	-108	-35.4%	2	3	1	168	88	-80	-47.6%	0	2		—	111	65	-46	-41%	47	28	-19	-40.4%

注1：業種分類は東京証券取引所の分類に依拠する。
注2：増減数、増減率は、2000年を基準として2008年の数値と比較することで算出している。
出所：図表9-2に同じ。

(2) 福島市

 福島市は，郡山の半分程度の支所集積量である。2000年に168所あったのが，2008年には88所と，約半分までに減少した。支所の内訳をみると，支社が9社から4社へ－5社（－55.6％），支店が82店から60店へ－22店（－26.8％），営業所が77所から24所へ－53所（－68.8％）と，それぞれ減少した。16業種で減少が確認されるが，二桁以上の減少は，建設（－35所）である。建設業の支所の中でも，営業所が43所から8所にまで減少した。建設は，県庁が所在していることから，2000年には郡山市の数を上回る営業所が立地していたが，公共事業の大幅な削減，県の入札制度改革などもあり，2008年では，郡山を下回るまでに支所が減った。

 5所以上減少したのは，卸売（－7所），銀行（－7所），保険（－6所），その他金融（－6所）である。増加している業種は，情報通信（1所），小売（2所）のわずか2業種のみである。

(3) いわき市

 いわき市は，郡山の半分程度の支所集積量である。2000年に111所あったのが，2008年には65所と，約半分までに減少した。支所の地訳をみると，支社が14社から3社へ－11社（－78.6％），支店が58店から46店へと－12店（－20.7％），営業所が39所から16所へ－23所（－59.0％）とそれぞれ減少した。

 3業種で減少が確認されるが，二桁以上の減少は，建設（－13所），保険（－10所）である。5所以上減少したのは，銀行（－7所）である。増加している業種は，石油・石炭（1所），機械（1所），電機（1所），小売（1所）の4業種のみである。

(4) 会津若松市

 会津若松市は，支所集積量では全国100位以内に入らない。しかし，福島県内では，第4の集積量がある。2000年には，47所あったのが，2008年には28所にまで減少した。支所の内訳をみると，支社が7所から2所へ－5所（－71.4％），支店が29店から22店へ－7店（－24.1％），営業所が11所から4所へ

－7所（－63.6％）と，それぞれ減少した。10業種で減少が確認できるが，もともとの集積量が少ないために，二桁を超える減少がみられる業種はない。目立つのは，保険（－4所），その他金融（－4所）の減少である。増加している業種は，食料品（1所）のみである。

2 福島県の都市システム将来像

(1) 分散型県土構造の比較

以上，上場企業に限定されたが，全国のオフィス立地動向を分析した。また福島県については，業種別のデータも分析した。データの対象が，大企業に限定されているものの，全国的にオフィスは，支所において特に減少していることが明らかになった。

▶図表10-2 分散型諸県の主要都市における商業販売の動向（2002－2007年）

地域名	小売業								
	事業所数			従業者数			小売年間商品販売額		
	2002	2007	増減率	2002	2007	増減率	2002	2007	増減率
福島県	24,410	21,255	－12.9％	134,976	125,606	－6.9％	2,145,418	2,038,908	－5.0％
福島市	2,885	2,666	－7.6％	20,013	18,767	－6.2％	345,285	319,311	－7.5％
会津若松市	1,564	1,515	－3.1％	9,214	9,608	4.3％	160,261	161,788	1.0％
郡山市	3,435	3,031	－11.8％	23,775	22,021	－7.4％	429,432	416,571	－3.0％
いわき市	3,879	3,327	－14.2％	22,854	21,220	－7.1％	378,432	352,964	－6.7％
静岡県	41,877	36,786	－12.2％	238,356	230,445	－3.3％	4,084,491	4,078,182	－0.2％
静岡市	5,525	7,571	37.0％	32,576	45,665	40.2％	587,715	807,190	37.3％
浜松市	5,845	7,081	21.1％	38,500	48,385	25.7％	769,947	937,653	21.8％
沼津市	2,382	2,078	－12.8％	14,113	13,628	－3.4％	269,069	248,397	－7.7％
富士市	2,527	2,135	－15.5％	15,373	14,508	－5.6％	265,862	250,612	－5.7％
三重県	20,297	17,466	－13.9％	116,512	112,723	－3.3％	1,794,343	1,932,530	7.7％
津市	1,712	2,303	34.5％	11,306	16,969	50.1％	203,678	303,084	48.8％
四日市市	2,871	2,538	－11.6％	20,212	18,524	－8.4％	335,841	367,028	9.3％
松阪市	1,610	1,702	5.7％	8,532	10,733	25.8％	135,376	178,958	32.2％
鈴鹿市	1,647	1,412	－14.3％	11,101	10,640	－4.2％	183,169	206,256	12.6％
山口県	19,100	16,146	－15.5％	102,662	94,093	－8.3％	1,561,699	1,485,591	－4.9％
下関市	2,949	3,049	3.4％	16,753	17,747	5.9％	278,714	293,016	5.1％
宇部市	1,891	1,627	－14.0％	11,391	11,180	－1.9％	179,258	174,936	－2.4％
山口市	1,450	1,949	34.4％	9,726	13,154	35.2％	166,644	210,923	26.6％
岩国市	1,312	1,608	22.6％	7,498	9,022	20.3％	117,091	143,789	22.8％
防府市	1,369	1,120	－18.2％	8,286	7,473	－9.8％	119,412	121,738	1.9％
周南市	1,437	1,603	11.6％	8,075	9,390	16.3％	120,787	149,071	23.4％

一般に，企業の支所は，流通経路における卸売を担うことが多く，その経済活動の規模は，各都道府県・市町村の卸売販売額をみることで，おおよその大きさを推測できる。福島県と同様に分散型県土構造が形成されている静岡県，三重県，山口県の主要都市との2002年と2007年の商業統計比較を，**図表10-2**に掲載している（**図表10-2**）。

この4県は行政区域の面積，他圏域との距離，高速交通のアクセシビリティにおいて，異なるために，厳密な比較はできないが，多極分散型という点は類似する。その点で，福島県の県土構造のあり方についてヒントになると思われる。

まず卸売販売額であるが，県レベルでは，福島県（−4.4%），静岡県（−2.9%），三重県（−1.3%）で減少し，山口県（1.5%）でわずかに増加している。都市別には，福島県では会津若松市が−27.3%と最大の減少がみられるが，福島市は10.9%の増加がみられる。この時期は，平成の大合併により市町村の広域化

卸売 事業所数			従業者数			卸売業年間商品販売額			W/R比率	
2002	2007	増減率	2002	2007	増減率	2002	2007	増減率	2002	2007
5,392	4,869	−9.7%	43,768	39,146	−10.6%	2,753,139	2,631,244	−4.4%	1.28	1.29
801	727	−9.2%	7,655	6,645	−13.2%	445,347	493,983	10.9%	1.29	1.55
530	493	−7.0%	4,018	3,515	−12.5%	208,919	151,966	−27.3%	1.30	0.94
1,545	1,310	−15.2%	14,759	13,472	−8.7%	1,165,852	1,074,822	−7.8%	2.71	2.58
798	727	−8.9%	6,532	6,133	−6.1%	481,210	496,215	3.1%	1.27	1.41
12,014	10,608	−11.7%	100,558	86,647	−13.8%	7,181,888	6,976,433	−2.9%	1.76	1.71
2,478	2,926	18.1%	23,981	26,129	9.0%	2,093,507	2,531,108	20.9%	3.56	3.14
2,431	2,374	−2.3%	23,571	21,287	−9.7%	2,016,982	1,966,792	−2.5%	2.62	2.10
919	845	−8.1%	8,375	7,464	−10.9%	540,563	543,856	0.6%	2.01	2.19
852	737	−13.5%	6,674	5,681	−14.9%	435,612	414,622	−4.8%	1.64	1.65
4,472	4,136	−7.5%	35,454	32,446	−8.5%	2,034,327	2,007,855	−1.3%	1.13	1.04
560	604	7.9%	5,528	6,035	9.2%	407,463	443,541	8.9%	2.00	1.46
984	946	−3.9%	9,420	9,008	−4.4%	651,034	761,816	17.0%	1.94	2.08
406	470	15.8%	2,933	3,392	15.6%	154,511	208,151	34.7%	1.14	1.16
265	279	5.3%	2,294	2,364	3.1%	132,299	128,326	−3.0%	0.72	0.62
4,160	3,864	−7.1%	33,567	30,479	−9.2%	2,033,333	2,063,072	1.5%	1.30	1.39
903	855	−5.3%	7,309	6,741	−7.8%	421,783	387,503	−8.1%	1.51	1.32
478	434	−9.2%	4,715	4,276	−9.3%	253,875	294,917	16.2%	1.42	1.69
329	603	83.3%	3,107	5,772	85.8%	269,035	503,546	87.2%	1.61	2.39
255	316	−30.7%	1,959	2,188	−31.2%	114,883	160,101	39.4%	0.98	1.11
323	294	−9.0%	2,689	2,224	−17.3%	122,891	147,844	20.3%	1.03	1.21
456	501	96.5%	3,182	3,605	84.0%	246,514	241,389	−2.1%	2.04	1.62

注1：W/R比率は，その都市の卸売年間商品販売額を，小売のそれで除したものである。
出所：経済産業省「平成19年 商業統計」をもとに筆者作成。

が進展した時期なので，その点を注意して統計をみる必要があるが，合併を経験したところで10％以上の伸びがみられるのは，静岡市（20.9％），四日市市（17.0％），松阪市（34.7％），宇部市（16.2％），山口市（87.2％），岩国市（39.4％）である。一般的に平成の大合併は，もともとの行政面積が狭かった地域を中心に起こった。福島県の郡山市，福島市などは，平成の合併以前からすでに500k㎡を超えていたが，西日本の諸都市の多くは，合併以前の市街地が狭い面積内（300k㎡）に収まっていたのが，合併によりもとから市街地が連続していた隣接市町村を合併したために，急激に数値があった面がある。その点を考慮すると，ほとんどの都市において実質的な卸売販売額は減少しているとみることができる。卸売販売額が，小売販売額をどれだけ上回るかを示すW/R比率をみると，2007年で2を超えているのは，郡山市（2.58），静岡市（3.14），浜松市（2.10），沼津市（2.19），四日市市（2.08），山口市（2.39）である。2002年に2を超えていたが，2007年に2を下回ったのは，津市（2.00→1.46），周南市（2.04→1.62）であり，これらの都市は卸売機能において中心性が弱まってきていると考えられる。

(2) 戦略の転換——選択と集中

図表10-3では，上記の4県に加え，4県の隣接県のうち，一定規模の支所集積地を有する愛知県，福岡県，広島県，宮城県の数値を加えたW/R比率の変遷を示している。一般に小売規模は人口・所得水準に規定され地域の基礎的な指標となるが，卸売規模は本社・支所機能など，人口・所得とはまた異なった要因に規定される。よって，卸売が小売を何倍上回るかを示すW/R比率は，地域の本社・支所機能の集中度を測る1つの参考指標となる（図表10-3）。

福島県は，1980年代前半は横ばいであったのが，80年代後半から比率が上がっている。90年代前半から比率は下がりつつあるものの，その下がり方は，数値が類似する山口県や三重県と比べても緩慢であった。支所集積地を抱える諸県においては，90年代後半以降の減少については，広島県が大幅に下がり，宮城県，福岡県の下がり方は若干，緩慢である。

80年代は，東北地方において新幹線が開通し，本格的に全国的な高速交通網

▶図表10-3　W/R比率の変遷（1982－2007年）

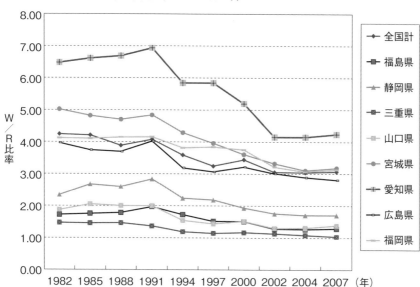

出所：図表10-2に同じ。

の整備下に組み込まれた時期だが，こと福島県に限ってみれば，遅ればせながら工業化，寡占型企業の進出に伴い，支所などのオフィスが配置され，卸売機能がより増大していく過程であったことが推測できる。東海道・山陽新幹線沿いの同規模の都市圏と比べて，新幹線によるオフィス撤退という「マイナス効果」の側面は，80年代は，福島県や東北地方ではあまりみられなかったのである。

そして，三重県や山口県と対比すると，90年代においても卸売機能の縮小は，W/R比率をみる限り緩慢であった。ところが，その比率をみる限り，2000年代以降は，卸売機能の縮小の過程に入ったと考えられる。ようやく新幹線のマイナス効果の兆しが本格的に見え始めてきた。

先述のとおり，これまで高速交通網の充実度（運行頻度）が低く，他都市圏から距離が離れすぎていたために，経済規模に比して，相対的に大きな支所機能（卸売機能）が配置されてきた福島県の諸都市は，2000年代に入り，さまざまな要因（交通・通信網の整備，長期不況など）が重なり，支所は大量に撤退

している。

　今回の分析からは，福島県において現状の多極分散型の都市システムのままでは，支所の縮小は継続していく可能性を示している。三重県も同様に卸売機能は縮小しているが，東海圏として愛知県（名古屋市）を中心都市とした大都市圏の郊外的側面が強い。福島県とは置かれている環境条件が異なるが，福島県の今後を予測する際に，環境条件が類似し，数値もまた近似する山口県を比較対象とするのが適切と思われる。

　工業生産額において福島県を上回る山口県は，行政区域（面積）では福島県の半分以下にすぎないが，福島県の中通りと同程度のエリアに，山陽新幹線が東西に貫通し，下関，宇部，山口・防府，徳山，岩国が，それぞれ25-40万人程度の都市圏域を形成している。

　山口県は，人口1人当たりの県民所得水準では比較的上位に位置するが，支所立地とそれに付随する卸売業機能では中位以下に位置する。原因は，県の中央部に中核都市を形成してこなかったのが大きい。西端の下関圏は，北九州の中心駅との距離が11km弱であり，この区間は，高頻度の普通通勤電車（最低で1時間に3本以上）が運行されている。このため，80年代からは，金融機能を始め，多くの中枢管理機能や支所が撤退し，北九州や福岡の支店に統合されている。さらに，行政中枢管理機能である運輸省港湾局が，国土交通省の管轄となり，福岡の出先機関（九州地方整備局）と完全に統合し，下関には九州・西中国地方全体を管轄する機能は残っていない。また，中国地方を管轄していた韓国領事館なども広島に移転した。福岡・北九州・広島との中間地点でありながら，それと対抗できるだけの都市規模を形成してこなかったために，支所立地機能は年とともに低くなり，W/R比率は，1.32にとどまっている。同様に，東端の岩国圏も，広島圏の中心駅である広島駅との間に10分間隔の普通通勤電車が運行されている。そのため，W/R比率は，1.11と極めて低い。結局，県内の中央部である宇部，山口・防府，周南（徳山）の3圏が他県の圏域から60km以上離れ，相対的に影響を受けにくい地域となる。この3圏の中でも徳山（周南）が，戦後は支所立地においては中心性を保ってきた。しかし，1990年代後半以降は，山口市をドーナツ環とすれば，その穴に位置する小郡町（現

山口市域で，2005年時は人口2.3万人）に支所が集積してきた。理由は，旧小郡町が，新幹線，在来線（山陽本線，山口線，宇部線），高速道路ICの結節点であり，3圏の高速交通網の中心となっていたからである。2004年の数値をみると，小郡地区の卸売販売額は，わずか人口2.3万人でありながら，2,949億円と約3,000億円程度の額にのぼった。これは，町村部では，愛知県豊山町（3,310億円）に次いで第2位である。ちなみに，町でありながら，卸売販売額が2,000億円を超えるのは，同年の数値で岩手県矢巾町（2,858億円），茨城県茨城町（2,427億円）がある。

2005年には，小郡町は，ドーナツの環状として囲まれていた山口市を始め，他の市町と合併した。加えて，長い間，新幹線駅を「小郡駅」としていたのを，2003年に「新山口駅」と改称した。アナウンスメント効果もあり，小郡と合併した山口市は，山口県内での支所立地の優位性が高くなり，周南（徳山），下関を上回る県内最大の支所集積地となった。新幹線利用客も，駅名改称後は約3割の利用増加があったとの報告がなされている。結果として，周南や下関などの支所立地の優位性が下がっているものの，県全体としてのW/R比率，卸売販売額は，2002年から07年にかけて若干上がっている。この数値のみをもって，県央の支所立地の優位性増大が，県全体の卸売業の増加を牽引したとみるには，結論を早まりすぎだが，県全体での数値は間違いなく上昇している。

福島県の2010年からの総合計画である「いきいきふくしま創造プラン」では，ふくしまの特性として「多極分散型の県土構造」をあげ，地域別の重点施策の前提として「個性ある七つの生活圏に基づいた地域づくり」を掲げている。

プランでは，生活圏間に階層を設けていないことからも，7生活圏の維持を読み取ることができる。確かに，「生活」という観点からみると，東北地方においては，生活圏同士が通勤圏などで大きく重複する地域はほとんどなく，圏域も通勤・通学・通院圏を根拠に設定されているために，そのエリア設定は正確なものであろう。人々が通勤・通学が可能な範囲は，せいぜい1時間圏内であり，その意味で，福島県は7つの生活圏域（1時間圏）を，平等かつ均衡に位置づけ，今後もそのエリアを守っていく必要があろう。

しかし，オフィス立地，なかでも大企業の支所立地においては，ITの活用

により，急激なスピードで再編が進んでいる。福島県が，支所立地の誘導において，これまでのように7つの生活圏を平等に取り扱う均衡政策をとると，1980年代から90年代において山口県が経験したような，大幅な支所立地や卸売機能の減少と，同じ道をたどる可能性も，あながち否定できない。

　山口県においては，1998年策定の総合計画である「やまぐち未来デザイン21（1998-2010年）」では，県土構造のあり方として，県内を他県との交流を踏まえた上で3圏に分ける「広域活力創造圏」，この圏域の活力を牽引する「中核都市等の形成」が掲げられている。また，2010年3月の「山口県国土利用計画―第4次―」では，「県土利用の現状」として，「地方中枢都市である広島，福岡・北九州等に隣接し，活発な交流が行われている一方，中核となる都市がなく，中小都市が分散する都市構造となっている」と，近隣の諸都市との関連性を危惧した現状認識がなされている。

　福島県を始め，東北各県は，生活圏が分散的に位置し，その圏域間の距離も，日常的な通勤・通学流動を引き起こすだけの近さがない。この現状を反映し，福島県の総合計画では，事業所立地の面から他地域との競合関係を意識した文面は，ほとんど見当たらない。福島から仙台まで約80kmも離れ，高速バスを使い90分かけてようやく到達する距離であり，一部の買回り品において消費の競合が発生する程度である。生活圏間の重複は仙台と福島の間を始め，東北の諸都市圏の間では生成しにくいであろう。

　だが，支所に関しては，「生活圏」とは別個の観点から，その「立地」や「再編」を捉える必要がある。福島市を始め，東北各県の県庁所在都市にある下位の支所（主に支店・営業所）は，徐々に撤退し，仙台の上位の支所（支社・支店）に統合されるものが増えている。さらには，仙台における上位の支所（支社・分社）までも，ITの活用により不要となり，東京を始めとする本拠地の本社に統合されるケースも珍しくない。

　本社・支社・支店・営業所という上場企業の階層が，東北地方内の都市間・生活圏域間の階層を大きく規定してきたが，その階層は，現在の交通網の高速化，IT活用により強化されている面が強い。特に，小規模な圏域になればなるほど，その中心都市の支所の撤退は多くなる傾向にある。

この現状から脱却するためには，県においても，支所立地に関する諸政策を，生活圏域の維持とは別の観点から，策定する必要性があろう。現実的な問題としては，中通りの生活圏統合（融合）による中心都市が管轄するエリアを拡大させるように誘導することであり，圏域統合（融合）は，支所などオフィス立地のために成立閾値を高め，より内外部からの支所立地が活発となる。しかし，福島県の場合は，山口県と同様に，圏域統合に伴う「中心都市」をどこにするのかという問題が常につきまとう。中通りに限定しても，郡山市なのか，福島市なのかという選択と集中の問題は永久に解決しない課題かのように見受けられる。しかし，現状の7つの生活圏について，階層を設けずに，県土構造の中に均衡に位置づけると，オフィス立地が減少する運命にあることは，本章の分析から読み取れる。

　今回の分析は，卸売販売額の項目についての詳細，卸売販売額と上場企業の支所の詳細な関係については，深く触れていないので，将来像に関しては，推測に頼っている部分もある。だが，本章で示した支所群の減少は，福島駅，郡山駅から中心市街地まで歩いて行くときの，オフィスビルの空き看板の多さを目のあたりにする際の実感にほぼ近いものであろう。この現状を打破するためには，県土構造のあり方から変革する必要がある。これまで，ややもすれば「商業施設」の撤退のみに捉えられがちであった中心市街地の空洞化について，もう一方の要因である「オフィス（支所）」の撤退の観点からも，詳細にわたる現状分析を踏まえる必要がある。今後は，オフィス立地の縮小過程を踏まえた上での，県の総合計画策定が求められる時代になっているというのは言い過ぎであろうか。

考えてみよう

1　日本の地方圏の場合，なぜ，県庁所在都市に支所立地が集中するのか，説明してください。
2　静岡県，山口県，福島県，三重県は，なぜ，県庁所在都市に人口・工場・オフィスが集中しなかったのか，明治以降を対象に，考えてみてください。

第11章 都市間の諸フローの分析
―北東日本に着目して

1 地方ブロックと県土構造

　人・モノ・金・情報の流れを促進するための骨格となる高速交通網（新幹線，高速道路，空港）の全国的な整備・拡充・展開は，市町村，都道府県といった従来の地域の枠組みを越えた流動をもたらしている。21世紀に入り，人口減少型社会が到来しているにもかかわらず，都道府県－市町村など行政により設定された地域の枠組みを越えた流動は増加している。

　新たな動きの中心となる地域の単位が，地方ブロック，生活圏という二層の空間スケールである。国土政策における地方ブロックは，平成20年（2008年）7月に閣議決定された国土形成計画に基づき，翌年8月に公表された「広域地方計画」に明示されている。従来から，道県という行政区域と地方ブロックの空間スケールが，ほぼ同等であった北海道，沖縄は別として，複数の都府県により構成される地方ブロックである「東北圏」「首都圏」「北陸圏」「中部圏」「近畿圏」「中国圏」「四国圏」「九州圏」が，独自にそれぞれの計画を策定した。また，生活圏に関しては，「平成の大合併」により，2000年代に入り，多くの市町村が，既存の行政の区域を統合し，通勤・通学・小売りの流動を中心とする生活圏と同程度の空間スケールに再編されるケースが増えている。

　21世紀初頭において，行政による地域枠組みの設定は，国土政策レベルでは，「地方ブロック」の重要性が強調され，都道府県域内では，「行政区域」と「生活圏」の一致に向けた市町村合併の進行を特徴とした。明治期の廃藩置県により設定された「県」は，三大都市圏や県境を越えた日常交流がみられる一部の諸県を除き，19世紀，20世紀にわたり，都道府県それぞれの県土構造の形成，ならびに県土内流動の促進とその固定化をもたらしてきたが，2000年代におい

ては，県土構造が，地方ブロックというより広域の動きに包摂される側面を持っている。同時に，それまで県土内や市町村内で収まる空間スケールで形成されてきた生活圏が，次第に市町村のみならず都道府県を越えて形成されるケースも珍しくなくなってきている。

　本章では，国土－地方ブロック－生活圏という空間スケールの階層制を規定する要因として，経済的中枢管理機能（オフィス）の立地に着目する。北海道，東北という北東日本においては，中枢管理機能の立地は，道県，地方ブロックという行政のテリトリー制によってほぼ成立している。地方ブロックというテリトリーにおける中心地となる札幌・仙台，県における中心となる県庁所在都市が中心となり，生活圏が形成されているが，その階層性は，中枢管理機能の立地により規定される面が強い。

　他方で，生活圏の経済規模（主に消費人口）がもたらす流動と，テリトリー制による企業管轄圏域（管轄となる対象の人口）がもたらす流動には，当然ながらズレが生じている場合もあるが，このズレが，北東日本においては，どのような特色を持っているのかについて，地域間流動などの統計をもとに，全国との対比の上でみていく。その上で，今後，北海道，東北という県土・道土を越えたブロックの形成にあたり，北東地域が抱える特色と現代的課題を明らかにしていきたい。

2　市町村，県土を越えた流動

　市町村，都道府県を越えた流動が増加している背景には，第1に高速交通網の全国的展開により，地域間流動が時代とともに容易化していることがある。鉄道においては，1982年の東北新幹線（大宮～盛岡）開業，1988年の青函トンネル津軽海峡線開業を契機として，高速鉄道の延長が，主要都市間の流動を高めるように拡充・整備されてきた。また，道路においては，1986年の東北縦貫自動車道（浦和～青森）全通による南北の骨格形成を契機として，主要都市のみならず，高速道路沿いの小都市や農山漁村同士の流動までも高めるように建設されてきた。航空路においても，1993年の福島空港の開港により，東北6県

にはすべて空港が設置された。北海道は，札幌を中心としたインフラ整備の骨格形成がされているものの，縦貫道の形成には至らず，2012年4月時点で全道を網羅する高速鉄道も未整備であるが，それを補完する役割として，12もの空港で近・中・長距離の多様な航空定期便が運行されている。いずれの交通手段においても，他地域とのアクセシビリティを増加させている。加えて，高速化や，ICTの活用による運行の円滑化などの技術革新により，幹線については，鉄道・高速道路・航空路のいずれも，頻度の充実化が進行している。

　地域間流動の容易性を促す条件が整ってきていることは，2つの側面から捉えることができる。まず，生活圏内や生活圏間の交流人口の増大である。生活圏内や生活圏間の交流は，基本的に距離によって規定されると考えられる。圏内における通勤・通学・個人消費といった活動は，中心地点（都市）からの距離に，ほぼ比例するものと考えられる。なかでも，通勤・通学や消費といった活動は，基本的にその周辺地域から，ある中心地に向かっての流れと捉えることができる。また，生活圏同士の交流に関しても，同様に規模の大きな生活圏域同士が隣接している場合には，相互の交流は大きくなるであろうし，対照的に，規模の小さな生活圏がお互いに遠隔に位置する場合は，相互の交流は小さくなる。この面から捉えると，生活圏間の交通網の充実は，域間の交流を増加させているものと考えられる。生活圏を越えた，隣接した圏域に通勤・通学・購買を容易にする条件は，21世紀に入っても整ってきている。

　ある中心地に向かっての動きと対照的に，中心地からその周辺に向けての動きが主たる流動を捉えると，企業や行政の管轄区域（テリトリー）による管理の行動にみることができる。代表的なのは，大企業の本社・支所などのオフィスである。なかでも北東地域においては，支所（支社・支店・営業所・事務所など）の立地が各都市経済の構成要素として大きな役割を果たしている。これらの事業所は，管理，取引，情報収集のため，ある一定の区域を設定し，その中に1つ拠点を置くという形態をとっている。その形態が，地方ブロック，県域，市町村や生活圏のいずれかをとるかは，その事業所の担う機能によるが，いずれにせよ，一定の管轄の区域を設定し，そこに1つの中心を置き，中心から，管理，取引，情報収集のために，周辺であるテリトリー内の各地に移動し，

業務が終われば，中心地に戻っていくという，周辺から中心地に向けての移動が主たるものである。企業の営業対象エリアや下部組織の管轄区域といったものは，一定面積内における消費人口の分布に基づく経営上の成立閾値に応じて立地するわけでは，必ずしもない。企業生成の初期条件としては，経営の成立のための閾値となる，一定以上の市場規模が必要であるが，さらに巨大化・複雑化するにつれて，全国展開・グローバル展開がなされ，新規市場の獲得に向けて，成立閾値に満たない「企業内事業所」が立地することもある。また，省庁や都道府県といった行政機関による区域設定と支所配置もまた，重要である。省庁では地方整備局，経済産業局，農政局といった地方出先機関が各地方ブロック単位に設置されている。北海道には，複数省庁の担当業務を一元的に取り扱う開発局が配置されている。都道府県においても，各県内をいくつかの地域に分割し，それぞれに出先機関を配置している。いずれの形態をとるにせよ，企業の支所の配置と同様に，一定のエリアを管轄区域に設定し，それを管理するという点，中心地から周辺地域に向けて，同様の流動をもたらしていると考えられる。そして，企業の支店立地以上に，経営の成立閾値は考慮されずに，配置が決定され，さらに配置地点の変動も少なく固定化されるという特色を持つ。

　企業の支所や行政の出先機関がもたらす流動は，距離より規定されるというよりも，その立地主体が設定するテリトリーにより発生する。テリトリーを設定する際に，ある中心地から極度に遠隔に位置する地域は，また別の中心地により管轄されるテリトリーになることから，テリトリーの決定そのものには距離が影響している。基本的には中心地から周辺地に向けての，距離ではなくて，テリトリー内のすべての地域に向けての移動という側面から流動が行われている。距離よりも，テリトリーが先行して，管理という活動が行われている。

　以上のように，2側面を持つ地域間流動であるが，次節以降では，北東地域における中枢管理機能の立地や地域間流動の実態について，近年のデータを基にみていきたい。

3 北東地域における中枢管理機能の立地

　オフィス（本社・支所）の立地数における上位100都市をカウントすると，北東日本において該当するのは15都市（北海道が6都市，東北6県が9都市）である。なお，数値は，銀行業・小売業のオフィスを除いたものである（**図表11-1**）。

　これらの都市の立地特化係数を算出すると，本社立地においては，上位30位以内に入る都市はなく，ようやく第36位に札幌（0.53）が，第48位に仙台（0.40）が位置する。100位以内には，帯広（0.36），八戸（0.25），いわき市（0.17）と続くが，いずれの都市も，都市経済規模の基礎指標である人口の集中率に比較して，本社立地の集中度は小さい。

　対照的に，支所立地特化係数をみると，上位30位以内に，福島市を除くすべての県庁所在都市が入る。第2位の仙台（4.63），第9位の盛岡（3.26），第20位の秋田（2.36），第21位の青森（2.32），第23位の山形市（2.25），第26位の札幌（2.18）と，いずれも，都市経済の基礎的規模を大きく上回り，支所が立地している（**図表11-2**）。

　省庁の出先機関が所在しない都市であり，かつ非県庁所在都市である場合は，数値が1を下回るケースもある。第91位の八戸（0.52），第100位のいわき市（0.30）である。基本的に，出先機関所在都市（地方中枢都市），県庁所在都市の順に係数が高くなるものの，福島県においては，例外的に，非県庁所在都市の郡山の数値が高く，県庁所在都市の福島（1.10）は，第70位にすぎない。同県においては，立地数においても，同様に，郡山の支所数が，福島のそれを大きく上回る。

　北東地方においては，支所立地が集中する都市間の距離が，相対的に長いという特徴がある。東北地方においては，20万人以上の都市圏の中心都市間平均距離は98.4kmであり，これは，3大都市圏はもとより，中国地方の40.3km，九州地方69.3kmの，四国地方の83.3kmと比べても長い（藤本，2010a）。都市間距離の長さは，生活圏レベルでの相互交流を不活発にしてきた面がある。し

▶図表11-1　本社立地特化度のランキング（2010年）

順位	都市名	本社立地特化係数
1	東京特別区	6.85
2	大阪市	6.43
3	名古屋市	2.19
4	尼崎市	2.11
5	小牧市	2.03
6	福井市	1.79
7	厚木市	1.60
8	神戸市	1.59
9	京都市	1.59
10	富山市	1.28
11	沼津市	1.18
12	西宮市	1.11
13	福岡市	1.06
14	明石市	1.03
15	姫路市	1.00
16	春日井市	0.98
17	浜松市	0.97
18	長野市	0.94
19	横浜市	0.86
20	高松市	0.86
21	吹田市	0.84
22	堺市	0.78
23	金沢市	0.78
24	川崎市	0.75
25	北九州市	0.67

順位	都市名	本社立地特化係数
26	立川市	0.67
27	新潟市	0.66
28	福山市	0.65
29	下関市	0.64
30	長岡市	0.63
⋮		
36	札幌市	0.53
⋮		
48	仙台市	0.40
⋮		
52	帯広市	0.36
⋮		
62	八戸市	0.25
⋮		
68	いわき市	0.17

注1：立地特化係数は，当該地域（都市）の本社数の対全国比を，同地域の人口の対全国比で除したものである。
注2：本社数には，銀行業・小売業の数値は含まない。
注3：第31位以下は，北海道・東北の都市のみを抜粋している。
出所：総務省統計局「国勢調査平成22年度」，ダイヤモンド社「組織図・系統図便覧　全上場会社版　2011年版」をもとに筆者作成。

かし，管轄という観点からみると，都市圏間の可動性が低いことで，組織階層において上位の支所集積地から，下位の集積地のテリトリーに容易に出張できないという点で，影響が及びにくい。北東地方の諸都市においては，立地特化からみると，相対的に高い数値を示すケースが多いのは，都市間距離が長いことも一因である。

相対的に支所立地の特化が高かった東北地方の諸都市であり，地方中枢都市と呼ばれる札幌，仙台，広島，福岡の中でも，1990年から2000年までの間で，上場企業の数値をみると，仙台の支所減少率が最も低かったが，他のより上位

▶図表11-2　主要都市における支所立地特化（2010年）

順位	都市名	支所合計	支社	支店	営業所	事業所総数
1	高松市	5.05	5.24	5.93	4.38	1.93
2	仙台市	4.63	6.38	5.74	3.54	1.89
3	立川市	4.00	2.35	4.37	4.00	1.85
4	金沢市	3.94	2.92	3.31	4.57	1.97
5	福岡市	3.83	6.64	4.85	2.63	1.67
6	広島市	3.67	4.46	4.56	2.89	1.47
7	水戸市	3.41	3.14	2.56	4.06	1.98
8	松本市	3.38	2.09	2.20	4.43	1.90
9	盛岡市	3.26	1.70	1.92	4.49	2.33
10	名古屋市	3.04	5.64	4.04	1.90	1.89
11	静岡市	2.73	1.42	2.22	3.32	1.55
12	山口市	2.64	1.29	1.75	3.51	1.54
13	大阪市	2.62	6.56	3.48	1.35	1.90
14	郡山市	2.59	1.00	1.75	3.47	1.93
15	宇都宮市	2.58	0.83	1.91	3.35	1.73
16	富山市	2.50	1.80	2.31	2.75	1.43
17	甲府市	2.47	1.28	1.92	3.06	1.56
18	新潟市	2.46	1.98	2.38	2.60	1.73
19	那覇市	2.39	0.80	1.82	3.06	1.34
20	秋田市	2.36	1.31	1.48	3.16	1.64
21	青森市	2.32	1.13	1.47	3.14	1.71
22	岡山市	2.32	1.55	1.64	2.94	1.51
23	山形市	2.25	1.33	1.66	2.83	1.90
24	沼津市	2.25	1.67	1.80	2.66	1.66
25	厚木市	2.22	1.51	1.87	2.59	1.67
26	札幌市	2.18	3.00	2.69	1.68	0.89
27	高崎市	2.17	1.59	2.01	2.38	1.43
28	長野市	2.13	1.77	1.70	2.50	1.48
29	松江市	2.08	2.19	1.38	2.57	1.34
30	土浦市	2.05	0.59	1.60	2.61	1.77
⋮						
39	釧路市	1.74	0.47	1.16	2.36	0.92
⋮						
41	帯広市	1.70	0.50	1.60	1.98	0.82
⋮						
47	苫小牧市	1.56	0.49	1.54	1.75	0.95
⋮						
63	函館市	1.23	0.30	0.96	1.58	0.87
64	旭川市	1.22	0.24	0.99	1.55	0.69
⋮						
70	福島市	1.10	0.87	0.85	1.32	1.29
⋮						
91	八戸市	0.52	0.00	1.05	0.23	1.29
⋮						
100	いわき市	0.30	0.00	0.56	0.16	0.96

注1：立地特化係数は，当該地域（都市）の支所数の対全国比を，同地域の人口の対全国比で除したものである。
注2：本社数には，銀行業・小売業の数値は含まない。
注3：第31位以下には，北海道・東北の都市のみを抜粋している。
出所：図表11-1に同じ。

の本社集積地,同レベルの支所集積地,下位の支所集積地とのアクセシビリティが最も弱かったことが大きい（藤本，2010b）。同様に，30万前後の中心都市ならびに都市圏人口である東北の県庁所在都市，北海道の支庁所在都市も同じ傾向にあった。しかし，2000年代に入り，高速交通体系の整備・拡充と高頻度化，ITの活用による高速情報通信の全国的ネットワークの構築が進展し，本社 - 支所の連絡，支所間の連絡を容易にしている。それに伴い，下位の管理部門が位置する地域は，より上位の管理部門により直接に管理されるようになる。それは，支所の撤退という形態として，表れる。北海道においては，依然として地方ブロック内の高速交通網整備の進捗度が遅く，人口10～30万レベルの都市圏の支所撤退は緩やかなものであるが，2000年代において陸路の高速交通網で県庁所在都市間が完全に結合された東北地方においては，90年代までのような，支所立地における，仙台や県庁所在都市の優位性は，今後は失われていくものと考えられる。

4　生活圏としての空間形成

　都道府県域を越えた地域間の交通流動の実態について，2010年代の動きを中心にみていく。であるが，図表11-3をみると，人の動きの年間合計値である流動数は，年間で297億人にも達している。この数値は，JR，私鉄，自家用車，バス，タクシー，船舶などの輸送人員総数を合計したものである。流動数そのものは，私鉄，JRなど都市型交通インフラがきめ細やかに整備されている首都圏（59.9％）と関西圏（19.7％）により8割程度を占める。対照的に，地方圏の流動数は小さくなり，北海道（2.7％），東北（1.97％），北陸甲信越（1.72％），中国（2.08％），四国（0.68％），九州（4.45％）は，その経済規模に比べて，特に小さい流動規模となっている。

　流動のうち，都道府県を越えて発生するものを交流数とし，その交流数が総流動に占める割合を交流率とすると，同様に，大都市圏の数値が高くなり，首都圏7都県の平均が26.5％，関西6府県の平均が24.0％と，都道府県の行政区域を越えた交流が多く発生している。対照的に，中央日本からみて国土縁辺部

に位置し,他ブロック,他県との日常的生活圏が形成されにくい地方ブロックの数値は10％を下回る。北海道（1.4％），東北（8.4％），四国（7.3％），九州（8.3％），沖縄（6.0％）などである（**図表11-3**）。

▶図表11-3　交通流動，特化度と交流率（2013年）

地方ブロック （都道府県）	総流動（1,000人）	全国比率	流動特化度	交流率
北海道	801,895	2.70%	0.75	1.4%
東北	584,877	1.97%	0.28	8.4%
（青森）	68,435	0.23%	0.25	6.6%
（岩手）	76,000	0.26%	0.28	6.9%
（宮城）	268,426	0.90%	0.56	5.8%
（秋田）	42,663	0.14%	0.19	7.6%
（山形）	47,742	0.16%	0.19	10.3%
（福島）	81,612	0.27%	0.19	13.4%
首都圏	17,829,320	59.94%	1.05	26.5%
（茨城）	197,204	0.66%	0.24	30.7%
（栃木）	105,235	0.35%	0.20	26.6%
（群馬）	86,633	0.29%	0.17	22.9%
（埼玉）	1,505,504	5.06%	0.68	37.2%
（千葉）	1,604,296	5.39%	0.94	29.6%
（東京）	10,776,183	36.23%	3.49	16.7%
（神奈川）	3,554,265	11.95%	1.59	21.8%
北陸甲信越	512,751	1.72%	0.28	10.7%
（新潟）	138,591	0.47%	0.29	6.5%
東海	1,898,572	6.38%	0.44	17.7%
関西	5,867,446	19.73%	0.86	24.0%
中国	618,873	2.08%	0.34	10.0%
四国	201,842	0.68%	0.24	7.3%
九州	1,324,054	4.45%	0.36	8.3%
沖縄	106,080	0.36%	0.37	6.0%
全国	29,745,710	100.0%	1.00	17.4%

注1：総流動は，当該地域（都道府県，地方ブロック）を着地とする交通流動（総旅客数）の合計である。
注2：流動特化度は，当該地域（都道府県）の流動量の対全国比を，同地域の人口の対全国比で除したものである。
注3：交流率は，当該地域（都道府県）の総流動から，自地域を発とする流動を引いたものを，総流動で除したものである。また，地方ブロックの交流率は，ブロック内の都道府県の各数値の平均を算出した。
出所：国土交通省総合政策局「旅客地域流動調査　各年度版」をもとに筆者作成。

また，各地域の経済規模に対して，どれだけ流動が多いかを示す数値として，流動の特化度をみると，1を超えるのは首都圏の1.05のみであり，なかでも東京都の3.49が数値を押し上げている。

流動は，通勤・通学や日常的買物による流動（対個人向け輸送サービス）と，民間企業の支所・官公庁・工場などの事業所間を出張するというビジネス移動による流動（対事業所向け輸送サービス）に，大きくに分けることができる。概念上の区分を，実態の流動と整合させて，正確に区分することは，「旅客地域流動調査」においては，そのような区分が行われていないために困難である。

同調査が対象としている交通手段の中で，JR，民鉄に関しては「定期」と「定期外」の区分がなされている。民鉄（私鉄）がきめ細やかに都市圏内に敷設され，その安価さもあり，日常的な通勤・通学流動を喚起している3大都市圏は，私鉄の役割も大きい。それ以外の地域においては，若干の例外はあるものの，公共交通機関を利用して，都道府県を越える近中距離流動は，日常，非日常の流れにかかわらず，JR，高速バスを利用するケースが，主たるものであると考えられる。

JR定期，乗合バスによる流動が，地方圏においては，日常的流動を反映していると考えられ，その実態は，図表11-4と図表11-5に示されている。まず，JR定期利用の流動をみると，JR運行のない沖縄，2013年時で通勤電車は運行されず，青森〜函館間で運行されている特急でも，両都市間で平均2時間の所要時間がかかる青函トンネルのみに，他県との陸路交流手段が限定さている北海道を除き，すべての地方ブロックで，都府県を越えた定期流動は存在する。

JR定期の利用による交流数そのものは，首都圏（78.1％），関西圏（16.6％）で大半を占め，それ以外の地方ブロックの数値は低く，東北（0.3％）は，四国（0.08％）に次いで低い（図表11-4）。

各地方ブロック内の都府県の交流率を平均した数値は，首都圏（36.8％），関西（37.1％），東海（26.5％）において高いものの，それ以外の地方ブロックでは，10％以下となる。

中国（9.3％）が高く，岡山（岡山県）〜高松（香川県）間，岡山〜福山（広島県）間，広島（広島県）〜岩国（山口県）間，下関（山口県）〜小倉（福岡県）間

▶図表11-4　鉄道による地域間流動（JR定期）（2013年）

地方ブロック（都道府県）	交流数（千人）	全国比率	交流率	地方ブロック（都道府県）	交流数（千人）	全国比率	交流率
北海道	0	0	0.0%	東海	47,323	2.83%	26.5%
東北	4,987	0.30%	3.7%	関西	277,876	16.61%	37.1%
（青森）	146	0.01%	2.7%	中国	13,340	0.80%	9.3%
（岩手）	537	0.03%	4.0%	（鳥取）	328	0.02%	4.9%
（宮城）	1,869	0.11%	2.9%	（島根）	328	0.02%	8.0%
（秋田）	110	0.01%	1.1%	（岡山）	4,221	0.25%	9.7%
（山形）	467	0.03%	4.4%	（広島）	4,377	0.26%	5.4%
（福島）	1,859	0.11%	8.7%	（山口）	4,087	0.24%	18.8%
首都圏	1,306,579	78.12%	36.8%	四国	1,350	0.08%	3.5%
（茨城）	24,567	1.47%	37.2%	（徳島）	123	0.01%	1.7%
（栃木）	9,781	0.58%	30.2%	（香川）	1,104	0.07%	10.4%
（群馬）	5,403	0.32%	23.7%	（愛媛）	116	0.01%	1.7%
（埼玉）	213,643	12.77%	50.9%	（高知）	7	0.00%	0.2%
（千葉）	220,569	13.19%	46.4%	九州	14,300	0.85%	7.9%
（東京）	610,264	36.49%	31.3%	（福岡）	7,936	0.47%	5.6%
（神奈川）	222,352	13.29%	32.4%	（佐賀）	4,445	0.27%	35.0%
北陸甲信越	6,885	0.41%	8.8%	（長崎）	116	0.01%	1.3%
（新潟）	119	0.01%	0.3%	（熊本）	986	0.06%	7.4%
（富山）	1,001	0.06%	7.2%	（大分）	631	0.04%	4.8%
（石川）	1,266	0.08%	9.4%	（宮崎）	44	0.00%	0.7%
（福井）	393	0.02%	6.0%	（鹿児島）	141	0.01%	0.9%
（山梨）	3,398	0.20%	26.3%				
（長野）	680	0.04%	2.2%				

注：東海・関西の, 府県別数値は省略している。
出所：図表11-3に同じ。

　など, JR鉄道の高頻度運行がなされている地域を抱える場合には, 相対的に交流率は高くなる。都道府県でみた場合も, 3大都市圏以外では, 博多（福岡県）〜鳥栖・唐津（佐賀県）を抱える佐賀県（35.0%）, 新宿（東京都）〜甲府（山梨県）を抱える山梨県（26.3%）の数値が高くなる。

　東北, 四国といった地方ブロックにおいて, 交流率, 交流数ともに低いのは, 県土構造において, 福島県, 香川県を除き, すべて, 地理的に県土の中央部に位置する県庁所在都市を中心とした生活圏域が, 県土で最大規模として形成され, なおかつ, それ以外の大規模な生活圏の生成が弱かったこと, そのため,

県境付近における生活圏同士の関連が弱くなっていることによる。

　東北地方においては，県土構造において生活圏の特定都市圏（主に県庁所在都市）への集中がみられないという点で多極分散型である福島県は，県庁所在都市である福島市へ向けての流動による域内（県内）の中心性が弱く，なおかつ，県土の北部に偏って位置している。同様に，茨城県境に位置するいわき市も，県土の南に偏っている。この結果，全国との対比では，量的には多くないものの，他県との間の交流が生じ，福島県の交流率（8.7％）を，東北においては最も高いものとしている。対照的に，秋田県（1.1％），青森県（2.7％）の数値が極めて低いのは，県境付近に中核都市を中心とした生活圏が形成されていなく，人口の稀薄地帯となっているためである。

　もう一方の日常的交流手段として用いられる高速バスの流動を多く反映しているとみられる乗合バスの数値をみると，鉄道と補完的な関係として，その流動を捉えることができる。交流数においては，首都圏（52.7％），関西（17.1％）で大半を占めるものの，JRの流動ほど，3大都市圏の占める割合は高くない。東北（5.4％），四国（3.0％）といった，鉄道による県間交流が極めて小さな地域においても，交流数においては，経済規模に比例した流動数となっている。東北の場合は，バス運行において，特色がみられる。それは，仙台を中心とし，そこと中核都市や中小都市との間の流動を強く反映しているということである。なかでも，山形市〜仙台市の高速バスの運行頻度の高さを反映し，山形県の交流率は11.3％となっている（図表11-5）。

　四国においては，徳島県（16.7％），香川県（16.4％）の流動数，流動率が高くなっているが，これは，四国ブロック内の他県との交流という側面よりも，主に関西（大阪・神戸），中国に向けての高速バスの高頻度運行による流動が強く反映されている。東北，四国という，県境を越えた日常的な流動が，鉄道で稀薄な地域では，それを補完する形で，高速バスが運行されている。

　高速バスは，日本においては，鉄道と比べ，比較的新しい交通手段である。中距離程度の都市間運行のバスについては，1960年代からハイウェイバスが運行されていた東名道，名神道沿いの地域，1980年代から都市間バスが急展開された北部九州・山陽・新潟に比べ，東北地方は，人口稀薄地帯が多く，都市間

▶図表11-5　バスによる地域間流動（2013年）

地方ブロック（都道府県）	交流数（千人）	全国比率	交流率	地方ブロック（都道府県）	交流数（千人）	全国比率	交流率
北海道	0	0.0%	0.0%	東海	7,401	7.0%	2.8%
東北	5,677	5.4%	4.3%	関西	17,968	17.1%	2.4%
（青森）	241	0.2%	0.9%	中国	3,344	3.2%	5.1%
（岩手）	534	0.5%	2.3%	（鳥取）	638	0.6%	12.9%
（宮城）	2,427	2.3%	3.5%	（島根）	546	0.5%	7.2%
（秋田）	251	0.2%	2.0%	（岡山）	734	0.7%	2.8%
（山形）	1,084	1.0%	11.3%	（広島）	1,048	1.0%	1.0%
（福島）	1,142	1.1%	6.0%	（山口）	377	0.4%	1.4%
首都圏	55,370	52.7%	3.8%	四国	3,121	3.0%	11.6%
（茨城）	2,356	2.2%	6.0%	（徳島）	1,162	1.1%	16.7%
（栃木）	408	0.4%	2.4%	（香川）	856	0.8%	16.4%
（群馬）	572	0.5%	5.8%	（愛媛）	675	0.6%	5.3%
（埼玉）	5,580	5.3%	2.6%	（高知）	429	0.4%	8.0%
（千葉）	10,863	10.3%	4.9%	九州	8,331	7.9%	3.6%
（東京）	25,915	24.7%	3.3%	（福岡）	3,694	3.5%	1.3%
（神奈川）	9,677	9.2%	1.5%	（佐賀）	1,184	1.1%	10.8%
北陸甲信越	3,864	3.7%	5.6%	（長崎）	890	0.8%	1.1%
（新潟）	386	0.4%	0.9%	（熊本）	1,163	1.1%	3.2%
（富山）	399	0.4%	4.4%	（大分）	635	0.6%	3.2%
（石川）	477	0.5%	1.6%	（宮崎）	458	0.4%	4.7%
（福井）	200	0.2%	3.6%	（鹿児島）	308	0.3%	0.8%
（山梨）	804	0.8%	15.7%				
（長野）	1,598	1.5%	7.0%				

注1：東海・関西の，府県別数値は省略している。
出所：図表11-3に同じ。

の平均距離が長いために，高速バスの需要がバス運行上の経営の成立閾値に満たないために成立しにくかった。高速道の延伸，携帯電話の普及など運行面での技術革新が著しくなった1990年代後半からは，仙台～山形の路線において高頻度の運行が本格的に始まった。ただしバスは，1台当たり輸送人員が通常は50名未満であり，運行による総流動は，総数でみるとさほど鉄道と比べて大きな流動とはならないが，少人数でも高頻度化が可能である。

　JR定期，乗り合いバスの総流動でみられた傾向は，国勢調査（2010年）における通勤・通学の実態調査においても，ほぼ同じ動向が観察できる。自都道

府県外への通勤・通学している人の比率は，上位10位まで，3大都市圏やそれに隣接する府県が占めている。また，20位までをみても，佐賀県（4.4％），山口県（1.5％），鳥取県（1.5％），福岡県（1.3％）が入っているのみで，残りは，同様にすべて3大都市圏の諸都府県である。

北東地域の中では，福島県（26位, 1.0％）が最も高く，岩手県（第27位, 0.9％），宮城県（第36位, 0.7％）と続いている。最も低いのは，北海道（第47位, 0.1％）であり，同時に全国最低でもあるが，第39位の山形県（0.6％），第43位の青森県（0.4％），第44位の秋田県（0.3％）のいずれの数値も，全国的にみても低い水準となっている。北東日本においては，道県を越えた生活圏の形成がほとんどなされていないことを反映し，道県をまたいだ通勤・通学の流動数は極めて低くなっている。

鉄道，高速道路といった国土構造，地方ブロックの構造，県土構造の骨格をつくる交通インフラは，いずれも，北東日本の道県内の各生活圏の形成の土台ではあっても，3大都市圏や中国，北陸，北部九州，北部四国と比べて，北海道，東北といった地方ブロックでの生活圏形成には至っていないと考えられる。通勤・通学といった都市圏・生活圏の根底となる流動を生成させるようには機能していない（図表11-6）。

5 管轄圏としての空間形成

地方ブロック単位で整備されてきた交通インフラは，通勤・通学などの生活圏とはまた別の面で，都道府県を越えた流動を促している面もある。一般的に言われる「ビジネス需要」であり，出張などに代表されるものである。これらの移動は，鉄道・航空による地域間流動に主に反映されると考えられる。生活圏ではなく，管轄圏（テリトリー）という別の側面からの流動である。

新幹線，特急などが主たるものと推測されるJR定期外による流動をみると，交流数そのものは，首都圏（63.1％），関西（19.0％）が多くを占める。北海道が0.1％，東北地方は2.6％であり，四国の0.4％，中国の2.7％，九州の3.1％，北陸甲信越の2.6％などで，交流数そのものは小さい。しかし，交流率をみると，

▶図表11-6 都道府県外への通勤・通学流動（2010年）

順位	都道府県	比率	通勤・通学者数（1日当たり）	順位	都道府県	比率	通勤・通学者数（1日当たり）
1	埼玉県	17.0%	1,069,516	26	福島県	1.0%	18,648
2	千葉県	15.7%	838,826	27	岩手県	0.9%	11,429
3	奈良県	15.7%	197,223	28	広島県	0.9%	22,461
4	神奈川県	14.2%	1,098,907	29	大分県	0.9%	9,771
5	兵庫県	7.6%	375,244	30	徳島県	0.8%	5,795
6	滋賀県	7.1%	90,657	31	富山県	0.8%	8,300
7	京都府	6.9%	155,330	32	香川県	0.8%	7,043
8	岐阜県	6.5%	127,367	33	石川県	0.8%	8,148
9	茨城県	5.9%	159,730	34	長崎県	0.8%	10,007
10	東京都	4.8%	474,388	35	福井県	0.8%	5,802
11	佐賀県	4.4%	34,993	36	宮城県	0.7%	15,609
12	栃木県	4.0%	72,634	37	宮崎県	0.7%	6,871
13	和歌山県	4.0%	36,943	38	鹿児島県	0.6%	9,129
14	三重県	3.8%	63,378	39	山形県	0.6%	6,409
15	大阪府	3.5%	257,303	40	長野県	0.5%	10,355
16	群馬県	3.2%	58,607	41	愛媛県	0.4%	5,542
17	山梨県	2.2%	17,540	42	高知県	0.4%	2,782
18	山口県	1.5%	20,234	43	青森県	0.4%	4,973
19	鳥取県	1.5%	7,860	44	秋田県	0.3%	3,302
20	福岡県	1.3%	59,586	45	新潟県	0.2%	4,707
21	島根県	1.3%	8,093	46	沖縄県	0.1%	1,334
22	岡山県	1.2%	22,122	47	北海道	0.1%	4,748
23	愛知県	1.2%	77,003				
24	熊本県	1.2%	18,961				
25	静岡県	1.0%	37,153				

出所：総務省統計局「国勢調査平成22年度」をもとに筆者作成。

　北海道（1.3％）は別として，それ以外の地方は，高くなり，東北6県の平均は40.4％となる。また，四国4県のそれは23.8％となる。このことから，JRの定期外利用においては，県境を越えた交流の比率が，定期のそれに比べて高くなることを示している（図表11-7）。

　定期外利用は，中長距離の交流をある程度反映していると考えられるが，ブロックを越えた交流に関しては，航空も重要な役割を果たしている。鉄道の流動では，基礎的な経済規模に比して小規模であった北海道が，航空流動では

▶図表11-7　鉄道による地域間流動（JR定期外）（2013年）

地方ブロック（都道府県）	交流数（千人）	全国比率	交流率	地方ブロック（都道府県）	交流数（千人）	全国比率	交流率
北海道	710	0.1%	1.3%	東海	62,055	6.5%	46.1%
東北	24,675	2.6%	40.4%	関西	182,256	19.0%	41.7%
（青森）	2,783	0.3%	50.5%	中国	25,553	2.7%	32.3%
（岩手）	3,778	0.4%	47.8%	（鳥取）	936	0.1%	30.8%
（宮城）	8,955	0.9%	23.3%	（島根）	846	0.1%	32.4%
（秋田）	1,431	0.1%	31.7%	（岡山）	7,872	0.8%	32.4%
（山形）	2,173	0.2%	45.7%	（広島）	10,653	1.1%	23.5%
（福島）	5,555	0.6%	43.1%	（山口）	5,245	0.5%	42.3%
首都圏	604,278	63.1%	40.6%	四国	3,881	0.4%	23.8%
（茨城）	11,937	1.2%	50.2%	（徳島）	305	0.0%	11.9%
（栃木）	9,105	1.0%	55.4%	（香川）	2,405	0.3%	42.8%
（群馬）	5,950	0.6%	49.2%	（愛媛）	842	0.1%	23.8%
（埼玉）	81,472	8.5%	41.7%	（高知）	330	0.0%	16.6%
（千葉）	89,262	9.3%	37.2%	九州	29,820	3.1%	31.2%
（東京）	294,702	30.8%	21.4%	（福岡）	16,644	1.7%	21.1%
（神奈川）	111,850	11.7%	29.0%	（佐賀）	3,397	0.4%	56.7%
北陸甲信越	24,865	2.6%	44.8%	（長崎）	1,996	0.2%	31.8%
（新潟）	5,966	0.6%	29.0%	（熊本）	2,875	0.3%	36.7%
（富山）	2,224	0.2%	39.8%	（大分）	2,350	0.2%	28.6%
（石川）	3,107	0.3%	43.0%	（宮崎）	415	0.0%	14.2%
（福井）	2,320	0.2%	59.7%	（鹿児島）	2,144	0.2%	28.9%
（山梨）	4,385	0.5%	56.7%				
（長野）	6,863	0.7%	40.7%				

注：東海・関西の，府県別数値は省略している。
出所：図表11-3に同じ。

　11.7%，九州が17.7%と大きな比率となる。航空流動は，ごく一部のブロック（北海道内，九州内など）を除き，ブロック外との交流，なかでも3大都市圏との流動でほとんどを占めるために，図表では，交流率は算出していない（図表11-8）。

　JR定期外，航空による域外交流が，主に3大都市圏を核とし，それら同士の流動ならびにそれ以外の地方ブロックとの流動が主たるものであることを示しているのが，図表11-9，図表11-10である。

　南関東は，西側に隣接する東海（21.9%），北関東（19.7%），東海道沿いの

▶図表11-8　航空による地域間流動（2013年）

地方ブロック （都道府県）	交流数 （千人）	全国比率	地方ブロック （都道府県）	交流数 （千人）	全国比率
北海道	10,776	11.7%	関西	10,509	11.4%
東北	3,056	3.3%	（滋賀）	0	0.0%
（青森）	509	0.6%	（京都）	0	0.0%
（岩手）	177	0.2%	（大阪）	9,458	10.2%
（宮城）	1,429	1.5%	（兵庫）	1,001	1.1%
（秋田）	600	0.6%	（奈良）	0	0.0%
（山形）	227	0.2%	（和歌山）	50	0.1%
（福島）	116	0.1%	中国	3,100	3.4%
首都圏	28,569	30.9%	（鳥取）	445	0.5%
（茨城）	143	0.2%	（島根）	446	0.5%
（栃木）	0	0.0%	（岡山）	552	0.6%
（群馬）	0	0.0%	（広島）	1,093	1.2%
（埼玉）	0	0.0%	（山口）	565	0.6%
（千葉）	2,475	2.7%	四国	2,996	3.2%
（東京）	29,059	31.4%	（徳島）	442	0.5%
（神奈川）	0	0.0%	（香川）	692	0.7%
北陸甲信越	1,942	2.1%	（愛媛）	1,231	1.3%
（新潟）	412	0.4%	（高知）	630	0.7%
（富山）	422	0.5%	九州	16,366	17.7%
（石川）	1,067	1.2%	（福岡）	8,196	8.9%
（福井）	0	0.0%	（佐賀）	153	0.2%
（山梨）	0	0.0%	（長崎）	1,525	1.6%
（長野）	41	0.0%	（熊本）	1,434	1.6%
東海	3,025	3.3%	（大分）	801	0.9%
（岐阜）	0	0.0%	（宮崎）	1,322	1.4%
（静岡）	142	0.2%	（鹿児島）	2,936	3.2%
（愛知）	2,883	3.1%	沖縄	9,039	9.8%
（三重）	0	0.0%			

出所：図表11-3に同じ。

　延長である近畿（17.7%）・阪神（11.8%）を発とする流動が上位である。その次に東東北（10.2%）となる。

　陸路で首都圏と隣接しない地域は，鉄道では南関東を着とする流動の比率が低い反面，航空流動による交流数が多くなる。10%を超えるのは，北海道（21.8%），北九州（19.1%），阪神（12.7%），南九州（11.5%）である。また，5%

を超えるのは，沖縄（9.9％），四国（7.3％），山陽（6.2％）である。阪神，山陽，北九州は，JR新幹線で首都圏と直結するものの，航空流動による一定の規模の需要も存在する。同様にJR新幹線で首都圏と直結する東北地方は，航空流動による首都圏との結合は弱く，東東北が2.6％，西東北が0.6％である（図表11-9，図表11-10）。

鉄道，航空の両流動をあわせてみると，首都圏に距離で近い地域ほど首都圏との交流が高まるのではなく，全国どの地域でも，首都圏との交流が遍在している。結果的に，首都圏に隣接する地域においては陸路が，隣接しない地域に

▶図表11-9　JR定期外による地域間流動（2013年）

発地＼着地	南関東		東海		阪神	
	流動数（千人）	比率	流動数（千人）	比率	流動数（千人）	比率
北海道	176	0.1％	7	0.0％	15	0.0％
東東北	12,140	10.2％	470	1.0％	172	0.5％
西東北	2,141	1.8％	80	0.2％	22	0.1％
北関東	23,453	19.7％	419	0.9％	301	0.9％
南関東	−	−	25,768	57.3％	14,049	43.5％
北陸	6,346	5.3％	910	2.0％	1,923	6.0％
甲信	9,091	7.7％	729	1.6％	267	0.8％
東海	25,970	21.9％	−	−	5,483	17.0％
近畿	21,070	17.7％	8,735	19.4％	−	−
阪神	13,972	11.8％	5,466	12.1％	−	−
山陰	131	0.1％	100	0.2％	443	1.4％
山陽	3,237	2.7％	1,195	2.7％	5,454	16.9％
四国	370	0.3％	196	0.4％	688	2.1％
北九州	568	0.5％	751	1.7％	2,758	8.5％
南九州	112	0.1％	178	0.4％	711	2.2％
沖縄	0	0.0％	0	0.0％	0	0.0％
全国	118,776	100.0％	45,003	100.0％	32,285	100.0％

注1：同ブロック内の流動は省略している。
注2：地域区分は次のとおりである。北海道：北海道。東東北：青森・岩手・宮城・福島。西東北：秋田・山形。北関東：茨城・栃木・群馬。南関東：埼玉・千葉・東京・神奈川。北陸：新潟・富山・石川・福井。甲信：山梨・長野。東海：岐阜・静岡・愛知・三重。近畿：滋賀・京都・奈良・和歌山。阪神：大阪・兵庫。山陰：鳥取・島根。山陽：岡山・広島・山口。四国：徳島・香川・愛媛・高知。北九州：福岡・佐賀・長崎。南九州：熊本・大分・宮崎・鹿児島。沖縄：沖縄。
出所：図表11-3に同じ。

▶図表11-10　航空流動（2013年）

発地＼着地	南関東 流動数（千人）	比率	東海 流動数（千人）	比率	阪神 流動数（千人）	比率
北海道	6,888	21.8%	777	25.7%	1,276	12.3%
東東北	832	2.6%	251	8.3%	814	7.8%
西東北	185	0.6%	0	0.0%	109	1.0%
北関東	0	0.0%	0	0.0%	67	0.6%
南関東	285	0.9%	230	7.6%	3,932	37.9%
北陸	1,319	4.2%	49	1.6%	192	1.8%
甲信	0	0.0%	0	0.0%	0	0.0%
東海	237	0.8%	0	0.0%	0	0.0%
近畿	50	0.2%	0	0.0%	0	0.0%
阪神	4,010	12.7%	0	0.0%	28	0.3%
山陰	758	2.4%	0	0.0%	99	0.9%
山陽	1,964	6.2%	0	0.0%	0	0.0%
四国	2,312	7.3%	73	2.4%	411	4.0%
北九州	6,021	19.1%	654	21.6%	988	9.5%
南九州	3,624	11.5%	450	14.8%	1,180	11.4%
沖縄	3,118	9.9%	547	18.1%	1,281	12.3%
全国	31,603	100.0%	3,029	100.0%	10,375	100.0%

出所：図表11-3に同じ。

おいては航空路が，それぞれ比率として高くなり，首都圏からの距離に規定されているわけではない。同様の傾向は，東海，阪神においても確認でき，距離に規定されて流動数が増加するのではなく，距離的に近接する地域とは陸路で，遠隔に位置する地域とは航空路により結合され，距離の関数により交流数が決定されている側面は弱い。このことから，地方ブロックを越えた交流は，3大都市圏，なかでも首都圏からの距離によってその流動規模が規定されるわけではないことが読み取れる。

　これは，ビジネス利用の主たるものは，企業内・企業間の全国的連絡の必要性を反映しているためである。3大都市圏には，本社などの意思決定部門が所在し，それ以外の地方の支所との連絡のための流動という側面が，主に反映されているためである。

6　北東日本の交流拡大に向けて

　国土政策，地域政策を始め，多方面から提言されている新しい地域の枠組みである地方ブロックという単位は，北東地域では，域外から進出した大企業の支所や省庁の出先機関が設定する，北海道，東北といったテリトリーによりもたらされている側面が強い。対照的に，道境や県境を越えた生活圏域同士の相互の日常的交流は，本章で用いたデータをみる限り，不活発であり，3大都市圏や一部の地方圏にみられるような，都府県を越えた通勤・通学の日常的流動をもたらすには至っていない。さらにブロックを越えた流動も，基礎的な経済指標（所得，人口など）の規模と比べる限りにおいて，不活発である。

　21世紀に入り，高速交通や情報通信に関する技術革新の進展により，他地域からの現場管理が容易になっているために，支所の立地そのものが減少していっている。これは，現状の交通や通信条件を大幅に変更したとしても，支所そのものの撤退により流動量もあわせて減少させていく面が強いものと考えられる。生活圏間の遠隔性，他ブロックの中心都市との遠隔性により，相対的に多くの支所立地がもたらされてきた北東地域の諸都市は，今後は，支所そのものの撤退が継続し，流動を縮小させていく側面が強い。

　対照的に，日常的流動は，現時点では，生活圏間の遠隔性や生活圏そのものの経済規模が相対的小さいことにより不活発であったが，こちらは，支所撤退とは異なり，交通の条件を変更することで，流動を増加させていく可能性を持っている。生活圏同士が遠隔であり，鉄道運行による定期的な流動が成立しなくとも，1990年代以降は，東北地方においても安価な都市間移動手段である高速バスが普及することで，対全国比率では多くないものの，流動数そのものは大幅に増加している。北海道においては，今後のより一層の高速交通網そのものの整備が課題であるが，東北，北海道のいずれも当てはまるのは，生活圏同士の遠隔性，比較的規模の小さな生活圏の分布であり，これについては，人口減少型社会の継続を考慮すると変更することが極めて困難である。むしろ，低廉化，高速バスのように1単位当たりの乗車人員を減少させることによる高頻度

化といった，交通の条件を変更させることが，北東地域の生活圏間の流動を増加させる上で最も現実的な方法であろう。

> **考えてみよう**
> 1　本文の図表を参考に，自分にとって身近な地域のオフィス立地の特化度について，数値を用いて説明してください。
> 2　3大都市圏を除く地域で，都道府県境を越えた流動が大きな地域を取り上げ，なぜ大きいのか，理由を説明してください。

おわりに

1 本書のまとめ

　日本の都市システムは，国土レベルにおける首都圏，地方ブロックレベルにおける行政出先機関所在都市，都道府県レベルにおける都道府県庁所在都市という3層の空間スケールの観点から捉えることができる。本論文の仮説は，日本においてこのような3層のレベルの都市群が形成されてきた背景には，中央省庁－省庁の地方出先機関－都道府県庁という行政システムのヒエラルヒーが強く影響を与えてきたというものであった。これらの階層性に対応した行政機関所在都市群は，本社，支社・支店，営業所という企業の3層構造と対応した管理部門の集積地にもなっている可能性が高い。

　これまでの都市システムの研究では，大企業の本社，支社・支店立地の分析に焦点が当てられてきたが，このようなアプローチでは，日本特有の階層的都市システム形成メカニズムは説明できない。大企業の本社・支所の立地は，行政機関の立地および中央省庁，地方自治体の規制の影響を受けていると考えられる。本書では，日本の行政システムの階層性からもたらされる行政機能の3層レベルの階層的立地によって，規制色が特に強い産業における大企業の本社・支所立地がいかに影響を与えてきたのかについて分析を試みた。

　第2章では，比較制度分析と行政学のアプローチをサーヴェイし，大企業の本社・支所立地において行政が与える影響について考察した。日本のような中央集権国家では，行政と企業の間に行政裁量により対面接触の必要性があるために，特定都市に所在する高次の行政機関に牽引されて，企業の本社・支所が立地し，そこにおいて専門情報が双方で交換される傾向がある。産業政策・公的規制・公共調達などの行政・企業関係において特にその傾向が強いと考えら

れる。

　これに対して，分権型国家の米国では，分権型の行政システムを特色とし，日本と比較すれば産業界への規制も弱い。その結果，行政機関の配置に影響を受けることなく企業の諸部門は立地展開しており，日本と異なり，小都市・中都市であっても大企業や多国籍企業の本社が立地しているケースが多数みられる。

　第3章，第4章では，日本の大企業および省庁の管理部門の立地・配置状況について分析した。管理部門として大企業では本社・支所（支社・支店・営業所）を，省庁は地方出先機関（地方支分部局）を取り上げた。分析の結果，全業種において首都圏への本社集中が顕著であり，その中でも建設・化学・電気機器・機械の業種で，東京に本社を置く企業が多いことが明らかとなった。また，支所網を全国に立地展開させている企業群は，首都圏・関西圏が本社である場合がほとんどであった。支店は，主要な出先機関（省庁の地方局）が所在する9都市（東京・名古屋・大阪・広島・福岡・札幌・仙台・金沢・高松）への集中傾向がみられる。この9都市には，建設・食料品・電気機器・医薬品・機械関連の支店が多く立地しており，支店立地の特化係数も一段と高い。特に製造業の支店の立地特化係数は全業種において高くなっている。

　第5章，第6章では，前章での結果を踏まえ，本社が，規制担当省庁である通商産業省（現経済産業省）の本省の所在地である東京（都心3区）に集中的に立地している化学産業に着目し，同産業における行政と企業の関係および行政システムにおける中央−地方関係について考察を行った。

　化学業に属する上場企業170社のうち，86社（50.6％）が本社を東京に置き，さらに25社（14.7％）は，東京に東京本部や東京本社を立地している。化学系企業の本社の東京集中は，関西圏・地方圏で創業した多くの企業群が，高度成長期にかけて石油化学産業への参入時に，東京へ本社を移動させた側面を反映している。通産省は，石油化学の立ち上げの際，外資法などの法律を複合的に組み合わせることで参入規制を実施した。新規参入に関する法律の適用に際し，複数の法律を組み合わせる行政側の裁量行為があるため，企業の総務・企画・調査部門は，通産省原局（化学工業局）との対面接触（face to face）に

よる対政府折衝の必要性が生じる。対面接触の繰り返しによる行政側との情報交換の過程において，石油化学事業に参入するための事務作業（適用される法律やその条項の明示化に基づく書類の作成や提出）が明らかにされた。通産省は，本省庁に許認可権限が集中している集権型行政システムをとっていたため，地方の出先である通産局は，石油化学事業の参入のための窓口として機能しえず，地方圏本社企業は，東京本社企業と比較して石油化学産業の参入において不利となったと考えられる。通産省の行政裁量と同省の集権型行政システムによって，化学系企業，特に石油化学産業に参入しようと試みた地方本社企業の東京への本社移転が引き起こされた可能性が高い。

　第7章，第8章では，建設省（現国土交通省）の地方出先機関である地方建設局（現地方整備局）が立地している9都市（東京・名古屋・大阪・広島・福岡・札幌・仙台・新潟・高松）に支店が集中的に立地している建設業について分析を行った。建設業の上場企業数は197社あり，上場企業の7.8％を占め，この比率は業種別では電気機器，卸売に続き第3位である。しかし，支店数は1,953支店と，第2位の食料品の930支店を大きく上回り最も多い。本社は東京に集中しており，支店は，主に9都市に集中立地しており，営業所は都道府県庁所在都市に集中立地している。このような，支店群の9都市集中は，戦後の建設省の設置（1943年）に伴う，地方ブロックごとの地方建設局の配置と密接に関連していると考えられる。大手建設業者（ゼネコン）は，地方建設局の設置に呼応する形で，戦後から高度成長期にかけて支店を全国立地展開させた。これは，地方建設局が，業者資格や公共事業に関わる入札など各種規制の担当部署となっているためである。建設業を規制する法律は，単一（建設業法）であるものの，28業種ごとに，公共事業ごとに，書類を提出する必要があり，アンケート調査の結果，企業側は対面接触で行政側と事業ごとの情報交換を行う必要があることが明らかとなった。

　第9章，第10章，第11章では，2000年代後半からの各種データを用い，北海道・東北といった北東日本や，その中の福島県を対象として，中枢管理機能の立地やそれらがもたらす諸フローの動向について，実態分析を行った。

2 今後の課題

 上述のまとめとも絡めて，今後の課題点について述べる。まず第1に，本書で用いた枠組みに基づき分析対象を拡張することである。集権型行政システムが，企業の管理部門の立地に影響を与えている産業としては，規制色の強い素材型産業が浮かび上がってくる。具体的には，鉄鋼，金属，非鉄金属，土石・ガラスなどの産業における管理部門の立地に，どの程度まで行政が影響しているかを明らかにすることである。まず本社群の立地であるが，鉄鋼の場合は，主要な管轄担当省庁（旧通商産業省）と本社の関係，寡占型産業，業界団体の役割，管理部門と工場部門の立地上のコントラストなどさまざまな点で石油化学に最も近い産業である。また，戦前からの創業が多く，その創業は臨海部などにみられるように資源依存型の立地であったのが，主に高度成長期かけて本社を関西圏・地方圏から首都圏へ移動させたという特色も併せて持つ。サンプルとなる上場企業の数は，56社と比較的少なく，そのうち東京本社の企業が19社と割合は3割弱であるが，東京に別本社を置く企業がさらに10社ある。本社立地の同様の傾向は，金属，非鉄金属，ガラス・土石でもみられる。これらの産業における本社立地の実態解明は，本書の第5章，第6章で取り上げた石油化学産業の分析枠組みをそのまま適用できる。

 次に支店の立地であるが，分権型行政システムが，支店の立地に影響を与えている代表的な産業として，本書では，第7章で建設業を取り上げた。建設業のように，所管省庁の出先機関所在地と支店の立地先が形態的に一致する傾向は，医薬品において確認できる。しかしながら，製薬産業（医薬品産業）と国の出先機関である地方厚生局との関係は，建設業と旧地方建設局との関係ほど強いものではないと考えられる。また，産業自体は通商産業省という同一の所管省庁を持つ石油化学・鉄鋼・金属・非鉄金属・土石・ガラスは，支店の立地パターンがそれぞれ異なっている。その点で，本書の第7章で用いた枠組みがそのまま適用するには，慎重な考察を要する。そのため，支店の機能が何であるのかを，まず各産業ごとに吟味し，さらに支店立地に行政が関与していると

考えられる産業を抽出し，その上で，第7章で用いた枠組みを適用されることが要される．

このように，分析対象となる産業のヴァリエーションを確保した上で，管理部門（本社・支所）の立地における行政の役割を明らかにすることが第1の課題である．

第2に，この枠組みを諸外国・地域の事例，とりわけ東アジアの新興国に適用させることである．日本と同様に，産業の育成に国が深く関わってきた東アジア諸国では，管理部門の分布などで都市システムを捉えると首都一極集中が顕著である．韓国におけるソウル集中，台湾における台北集中，マレーシアにおけるクアラルンプール集中，タイにおけるバンコク集中など，高次の政府機関所在都市における一極集中型の都市システムが形成されている．これらの国々を分析の対象にするにあたっては，外資の果たす役割が大きいために，国内企業の管理部門の立地のみならず，外資系企業の管理部門の立地も併せて考察する必要があり，なおかつ，行政－企業関係の国家間の相違も考察する必要がある等のいくつかの留意点も考えられる．しかしながら，国が基幹産業の立ち上げに深く関わっているという点は，アジア諸国に共通の現象であり，さらに首都集中型の都市システムという点も共通する．アジア諸国の，行政システム，行政－企業関係，企業ヒエラルヒーを特定産業に焦点を当て実態解明を行うことが第2の課題である．

第3に，本書の枠組み自体の再検討とも絡め，管理部門の立地において行政機関以外の立地要因を検討することである．管理部門の立地は複合的な要因に規定され，行政機関との関係以外にも，異業種他社など取引先の存在，生産者サービスの集積，金融機関の存在など企業間取引によって規定される側面も強い．また外部条件としては，空港・新幹線・高速道路など高速交通インフラの整備による全国的・地域的な交通アクセシビリティの容易性，情報化に対応したインテリジェントオフィス地区の整備によるオフィス建設や入居の容易性等もあげることができる．これらの複合的な要因が絡み合い本社や支所は東京や地方中枢都市などの都市群に集中している．本書では行政機関とそこから発生する情報に焦点を当てて，本社群や支所群の立地を明らかにしてきたが，規制

色の強い産業においては，この立地要因から管理部門の集中メカニズムを紐解くことができる。しかし，規制色の相対的に弱い産業の管理部門の立地は，行政の影響以外に，上述の複合的な立地要因を考慮した上で解き明かされるものと考えられる。第1の課題である分析対象の産業のバリエーションを広げることと並行して，複合的な要因から管理部門の立地を明らかにしていくことが第3の課題である。

　第2・第3の課題とも絡むが，先進諸国の都市システムの比較についてが第4の課題である。本書の枠組みは，米国・カナダ・オーストラリア・ドイツなど行政の企業に対する規制が弱い国には適用できない。なおかつ，これらの国々では行政システムは分権型であり，首都や主要行政機関の所在都市と経済的に大規模な都市との一致が，国土・地方レベルでもさほど観察できない。このような諸国においては，管理部門の立地要因を検討する際に，行政機関の重要性は低いと考えられる。また，フランスなど国営・国有企業が国民経済に占める割合が高く，集権的という点で日本と類似した行政システムをとる国では，首都圏一極集中型の都市システムが同様に形成されている。このようなケースでは，本書の枠組みが適用できると考えられる。また，英国のように，国民経済に占める国の割合が低く，行政の規制も弱く，なおかつ分権型の行政システムをとりながらも，首都圏一極集中型の都市システムが形成されている国もある。このように，先進国の都市システムの国際比較を試みる上で，行政システムの国際的相違の比較，管理部門の立地要因の比較，行政の規制の産業別特性の比較が必要となってくる。これらの諸点を明らかにして，先進国の都市システムの国際比較を体系としてまとめることが第4の課題である。

　ここまでは，国民経済内における都市システムの生成と絡めた課題点であったが，最後に，グローバルな都市システムの生成に言及する必要が出てくる。本書で一貫して一国の都市システムに焦点を当ててきたのは，行政システムという一国の政府体系の骨格が，企業システムの骨格である管理部門立地を規定し，それが国土の空間構造を形づくるという仮説があったからであった。しかしながら，1980年代以降の世界的な規制緩和の潮流のなかで，行政の規制が企業行動に与える影響は，先進国において相対的に弱まりつつある。特に，金融

面の規制緩和と並行して，国際金融市場の拠点であるニューヨーク・ロンドン・東京・パリなどの世界都市間の結合はますます増大しつつある。世界的な都市システムという最もグローバルな都市システムに加え，EU，NAFTAなどの国同士の経済的統合による，国境を超えた都市間の流動も一層顕著となってきている。このメソレベルでのグローバルな都市システムでは，国際的な行政機関が新設された都市に新たな管理部門が集積していくことも考えられる。規制緩和を源とする世界都市間結合を特色とするグローバルな都市システム，国家間関係の変遷を源とするメソレベルでのグローバルな都市システムが，一国レベルの都市システムの生成とまた別の要因でダイナミックに変化していく過程を解き明かすことは重要な課題点である。空間スケールをグローバルに設定することで，分析対象とする都市システムのレベルの多様化することを最後の課題点として，本書を締めくくりたい。

　本書を執筆するにあたり，貴重なご指導・ご助言を賜った，矢田俊文九州大学経済学研究院長，久野国夫九州大学経済学研究院教授，山崎朗九州大学経済学研究院教授に対し厚く御礼を申し上げます。また，学会誌に論文を投稿した際にさまざまなご助言をいただいた松原宏東京大学大学院総合文化研究科教授にも感謝を申し上げます。

　第5章，第6章について，石油化学業界に化学経済所に深く関わってこられた山下甫氏（帝京大学名誉教授），山本勝巳氏（愛媛大学名誉教授）にも，聞き取り調査・資料収集にご協力を賜りましたことに厚く御礼を申し上げます。

　第7章，第8章について，聞き取り調査に快く応じていただいた，鹿島建設・竹中工務店・西松建設の広報担当者・九州支店の方々，匿名ながら調査票の記入にご協力をいただいた建設業者の九州支店の各位に御礼を申し上げます。

参考文献

日本語文献

青木昌彦 (1992)『日本経済の制度分析―情報・インセンティブ・交渉ゲーム』(永易浩二訳) 筑摩書房。
青木昌彦 (1995)『経済システムの進化と多様性―比較制度分析序説』東洋経済新報社。
青木昌彦・奥野正寛編 (1996)『経済システムの比較制度分析』東京大学出版会。
青野寿彦 (1986)「経済的中枢管理機能の地域構造の形成と変動」川島哲郎編『経済地理学』朝倉書店。
阿部和俊 (1991)『日本の都市体系研究』地人書房。
阿部和俊 (1995)「経済的中枢管理機能からみた都市システム」石水照雄編『都市空間システム』古今書院。
阿部和俊 (1996)『先進国の都市体系研究』地人書房。
安部一成 (2008)「地域発展計画策定をめぐる根本問題」『岡山大学経済学会雑誌』(岡山大学) 第39巻4号。
天野雄介・城山英明 (1999)「建設省の政策形成過程」城山英明他編『中央省庁の政策形成過程―日本官僚制の解剖』中央大学出版部。
有沢広巳監修 (1994)『日本産業史2』日本経済新聞社。
磯村英一・星野光男編 (1990)『地方自治読本 (第6版)』東洋経済新報社。
板倉勝高 (1959)「日本の化学工場の分布」『地理学評論』(日本地理学会),第32巻,第7号。
植草益 (1991)『公的規制の経済学』筑摩書房。
上田慧 (1997)「巨大企業体制の再編成」横田茂編『アメリカ経済を学ぶ人のために』世界思想社。
大道康則 (1990)『半導体業界』教育社。
大山耕輔 (1995)「通産省による産業政策の政策評価」『組織科学』(組織学会),第28巻,第03号。
岡崎哲二 (1993)「日本の政府・企業間関係:業界団体―審議会システムの形成に関する覚え書き」『組織科学』,第26巻,第04号。
奥野正寛 (1994)「日本の行政システム」貝塚啓明・金本良嗣編『日本の財政システム―制度設計の構想』東京大学出版会。
奥野正寛・関口格 (1996)「政府と企業」青木昌彦・奥野正寛編『経済システムの比較制度分析』東京大学出版会。
化学経済研究所編 (1998)『日本の化学工業50年のあゆみ』日本化学工業協会。
金井利之 (1998)「空間管理」森田朗編『行政学の基礎』岩波書店。

金子勝（1997）『市場と制度の政治経済学』東京大学出版会。
金本良嗣（1993）「公共調達のデザイン」会計検査院『会計検査研究』No.7。
金本良嗣（1996）「企業と政府」伊藤秀史編『日本の企業システム』東京大学出版会。
金本良嗣編（1999）『日本の建設産業』日本経済新聞社。
川村市雄（1974）『建設省』教育社新書。
北村嘉行（1977）「化学工業（素材・エネルギー工業の地域構造）」北村嘉行・矢田俊文編『日本工業の地域構造』大明堂。
橘川武郎（1988）「産業政策の成功と失敗」伊丹敬之他編『日本的経営の生成と発展1』有斐閣。
城所幸弘（1999）「公共工事の発注システム」金本良嗣編『日本の建設産業』日本経済新聞社。
久世公堯（1963）「国の地方出先機関と地方自治」『法律時報』第35巻第8号，日本評論新社。
久世公堯（1963）「国の地方出先機関と地方自治〈二〉」『法律時報』第35巻第9号，日本評論新社。
久世公堯（1963）「国の地方出先機関と地方自治〈完〉」『法律時報』第35巻第10号，日本評論新社。
久世公堯（2000）『地方自治制度（第5次改訂版）』学陽書房。
幸田雅治（2002）「自治省の政策形成過程」城山英明・細野助博編『続・中央省庁の政策形成過程—その持続と変容』中央大学出版部。
後藤晃・鈴村興太郎編（1999）『日本の競争政策』東京大学出版会。
小宮隆太郎・奥野正寛・鈴村興太郎編（1984）『日本の産業政策』東京大学出版会。
小宮隆太郎（1999）『日本の産業・貿易の経済分析』東洋経済新報社。
近藤一彦（1990）『日経産業シリーズ（改訂版）』日本経済新聞社。
城山英明・鈴木寛・細野助博編（1999）『中央省庁の政策形成過程—日本官僚制の解剖』中央大学出版部。
城山英明・細野助博編（2002）『続・中央省庁の政策形成過程』中央大学出版部。
新藤宗幸（1992）『行政指導—官庁と業界のあいだ』岩波新書。
新藤宗幸（2001）『講義　日本の行政』東京大学出版会。
鈴木興太郎・奥野正寛（1993）「日本の産業政策　展望と評価」伊丹敬之他編『日本の企業システム　第4巻　企業と市場』有斐閣。
須田昌弥（1995）「製造業におけるオフィス立地と工場立地の一致」『経済地理学年報』（経済地理学会），第41巻，第4号。
高田昌行（2002）「運輸省の政策形成過程」城山英明・細野助博編『続・中央省庁の政策形成過程』中央大学出版部。
田中康一（1995）「企業の成長と本社機能立地—雪印乳業の本社移転の事例より」『人

文地理』（人文地理学会），第47巻第5号．
田中康一（1996）「経営環境の変化と本社機能立地」『経済学研究』（九州大学），第63巻，第3号．
ダニエル・ヤーギン，ジョゼフ・スタロニスキー（1998）『市場対国家（上・下）』（山岡洋一訳）日本経済新聞社．
田村大樹（2000）「A. プレッド—都市システム論」矢田俊文・松原宏編『現代経済地理学—その潮流と地域構造論』ミネルヴァ書房．
千葉昭彦（1992）「鹿児島市における支店の立地変遷とテリトリー」『経済地理学年報』（経済地理学会），第38巻，第3号．
通商産業局編（2000）『通産六法』通商産業調査会出版会．
寺阪昭信（1979）「行政的中枢管理機能」北村嘉行・寺阪昭信編『日本の地域構造(4)流通・情報の地域構造』大明堂．
東京電力企画部・小宮隆太郎（1990）『エネルギー業界』教育社．
豆本一茂（1994）「都市システム研究の分析的枠組みに関する一考察」『経済論究』（九州大学），第94号．
富樫幸一（1986）「石油化学工業における構造不況後の再編とコンビナートの立地変動」『経済地理学年報』（経済地理学会），第32巻，第3号．
土岐寛・加藤普章編（2000年）『比較行政制度論』法律文化社．
富田和暁（1991）『経済立地の理論と実際』大明堂．
中村賀光（1990）『建設業界』教育社．
永井誠一（1967）「地域別経済発展の動向」大来佐武郎編『都市開発講座(1)地域社会と都市』鹿島出版会．
永井誠一・宮古治（1967）「中枢管理機能と都市の再編成」大来佐武郎編『地域開発の経済学』筑摩書房．
西尾勝（1990）『行政学の基礎概念』東京大学出版会．
西尾勝（1993）『行政学』有斐閣．
ノックス，P. L. ・テイラー，P. J. 編（1997［原著1995］）『世界都市の論理』（藤田直晴監訳）鹿島出版会．
野原敏雄・森滝健一郎編（1975）『戦後日本資本主義の地域構造』汐文社．
埴淵知哉（2002）「企業の空間組織からみた日本の都市システム」『人文地理』（人文地理学会），第54巻，第4号．
肥田野登編（1998）『ホワイトカラーの行動と選択—コミュニケーション・企業組織・企業立地』日本評論社．
日野正輝（1996）『都市発展と支店立地—都市の拠点性』古今書院．
日野正輝（2001）「支店配置の立地論的考察」『都市科学（URC）』第47号．
福井朋美（1994）「北海道における官公署の立地からみた都市の階層構造」『経済地

理学年報』(経済地理学会),第40巻,第4号。
藤本典嗣(2003)「政府・企業関係と都市システム」『経済地理学年報』(経済地理学会),第48巻,第4号。
藤本典嗣(2005a)「中国地方における本社・支所立地の動向1―停滞するオフィス立地と中国地方」『季刊中国総研』(中国地方総合研究センター),No.31,45-62。
藤本典嗣(2005b)「中国地方における本社・支所立地の動向2―中国地方の主要10都市における動向」『季刊中国総研』(中国地方総合研究センター),No.32,67-94。
藤本典嗣(2007)「21世紀のオフィス立地と東北地方(2000-2006)―その1」『東北開発研究』(東北開発研究センター),第146号,76-94。
藤本典嗣(2008a)「21世紀のオフィス立地と東北地方(2000-2006)―その2」『東北開発研究』(東北開発研究センター),第147号,47-64。
藤本典嗣(2008b)「二層の広域圏と21世紀の国土構造―82生活圏・ブロック圏における中枢管理機能の集積」『人と国土21―国土政策論―新しい国土政策について』(財団法人国土計画協会)第33巻6号,1-7。
藤本典嗣(2010a)「分散型県土構造とオフィス立地(1)全国的な動向」『福島の進路』(福島経済研究所),336:20-28。
藤本典嗣(2010b)「分散型県土構造とオフィス立地(2)福島県の動向と県土構造」『福島の進路』(福島経済研究所),337:21-28。
藤本典嗣(2014)「オフィス立地と地方生活都市圏」『地理科学』(地理科学学会),69-3,3-11。
藤本典嗣(2015)「東京一極集中を加速する中枢管理機能の構造と情報通信の高速化」『都市問題 東京一極集中を問い直す』(後藤・安田記念東京都市研究所),第106巻第02号。
堀江湛編(1998)『現代の政治学Ⅲ』北樹出版。
松原宏(1990)「中枢管理機能の立地と都市システム」矢田俊文編『地域構造の理論』ミネルヴァ書房。
松原宏編(1998)『アジアの都市システム』九州大学出版会。
松原宏編(2003)『先進国経済の地域構造』東京大学出版会。
三浦忠夫(1980)『日本の建設産業―建設循環・産業構造を解明する』彰国社。
三輪芳朗(1999)「建設産業における政府の役割」金本良嗣編『日本の建設産業』日本経済新聞社。
三輪芳朗・J. M. ラムザイヤー(2002)『産業政策論の誤解』東洋経済新報社。
村松岐夫・西尾勝編(1995)『講座行政学 第4巻 政策と管理』有斐閣。
森川洋(1985)「都市群の構造と動態」田辺健一・渡辺良雄編『都市地理学』朝倉書店。
森川洋(1990)『都市化と都市システム』大明堂。
森川洋(1998)『日本の都市化と都市システム』大明堂。

矢田俊文（1999）『21世紀の国土構造と国土政策』大明堂。
山崎朗（1992）『ネットワーク型配置と分散政策』大明堂。
山崎朗（2001）「支店型都市・福岡の未来」『都市科学（URC）』第47号。
山崎善啓（1997）『加藤雄一伝』愛媛新聞社。
山本健兒（1991）『経済地理学入門』大明堂。
吉原直樹（1994）『都市空間の社会理論——ニュー・アーバン・ソシオロジー』東京大学出版会。
渡辺徳二（1972）『化学工業——その産業論的研究』日本評論社。

英語文献

Armstrong, R. B. (1972) *The Office Industry : Patterns of Growth and Location*, The MIT Press.

Bingham, R. (1977) *Industrial Policy American Style: From Hamilton to HDTV*, ME Sharpe.

Goddard, J. B. (1968) "Multivariate Analysis of Office Location Patterns in the City Centre : A London Example," *Regional Studies* Vol. 2.

Goddard, J. B. (1971) "Office Communications and Office Location : A Review of Current Research," *Regional Studies* Vol. 5.

Cohen, R. B. (1981) "The new international division of labour, multi-national corporations and urban hierarchy," In *Urbanization and Urban Planning in capitalist Society*, (ed.) M. Dear and A. J. Scott, pp. 287-315. New York : Methouen.

Harper, R. (1987) "A functional classification of management centers of the United States," *Urban Geography*, 8 : 540-9.

Holloway, S. R. and Wheeler, J. O. (1991) "Corporate headquarters relocation and changes in metropolitan corporate dominance, 1980-1987," *Economic Geography*, 67 : 54-74.

Langran, R. and Schnitzer, M. (2000) *Government, Business, and the American Economy*, Prentice-Hall.

Lehne, R. (2001) *Government and Business: American Political Economy in Comparative Perspective*, Seven Bridges Press.

Lyons, D. (1994) "Changing patterns of corporate headquarter influence 1974-1989," *Environment and Planning A*, 26 : 733-47.

Nester, R. (1997) *American Industrial Policy: Free or Managed Markets?*, Palgrave Macmillan.

Nester, R. (1998) *A Short History of American Industrial Policies*, Palgrave

Macmillan.
Noyelle, T. J. and Stanback, T. M. (1984) *The Economic Transformation of American Cities*, Totowa NJ : Rowman and Allanheld.
Markusen, A. etc. (1999) *Second Tier Cities: Rapid Growth Beyond the Metropolis (Globalization and Community, V.3)*, Univ. of Minnesota Press.
Pred, A. (1973) "Systems of Cities and Information Flows : The Growth and Development of Systems of Cities in Advanced Economies," *Lund Studies in Geography*, No. 3.
Pred, A. (1974) *Urban Growth and the Circulation of Information : The United States Systems of Cities 1790-1840*, Harvard University Press.
Pred, A. (1977) *City-systems in Advanced Economies*, Hutchinson.
Semple, R. K. (1973) "Recent trends in the concentration of corporate headquarters," *Economic Geography*, 49 : 309-18.
Semple, R. K. and Phipps, A. G. (1982) "The spatial evolution of corporate headquarters within an urban system," *Urban Geography*, 3 : 258-79.
Thorngren, R. B. (1970) "How Do Contact System Affect Regional Development?," *Environment and Planning*, Vol.2.
Wheeler, J. O. (1986) "Corporate spatial links with fiscal institutions : the role of the metropolitan hierarchy," *Annals of the Association of American Geographers*, 76 : 262-74.

引用文献・資料
〔雑誌〕
化学経済研究所『化学経済(月刊)』化学経済研究所,各年度版。
㈶行政管理研究センター(2002)『行政機構図 2002年版』行政管理研究センター。
建設調査統計研究会編『建設統計要覧 平成14年版』財団法人建設物価調査会。
石油化学工業協会石油化学工業10年史編集委員会(1971)『石油化学工業10年史』化学経済研究所。
石油化学工業協会石油化学工業20年史編集委員会(1981)『石油化学工業20年史』化学経済研究所。
総務庁編(2000)『規制緩和白書 2000年版』大蔵省印刷局。
ダイヤモンド社(2001)『組織図・事業所便覧 全上場会社版 2001』ダイヤモンド社。
通商産業省編『通商産業年報』通商産業大臣官房調査課,各年度版。
通商産業省編『通産六法』㈶通商産業調査会出版部,各年度版。

〔行政機関史〕
運輸省第一港湾局新潟調査設計事務所編（2000）『新潟調設四十年の歩み』運輸省第一港湾局。
運輸省第四港湾建設局九十年史編集委員会編（2000）『四建九十年のあゆみ』運輸省第四港湾建設局九十年史編集委員会。
建設省関東地方建設局編（1979）『関東地方建設局三十年史』関東建設弘済会。
建設省北陸地方建設局編（1968）『北陸地方建設局十年史』北陸地方建設局。
建設省九州地方建設局企画編集（1998）『九州地方建設局五十年史』九州地方建設局。
建設省二十年史編集委員会編（1968）『建設省二十年史』建設広報協議会。
建設省五十年史編集委員会編（1998）『建設省五十年史』建設広報協議会。
四国地方建設局（1968）『四国地方建設局十年史』建設局四国地方建設局。
通商産業省通商産業政策政策史編纂委員会（1992）『通商産業政策史　第1巻　総論』㈶通商産業調査会。
通商産業省通商産業政策政策史編纂委員会（1990）『通商産業政策史　第6巻　第Ⅱ期　自立基盤確立期(2)』㈶通商産業調査会。
通商産業省通商産業政策政策史編纂委員会（1990）『通商産業政策史　第10巻　高度成長期(3)』㈶通商産業調査会。
通商産業省通商産業政策政策史編纂委員会（1992）『通商産業政策史　第16巻　統計・年表編』㈶通商産業調査会。

〔建設業者の社史〕
大林組（1961）『大林組70年略史』大林組。
大林組社史編集委員会編（1972）『大林組八十年史』大林組。
大林組社史編集委員会編（1993）『大林組百年史』大林組。
社史発刊準備委員会編著（1963）『大成建設社史』大成建設株式会社。
大成建設株式会社（1969）『大成建設のあゆみ：1945-1968』大成建設。
鹿島建設社史編纂委員会編（1971）『鹿島建設百三十年史』鹿島研究所出版会。
鹿島出版会編集局編（1980）『鹿島建設：百四十年の歩み』鹿島出版会。
熊谷組編（1968）『熊谷組社史』熊谷組。
熊谷組（1978）『株式会社熊谷組四十年史』熊谷組。
佐藤工業110年史編纂委員会編（1972）『110年のあゆみ』ダイヤモンド社。
清水建設株式会社編（1984）『清水建設百八十年史』清水建設。
住友建設三十年史編集委員会編（1981）『住友建設三十年史』住友建設株式会社。
竹中工務店七十年史編纂委員会編（1969）『竹中工務店七十年史』竹中工務店。
戸田建設百年史編纂委員会編（1981）『かたち・わざ：戸田建設百年史』戸田建設。
戸田建設百年史編纂委員会編（1981）『こころ・わざ：戸田建設百年史』戸田建設。

創業百年史編纂委員会編（1978）『西松建設創業百年史』西松建設百年史。
間組百年史編纂委員会編（1989）『間組百年史』間組。
電通・日本経営史研究所・大日本印刷株式会社CDC事業部年史センター編集制作（1994）『フジタ80年のあゆみ：建設業の革新をめざして』フジタ。
三井建設社史編纂室編（1993）『三井建設社史』三井建設。

索　引

欧　文

W/R比率 …………………………………… 170

あ　行

1工場1本社制 …………………………… 74
一部移転型 ………………………………… 85
一極集中型 …………………………………… 2
インフォーマル …………………………… 91
乙種技術援助 ……………………………… 95

か　行

価格規制 …………………………………… 111
閣議了解 …………………………………… 98
各社の社史 ………………………………… 78
管轄圏 ……………………………………… 25
間接規制 …………………………………… 111
機関委任事務 ……………………………… 17
機関配置 …………………………………… 45
狭域ブロック中心型都市 ………………… 49
行政裁量 …………………………………… 10
行政システム ……………………………… 9
行政指導 …………………………………… 20
行政中心地 ………………………………… 148
行政的中枢管理機能 ……………………… 26
許認可 ……………………………………… 92
空間管理論 ………………………………… 26
クリスタラー型 …………………………… 2
郡 …………………………………………… 18
経済人 ……………………………………… 111
経済中心地 ………………………………… 148
経済的中枢管理機能 ……………………… 25
経路依存性 ………………………………… 10
現業部門 …………………………………… 48

権限の配分 ………………………………… 16
建設業 ……………………………………… 111
県土構造 …………………………………… 148
広域ブロック中心型都市 ………………… 49
工業整備特別地域整備促進法 …………… 98
公共調達 …………………………………… 20
甲種技術援助契約 ………………………… 95
公的規制 ………………………………… 15, 20
交流人口 …………………………………… 177
交流数 ……………………………………… 182
交流率 ……………………………………… 182
国土構造 …………………………………… 1
国土政策 …………………………………… 175

さ　行

財閥系 …………………………………… 82, 84
産業政策 ………………………………… 15, 75
産業調整政策 …………………………… 15, 20
参入・退出規制 …………………………… 111
事業（プロジェクト）規制 ……………… 111
市町村 ……………………………………… 18
支店経済 …………………………………… 149
指名競争入札 ……………………………… 113
集権 ………………………………………… 16
集権的行政システム ……………………… 77
重厚長大型産業 …………………………… 147
州政府 ……………………………………… 18
首都 ………………………………………… 18
省議 ………………………………………… 92
新産業都市建設促進法 …………………… 97
人的ヒエラルヒー ………………………… 100
生活圏 ………………………………… 171, 175
制度 ………………………………………… 3
石炭化学 …………………………………… 84

石油化学工業協会	78
石油化学産業	71
石油精製系	84
繊維系	84
全面移転型	85
専門情報	3
戦略的補完性	10
組織内権限配分	100

た 行

第1期企業化計画	79
第2期企業化計画	79
太平洋ベルト地帯	154
対面接触	16
多極分散型	2
縦割り部局	100
地方建設局	129
地方支分部局	27
地方整備局	129
地方中枢都市	18
地方ブロック	175
中央日本	154
中心市街地空洞化	149
中心性	186
直接規制	111
通勤・通学・通院圏	171
通産省軽工業局	91
通産省年報	78
出先機関	26
テリトリー	25
テリトリー制	2
電気化学	84

東海道メガロポリス	154
投資規制	111
特定機関配置型都市	49
都市圏間の距離	150
都市システム	1
都市システム論	1
都心空洞化	149
都道府県庁所在地	18

は 行

原局	92
フォーマル	91
複数立地組織	3
ブレッド型	2
分権	16
分工場型	83
分離・融合	17
北東日本	176
本社固定型	84

ま 行

ミクロ	111

や 行

有価証券報告書	78
優遇措置	82
融合	17

ら 行

立地特化係数	159
連邦政府	18

●著者紹介

藤本典嗣（ふじもと　のりつぐ）

東洋大学国際学部国際地域学科教授。

1970年山口県生まれ。2003年3月に九州大学大学院経済学研究科博士後期課程単位取得退学，2004年1月に博士号（九州大学，経済学）を取得。2005年4月より駒澤大学仏教経済研究所研究員，2007年4月より福島大学共生システム理工学類産業システム工学専攻准教授，2015年10月よりブリティッシュコロンビア大学アジア研究所客員准教授，2016年4月より東洋大学国際地域学部国際地域学科教授，2017年4月より現職，現在に至る。

テキスト都市地理学
■都市システム論の視点

2017年5月25日　第1版第1刷発行

著　者	藤　本　典　嗣	
発行者	山　本　　　継	
発行所	㈱中　央　経　済　社	
発売元	㈱中央経済グループパブリッシング	

〒101-0051　東京都千代田区神田神保町1-31-2
電話　03（3293）3371（編集代表）
　　　03（3293）3381（営業代表）
http://www.chuokeizai.co.jp/
印刷／昭和情報プロセス㈱
製本／㈱関川製本所

Ⓒ 2017
Printed in Japan

＊頁の「欠落」や「順序違い」などがありましたらお取り替えいたしますので発売元までご送付ください。（送料小社負担）

ISBN978-4-502-22741-7　C3033

JCOPY〈出版者著作権管理機構委託出版物〉本書を無断で複写複製（コピー）することは，著作権法上の例外を除き，禁じられています。本書をコピーされる場合は事前に出版者著作権管理機構（JCOPY）の許諾を受けてください。
　JCOPY〈http://www.jcopy.or.jp　eメール：info@jcopy.or.jp　電話：03-3513-6969〉

ベーシック＋プラス
Basic Plus

ミクロ経済学の基礎

マクロ経済学の基礎

経営学入門

経営管理論

財政学

公共経済学

企業統治論

技術経営

金融論

金融政策

人的資源管理

国際人的資源管理

日本経済論

地域政策

消費者行動論

物流論

いま新しい時代を切り開く基礎力と応用力を
兼ね備えた人材が求められています。
このシリーズは，各学問分野の基本的な知識や
標準的な考え方を学ぶことにプラスして，
一人ひとりが主体的に思考し，行動できるような
「学び」をサポートしています。

中央経済社

Let's START!
学びにプラス！
成長にプラス！
ベーシック＋で
はじめよう！